谈判

四大情景与策略工具

〔德〕尤塔·波特纳◎著
孙瑜◎译

北京时代华文书局

图书在版编目（CIP）数据

谈判 ： 四大情景与策略工具 / （德） 尤塔•波特纳著 ； 孙瑜译 . -- 北京 ： 北京时代华文书局， 2019.8
书名原文：Flexibel verhandeln: Die vier Fälleder NEGO-Strategie
ISBN 978-7-5699-3137-2

Ⅰ. ①谈… Ⅱ. ①尤… ②孙… Ⅲ. ①谈判学 Ⅳ. ①C912.3

中国版本图书馆 CIP 数据核字（2019）第 163808 号
北京市版权著作权合同登记号　字：01-2017-5787 号

谈判：四大情景与策略工具

TANPAN SI DA QINGJING YU CELüE GONGJU

著　　者 | （德）尤塔•波特纳
译　　者 | 孙　瑜

出 版 人 | 王训海
责任编辑 | 周　磊　余荣才
装帧设计 | 李尘工作室　赵芝英
责任印制 | 刘　银

出版发行 | 北京时代华文书局 http://www.bjsdsj.com.cn
北京市东城区安定门外大街 138 号皇城国际大厦 A 座 8 楼
邮编：100011　电话：010-64267955　64267677
印　　刷 | 固安县京平诚乾印刷有限公司　0316-6170166
（如发现印装质量问题，请与印刷厂联系调换）
开　　本 | 710mm×1000mm　1/16　印　张 | 18　字　数 | 280 千字
版　　次 | 2019 年 10 月第 1 版　印　次 | 2019 年 10 月第 1 次印刷
书　　号 | ISBN 978-7-5699-3137-2
定　　价 | 58.00 元

序言

亲爱的读者们，你们好！

在过去的几年中，我很幸运地作为企业教练及管理培训师参与众多扣人心弦的项目，并在此过程中结识了许多杰出的谈判专家。这大大丰富了我的经验。我从客户的经历中学到了许多，深感受益匪浅，这激励我在创作《哈佛双赢谈判准则与技巧》之后写下了第二本以谈判为主题的专著。

在哈佛大学逗留期间，我参加了讨论课《企业谈判教程》，并为其有关合作谈判的理念深深折服。以利益为基础进行谈判，共同解决问题并以此形成长期持久的合作，这非常符合我的价值观。然而，严酷的商业世界往往并非如此。供应商们抱怨客户固执己见，企业主们也总是数落那些玩弄花招、企图一方得利的谈判。另一些谈判者喜欢讨价还价，把谈判视为一种输赢战略。虽然大家都想合作，但总是被竞争与竞赛左右。

渐渐地我认识到，合作与竞争并非两者只可选一的策略，在绝大多数情况下，它们可以在同一场谈判中同时存在。人们既可以在一场谈判中相互合作，也可以相互竞争。目前鲜有研究这一理念的文献。许多书籍要么鼓吹强硬谈判，要么宣传温和谈判。通过《谈判：四大情景与策略工具》一书，我希望让您理解这两种相辅相成的方式，并将经实践证明的灵活谈判工具交到您的手上。利用NEGO［NEGO是英语概念“商谈”（negotiation）的缩写］策略，尤其在全球年轻谈判者中使用甚广——我们通过下列四个场景直观地表现灵活谈判：

· 怎样如愿与朋友谈判（朋友遇到朋友）
· 怎样以弱势身份谈判（朋友遇到敌人）
· 怎样聪明地操控局面（敌人遇到朋友）
· 怎样应对肮脏的谈判（敌人遇到敌人）

无论是职业谈判还是个人谈判——只要您掌握了合作与竞争同时进行的方法，定能赢得每次谈判。

愿您在阅读中不仅享受愉悦，更能有醍醐灌顶的时刻。

目　录

感谢我的三个儿子，“Q”团队的雅尼克、尤利安和贾斯丁；

感谢佩特拉·施波恩的智慧、实践与启发；

感谢聪明的顾问佩特拉·施默勒博士再度成为我的第一位读者；

感谢谈判专家及我的拳击伙伴弗兰克·阿尔达。

CHAPTER 1

第一章

灵活谈判

FLEXIBEL
VERHANDELN

在这张图上，许多椅子凌乱地摆在一起。行人们匆匆而过，没人真正理会它们。许多谈判者就像这样：他们的工作充斥着迎来送往的任务、期待和挑战。他们从一场谈判奔走至下一场谈判，经常出自本能地做出决定。有时他们对结果感到满意，更多时候则恰恰相反。本章邀请您放慢一点速度，好在未来以尖锐的目光灵活且自觉地进行谈判。

您上次谈判是什么时候？也许就是刚才您与伴侣讨论下次度假地点的时候，也许是上周您与一位不依不饶的供应商艰难地协商着价格的时候，也许是上个月您与房东就厨房赔偿达成一致的时候，很可能您上次谈判的时间离现在并不遥远。我们几乎每天都在谈判，很多时候甚至毫不自知。我们解决个人生活与工作中的问题，想要说服别人接受自己的想法，主动提出要求，甚至在跳蚤市场上为便宜货竞价吆喝。

“我们绝不能因为恐惧而谈判，我们也绝不能恐惧地谈判。”J.F.肯尼迪在1961年1月20日的就职演说上如是说。也许在绝大多数时候，您都不会过于在意谈判。一切进展顺利，那固然好，但是当结果未如预期般发生，我们就要思索其原因。

1. 老实说：您擅长谈判吗？

如果我问您，您人生中第一次谈判是什么时候？您可能会很快意识到，原来人们从孩童时代起就开始谈判了。您的女儿今天不想去幼儿园，想要在家玩乐高积木；您自己则不得不去办公室与上司进行一次重要会议。这时就得谈判了，您和女儿试图解决利益冲突，您希望马上送她去幼儿园。但是我们真的会谈判吗？当然，通过不断的经验累积，我们发展了许多取得成功的策略，其中肯定不乏久经考验的正确方式。但也许您有时也会受制于旧模式，或者对方触及了您的“敏感话题”。有时，谈判对手的只言片语或一个小小动作就足以像斗牛时一块红布煽起牛的情绪一样煽起我们的情绪。这时我们多半会失去自制与理性，莽撞行事。反之，有时我们也会触到谈判对手的禁区，惹得他们突然生气，斥责我们不能公平谈判。本无此意的我们感到一头雾水，于是开始为自己辩解，导致争执的情况进一步升级。

本书的目标是告诉身为谈判者的您，如何在未来更加自觉地谈判，成为灵活多变、货真价实的谈判专家。为此，掌握谈判时可以参照的谈判理论是很有帮助的。了解了谈判理论，就能领会谈判者态度中的变量，在准备阶段便可计划合适的方法，预见可能的分歧。由此，您将成为谈判的领航员。如果您掌握了正确的技巧，就可以在谈判中灵活应对，做出相应的对策。这时，您可以采用所谓的直升机视角。也就是说，在谈判期间，您的精神处于制高点，并从那里俯视整个事件。如此，您就能从应对模式转变为构建模式，更强有力地掌控谈判过程。

2. 真正的专家纵览全局

让我们再来更仔细地看看直升机的机舱。当直升机在事件发生的地点上空飞行时，机舱内的人就拥有了全方位的视野。此外，与飞机不同的是，直升机可以停留在空中，让机舱内的人静心评估看到的各种情况。许多警方、山区救援和全德汽车俱乐部（ACDC）的救助行动就依赖于此。人们用望远镜观察四周，寻找珍贵的救援信息。如果您像在直升机机舱内一样对谈判进程一览无遗，就能直接决定谈判三个层面的行动。

第一个是内容层面：这里的重点是您在谈判什么，即谈判对象。您是专家，您所掌握的扎实知识与实践技能帮助您理性评估情境、提议及要求。第二个层面是过程层面：每一场谈判都按照约定俗成的七个阶段进行；如果遵循这些阶段，就能避免陷入死胡同，确保高效的进程。第三个层面是关系层面：反映了谈判双方的关系。作为社会生物，没有人可以不带感情地与人交往，无论是我们自己，还是谈判对手皆是如此。根据谈判的不同氛围，关系可以得到巩固，也可能受到损坏。

现在您肯定会问，怎样才能放松地像在直升机机舱内那样自上而下观望、平心静气地分析局势？要知道，您毕竟还在地面上，在谈判桌边，而非在空中。请您不断调整向上的焦距，这样您就能得知自己是否如愿到达每一层面，是否越来越接近谈判目标。保持专业距离，您就拥有了驾驭与修正的能力，像飞行员那样按下正确的开关。此时，您已不再是应对模式，而是进入了积极主动的构建模式。为了在所有例行情境中都能稳定地驾驶直升机，同时在紧急事件下也能保持清醒头脑，飞行员就得经历非常严苛的训练。

您知道的谈判技巧越多，经验越丰富，就越会变通。您能识别变化，归纳已知原则，评估棘手情境，自觉决定自己的反应。这便是专业。

下列典型事例[1]展示了灵活应变对于解决利益纷争的重要性。

NEGO-生活的分色工程

金钱还是爱情：汤姆会如何抉择呢？

亲爱的谈判教练：

我叫马克，是ChemTec公司的（销售）副总裁。我十分期待今晚能飞往马略卡岛的帕尔玛。我将在那里和我的妻子尤利亚以及我们的两个孩子碰面。为了能在那儿与孩子们共同度过暑假的最后两周，我们租了一处美丽的庄园。尤利亚三天前就带着孩子们先飞了过去，而我们的CEO，即我的上司汤姆·施瓦茨则让我临危受命，接受一项特殊任务。

我们公司计划与我们的一家客户就环保纸巾产品共同创办一家合资公司，旨在开发新型纸巾，以便在将来能够使用环保颜料为纸巾染色。合同草稿写得乱七八糟，但是汤姆要求周四前提交正规完整的合同文件。因为那天，他想和这家客户的老板见面，并通过谈判最终签署合同。这个合资项目主题非常复杂，要顾及许多方面和背景知识，何况合同草稿还写得那么乱七八糟。

除了推迟假期，我别无选择。我向孩子们和尤利亚道歉。不难想象尤利亚对带着孩子先飞并无兴致。我向她郑重承诺周末加班加点，下周伊始就把文件交给汤姆，并保证最迟周一晚上就会赶到。

[1] Frei nach Gavin Kennedy, Negotiation, *Edinburgh Business School/Heriot-Watt University, Module 1, Prologue*, 3.Aufl., Gower Publishing,Farnham Surrey/UK 2007, 1/1.

汤姆就这么把工作推到我面前，我也很不高兴，何况我和我的员工并不是这场混乱的始作俑者。这些合同文件本来是我们的法务副总裁扬的工作，但是他三周前病了。我知道这是事关公司未来的项目，等不及扬病愈归来。一方面，作为公司员工，出现危机时我本应自告奋勇地担起这个任务，何况汤姆相信我能整合一团糟的文件——这也令我受宠若惊。但另一方面，我始终承受着来自家里的压力，尤利亚的神经已濒临崩溃："对你来说，汤姆比我和孩子更重要。"老实说，这不是我第一次优先选择公司。假如真让我扪心自问，尤利亚说得也并非毫无道理。刚刚汤姆和我说要我周四陪同他谈判，因为我是那个最了解合同草稿的人。我该怎么办？

祝好！

马克

马克，您好：

我很理解您的两难处境。现在您有10种决定的可能。

（1）您可以告诉汤姆，与家人度假对您来说神圣不可侵犯，并明确拒绝一同前去谈判。

提醒：这对您日后的职业发展意味着什么？

（2）您可以建议汤姆找其他人代替您一同前去谈判，并以他的立场说明此事的公平性。

提醒：如果您没能说服汤姆怎么办？

（3）您可以建议汤姆花一天时间让某位同事熟悉这一主题，接着便可由他陪同前往，而您也可以在当天晚上飞往马略卡。

提醒：如果找不到胜任之人怎么办？

（4）您可以告诉汤姆您的两难处境，建议投硬币决定，听天由命。

提醒：如果汤姆讨厌碰运气，并丝毫不认为有必要降低自己50%的机会怎么办？

（5）您可以请他邀请监管委员会主席聆听大家的情况并做出决定。

提醒：此时您有多大影响？这一建议是否会让汤姆觉得没面子？

（6）您同意陪同汤姆出席谈判，同时提议后者承担改签航班的费用，并延长几天您的假期。

提醒：如果汤姆觉得自己没必要承担旅费怎么办？

（7）您可以拿自己要辞职来威胁，并以不切实际的要求起诉雇主。

提醒：您的威胁可行吗？您会不会坚持不到最后？您愿意承担后果吗？到劳动仲裁法庭打官司要多少钱？您能赢吗？

（8）您可以请求汤姆将与合资项目的谈判延至您度假归来之后。

提醒：如果时间紧迫无法延期怎么办？

（9）您可以自行安排某位同事陪同谈判。

提醒：如果同事不够格或拒绝，或者汤姆不接受该同事怎么办？

（10）您就照汤姆的意思做。

提醒：妥协对于您的伴侣关系有何影响？

您看，要解决利益矛盾有多种可能性。选择权在您手中！通过展示不同选项，您更容易看清问题，选择正确的道路。[1]

一切由您主张！

您的谈判教练

迄今为止您是如何谈判的？想要找到解决问题的办法，有许多可能的策略。让我们进一步看看一些经典方法。作为谈判者，我们的基本原则便是解决利益争端。最终总是会做出某种决定。大多数谈判者在此期间会有意无意地使用许多解决方案。

[1] Frei nach Gavin Kennedy, Negotiation, *Edinburgh Business School/Heriot-Watt University, Module 1, What is Negotiation*? 3.Aufl., GowerPublishing, Farnham Surrey/UK 2007, 1/3—1/8.

NEGO-技巧

■ 条条大路通罗马解决方法大集锦

为了做出决定，谈判者可以：

- 大胆说“不”
- 规定结果
- 妥协
- 听天由命
- 共商对策
- 施加压力
- 以理服人
- 接受现状
- 寻找公正的第三方

大胆说“不”

解决谈判中利益争端最简单也最迅速的方法，就是清楚明白地说“不”，并以此拒绝对方的建议。无需解释、无需申辩，快速、无痛，也非常高效。“我已经受够谈判了，”马克可以这么对尤利亚说，“只有公司没问题了，我们才能马上去度假。毕竟我要靠公司给的钱养家。”这是一个明确无误的表态。尤利亚还能做什么呢？她要么低头接受主导，要么奋起反抗。这种做法当然很难增进情感，所以只有当您拒绝对方建议，同时也准备好承担拒绝的结果时，直接说“不”才是可行的方法。

施加压力

在温柔的警告与激烈的威胁间，您有诸多影响谈判走向的选择。通过展现明确的结果，谈判者可以捍卫自己的目的。如采购者可以在谈判桌上友好地提醒供应商眼下的市场形势，声明已有众多竞争者争相竞价。这算得上是友好的“天气预报”。

如果进一步看，我们会发现警告与威胁的区别。在警告时，警告者不对结果产生直接影响。这种情况下，是否在价格上进一步迎合采购者，取决于供货商。被警告者可以改变其行为，以此修正谈判结果，尽可能降低“损失”。与此同时，警告者接受被警告者的决定。如果是威胁，情况则截然不同。威胁者声称只有他才能影响结果。被警告者表现出毫无还手之力的一面。通过构建威胁场景，人们有针对性地让对方感到不安，这种不安进一步导致情感上的不稳定——尤其是当威胁同时伴有大量人身攻击及言语冒犯时。威胁者的目的是强迫对方妥协。

NEGO-生活的分色工程

寡头婚姻的幕后故事：事关万亿的威胁

毫无疑问，弗拉基米尔·波塔宁是最富有的俄罗斯人之一。关于他的总资产，人们众说纷纭：有一种说法是127亿欧元。在与结发妻子纳塔莉娅·波塔尼娜结婚30年后，他因为看上一位年轻女性而选择了离开妻子。双方就分割这一巨大财产，皆用尽了一切可能的司法与人事手段。

这位俄罗斯寡头的前妻纳塔莉娅·波塔尼娜要求分割一半财产：大约63.5亿欧元。这桩当时全球最昂贵的离婚案伴随着大量的威胁。在Arte电视台的节目《寡头的女人们》中，纳塔莉娅·波塔尼娜声称自己受到威胁，出于安全考虑，她雇用了个人保镖、司机及看守人员，并为此支付了高昂的费用。她知道，许多这样的寡头妻子最终都被虚假证明送进了精神病院，或遭遇致命车祸。“我害怕有人给我和我的孩子们下毒。我们定期让人检验空调和空气。”波塔尼娜在采访中说道。

很有意思的一点是，在遭遇威胁时，受害者都会权衡是否值得以昂贵的精神代价换取物质胜利。另一位前寡头夫人曾说，她为了自保而自觉地放弃了一切。她更愿意将精力投入到未来的事业中。她的上一段婚姻所留下的，只是被对手用不道德手段收买、自己将胜利拱手让人的惨淡滋味。

规定结果

另一种影响谈判决定的有效方法是命令。在权责明晰的情况下，这种办法行之有效。自上而下，必须听从上级的指令。管理风格越是专制，就越经常选择命令作为策略。这种做法简单、快速、有效。只是权力者必须拥有听命于他的被领导者。此时，权责并不始终明确。例如，某家汽车巨头公司的某位项目主管，他的上司通过邮件通知他，明年将外派他到中国两年。当初签署合同时，他同意了“公司可以将他派往任何需要的地方”这一条款。在这种情况下，员工很难就“去还是不去”进行谈判。这位项目经理的唯一选择是与“国际派遣部”谈判合同条件。但如果他的上司对助理说“请给我预约一个理发时间”，他就进入了灰色地带。试问，上司在公司中拥有的等级权力能延伸入私人生活吗？

通过命令施加压力也可能导致拒绝或反抗。如果专断独行的父亲要求正处于青春期的儿子每天学两小时物理，他也不会总是如愿以偿。日常生活中，说服或共同解决问题等其他方法往往更容易获得成功。

以理服人

每位参加过销售培训的销售人员都知道，以理服人是对决定产生积极影响的优先选择。以理服人意味着向对方展示某一特定解决方案所蕴含的优势。此时，PSF（Persuasive-Selling-Format）——即说服销售模式，是非常理想的理论体系。PSF由逻辑相依的五个步骤组成，涉及谈判者做出决定前应当回答的重要问题。（1）为什么要有所改变？问题在哪儿，需求又是什么？（2）有什么想法或建议？（3）怎样执行并实现想法？（4）这有什么好处？（5）最初的具体步骤有多精确？[1]如果谈判者能合理回答这些问题，就很容

[1] Jutta Portner：*Besser verhandeln. Das Trainingsbuch*, 4. Aufl., GABALVerlag, Offenbach 2015, S.298 ff.

易做出积极决定。

您想要说服您的老板为团队购买一台时髦的全新全自动咖啡机吗？那您可以这么试试："我发现我们的客户不怎么喝我们端上的咖啡。既然我们的咖啡机已经买了15年了，我建议购置一台先进的全自动咖啡机。这样我们就能按客户要求提供浓缩咖啡、卡布奇诺或牛奶咖啡。这会对融洽气氛产生积极影响。我们的客户会将我们视为体贴个性需求的周到主人。制造商的销售人员提议我们可以先试用两个月再做最终决定。您觉得怎么样？"这样一来，您把决定权留给了上司。您强调自己接受上司的决断，这让他心理上非常受用。同时，您绘制了一幅未来的积极景象，顺利将上司的决定引向您希望的方向。

妥协

谈判中的妥协意味着我们接受对方的安排，不做反驳。乍一看，妥协似乎是示弱的表现，但其实并非总是如此。许多情况下，尤其是为了谈判而花费的时间、金钱毫无用处时，妥协意义重大。您能想象在超市，收银员或售货员会因您想买面包而进行价格谈判吗？总的来说，购物时接受标签价格就是一种妥协。请您继续发挥想象，如果所有顾客都和您一样为了每一件食品的价格协商谈判，那收银台前的长队就没完没了了。很可能您马上就会掉头寻找有固定价格的购物方式。赢得时间的好处比谈判的好处大得多。

但是妥协成了习惯，就弊大于利了。那些害怕争端的人经常在谈判中妥协——出于对双方关系受损的担忧。许多词汇可以表达"妥协"的意思：被说服、迁就、服从、有所保留、适应、听话、投降、追随、撤退、放弃。[1]这其中有格外多的反应形式。一人主导，另一位就迁就或服从。长远来看，如果一味妥协，就会丧失自我。

接受现状

推迟谈判是非常常见的情况。其最大好处是赢得时间。如果谈判进入

[1] Vgl.http：//www.wissen.de/synonym/nachgeben.

死胡同，一时半会儿无法消解矛盾，或者场面越来越敌对，甚至双方情绪失控，开始进行人身攻击，就应当推迟谈判。

可预见的妥协常常需要与专家或企业管理者共同商议。例如，您想要加薪，那您会申请与您的上司或人事经理交谈。公司代表很可能表示支持您的诉求，并肯定您对公司的重要性——但是今年已经来不及了，明年当然会考虑您。谈话往往以这样的话语结束。这个例子向我们展示了对方如何巧妙地推迟了谈判，同时又确保您不会感觉失了颜面，且在绝大多数时候都会选择让步。对方赢得了一年时间，谁知道这期间会有多少暗流涌动呢。

听天由命

用硬币是“正面还是反面”的方式来决定谈判者的选择吧。乍一听这似乎不可理喻，但有时让硬币做决定也未尝不可。您的两位员工推荐了两个软件制造商，事实上它们真的非常相像。作为责任人，您要么花长时间讨论，要么就听天由命，由此节约大把时间。如果您个人似乎无法做出抉择，那么听天由命的方法是很有趣的。您想想，您和一位朋友约定去山里徒步。问题是，到底是去阿尔普施比策山，还是去卡姆朋万德山。您左右摇摆，犹疑不决。这时您若是扔个硬币，有趣的事就会发生了。当硬币还在空中时，您就会发现自己希望的究竟是正面还是反面。这样看来，“正面还是反面”的游戏能帮助您认识到潜意识中已经做出的决定。这是在谈判准备阶段察知头脑是否清醒的好办法。

寻找公正的第三方

如果谈判双方无法找到共同决定的基础，可以邀请与两边都无利益瓜葛的第三方加入。如今，通过专业人士进行仲裁与调停的情况越来越多。下面的例子向您展示了这一行之有效的方法。

NEGO-生活的分色工程

哈默-纳格尔的一锤定音，经济调停的成功故事

大型木工企业哈默-纳格尔（Hammer & Nagel）从斯塔沃博（STAWOBAU）公司获得了拆除一家族的多户住宅的屋顶架，并提供木料搭建新的屋顶架的分包工程。遗憾的是，完工后，经多次提醒，与他们有过多年交往的发包商斯塔沃博（STAWOBAU）公司依然没有结清40万欧元的工程款。工程委托人，即多户住宅的业主如今已经是一个分家的家族继承共同体，他们拖欠斯塔沃博公司的工钱已有一年之久。斯塔沃博公司不需要申请破产就可以拒绝履行对哈默-纳格尔木工厂的支付义务。于是，哈默-纳格尔木工厂发起了旨在共同解决争端的经济调停。很快大家就发现，双方都非常看重长年的合作，希望找到圆满的解决方案。经调停，双方达成一致：哈默-纳格尔木工厂作为投资者入股斯塔沃博公司；斯塔沃博公司购买零部件花费的20万欧元记为未结清款，余下的20万欧元记为哈默-纳格尔木工厂股份。斯塔沃博公司的日常经营者仍为原公司总经理及法人代表，只是薪资降低，但若日后承揽额外建筑工程并结清其工程款后，其薪资以奖金形式进行补偿。通过这种方式，斯塔沃博公司的所有人保留了自己的地位和公司，若经营顺利的话，则几乎没有薪资损失。对于木工厂来说，他们通过这一创新方法开拓了销售与客户渠道，甚至成为了斯塔沃博公司唯一的配件商，并进一步加深了两者间的贸易关系。

虽然经济调停是非常有效的工具，但有时也会被滥用。有一些谈判者在遇到利益纠纷时会一直等到对方亮出最后底线。这时，也只有到这时，他们才会坚持要求调停——因为他们知道，调停者通常建议就双方要求的中间点达成和解。

共商对策

人们很愿意鼓吹共商对策是谈判的王道。事实上，它只是诸多决策方法之一。共商对策的前提是参与双方彼此高度信任。尤其是双方必须达成共识：确实存在一个共同问题。否则很可能会变成“更强势的”一方将问题推卸到对方身上，只伸张自己单方面的利益。哈佛理念是一个多年来被证明切实可行的共同解决问题的方法。它由五个相辅相成的原则组成，我们会在第四章中具体论述。

NEGO-生活的分色工程

你好，夫人！人生总是充满意外

去年年初，一位来自特里尔的客户预订了我的谈判辅导。我从慕尼黑飞往卢森堡，当天晚上又从那里叫了辆出租车驶往40公里外的特里尔。到达后，出租车司机开价160欧元。我之前就查过，也在网上询问了出租车计价员，对方称从特里尔到卢森堡的车费是60欧元。在我提出质疑后，那位老先生只收60欧元，我用信用卡付了钱。

第二天早上七点，我正坐在宾馆吃早饭，突然这位司机站到了我面前。“你好，夫人。”他向我问好并解释说，他六点就等在宾馆了。他意识到自己少算了100欧元。现在必须补上这个钱，否则他的老板就要大发雷霆了。他不能丢了这份工作。他的眼中充满了泪水。怎么办呢？我也可以坚称这笔生意早就结清了。但是我没有这么做。首先，我向前台求助，因为这位司机只说法语，而我的法语连小学水平都不够格。最后，真实的情况是，卢森堡和特里尔的出租车计费方式确实不一样。但即使如此，从卢森堡到特里尔也只需120欧元。了解了这一点后，我们双方都有一种被骗的感觉。最后我们达成协议，司机第二天用私家车接我去谈判辅导地点，再把我接回卢森堡机场。在那里我会支付那少算的100欧元。

共同解决问题时，要克制最本能的“我有理”的冲动，寻找共识，了解真相，并随时准备接受全新、特别的解决方案。

如果条件允许，我们在谈判中就有许多选择。但是，每次谈话、每组讨论、每场会议都会自动成为一次谈判吗？传统意义上，当我们说起“谈判”时，指的是个人或组织因利益要求不同而互相沟通，以期达成一致。共识是双方的共同目标。人们必须处于动态依赖中，也就是说，一方拥有另一方需要的东西。如果出现利益纷争，双方必须地位等同，否则位高权重的一方就会选择命令的方式。“吃你的饭吧，不然只有死路一条。”老话是这么说的。

谈判时有两种截然不同的基本态度：一种是合作态度，即我将对方视为伙伴，想要与之达成令双方满意的共识；另一种是竞争态度，其关键是贯彻自我，对方是必须战胜的敌人。下面让我们进一步比较这两种基本态度。

竞争态度

还在玩沙箱时，我们就学会了威胁：“如果你不给我铲子，我就不给你水桶。”四岁孩子在幼儿园小朋友面前装模作样，就是在用肢体语言强调威胁，其背后隐藏的态度是：只有一个赢家，那就是坚持自我的人。一人赢了，另一人就得输。于是人们早年便产生了一种在其谈判生涯中被渐渐完善的行为模式。强者的权力便是为所欲为，并一再继续。如果采购员对供货商说“我们已经与五家您的竞争者合作过，他们都提出了更优惠的条件”，那么供货商就开始坐立不安，头脑中飞速计算着还能给出多少让利。

这意味着：

- 对方是我的对手，既然是对手，就必须战胜。
- 我只在意眼前，也就是说，此时此刻我必须获胜。
- 分蛋糕时想要得到最大的那块。
- 谈判过程敌意明显，不断使用权力手段和花招。
- 气力都花在贯彻个人利益上，对方的利益毫无意义。

· 双方关系充满不信任与猜疑，有时甚至将对手上升为必须毁灭的敌人。

合作态度

与此同时，也是从孩童时代起，我们就开始了解自己是社会共同体的一部分，只有共同寻找解决方法，才能与对方长期和谐共处。在幼儿园里，孩子们自发地分享早餐，之后画画时也要分享蜡笔。和谐共处建立在给予和接受的关系之上。我们希望不仅仅是自己，而是整个集体都感到满意，这就产生了归属感和亲密感。职业生涯亦是如此。如果供应商没有在困境中置我于不顾，我也会在价格谈判中做出妥协。

这意味着：

· 对方是我的伙伴，双方都应对结果感到满意。

· 我们要建立长远的关系，也就是说，给予与接受的角色时有交替。

· 尽可能做大蛋糕，然后公平地分割蛋糕。

· 谈判过程创意无限，灵活机动，大家寻找共同的解决办法。

· 努力站在他人立场思考，试图找到满足双方利益的方案。

· 双方关系在谈判后进一步深化，信任感令谈判双方如释重负。

基于竞争或合作的基本态度，我们或本能或有意地决定该何去何从。如果您还记得马克问谈判教练的问题，可以考虑一下换作是您会作何打算。好在随着时光流逝，我们积累了丰富经验，往往能做出正确的决定。

Denk-
zeit

请您花几分钟时间考虑一下，迄今为止，您更倾向于本能谈判还是自觉谈判？您更喜欢哪种决策方法？您的态度是倾向于竞争还是合作？

3. 沟通与交往：缺一不可

没有沟通就没有谈判。如果谈判双方没有任何形式的交流，也就不存在谈判。以色列政治家、诺贝尔和平奖获得者西蒙·佩雷斯曾说：“谈判者不仅要说服对方，还要说服自己的拥护者。”拥护者指的便是自己的团队成员、同事以及上司等。许多场合下，谈判都是面对面或者通过电话进行的——也就是所谓的直接交流。此时，人们用语言、手势及肢体动作等非语言方式传递信息，最后以握手封印交易，或合上文件，以此显示此为最终版本。

由此看来，谈判和沟通一样都是发送者与接受者间的一个行为。发送的是信息。至于发送者想要传递的信息是否能以其期待的方式到达接受者那里，则是另外一回事。往往是接受者基于自己的价值观理解信息，并以其自身视角进行解读。有时效果与发送者的原有预期恰恰相反。这时，再做解释和保证也已于事无补。

因此，好好考虑这一问题，有计划性地进行沟通是非常必要的。谈判桌上的沟通最为直接。此时，关键在于谈判是否得以延续。沟通是否顺畅决定了之后能否阐明建议，做出让步，达成一致。 沟通可以树立障碍，也可以消除障碍。潜在的偏见可能更加深刻，也可能被化解。无论是信任、开放与合作，还是猜疑、不安与冷漠，一切皆有可能。就好比第一次解开拴狗的缰绳时，狗感到四周敌意丛生，它们很可能会相互撕咬，而且以后也很难再拴住它们，重归安宁。只有冷静克制，谈判者才能进行专业的沟通。

英国人加文·肯尼迪是最著名的谈判专家之一。迄今为止，他已经写了

11部相关主题的专著。根据肯尼迪[1]的理论，面对面谈判中，纯粹沟通大约占85%的比重[2]。就他看来，沟通包括寒暄、问题回答、针对某一特定主题的发言、就我们的理解与评论发表总结等。只有大约10%的谈判时间花在具体建议上，还有5%用来达成协议。因此，建议大家更深入地研究沟通。一位谈判专家首先必定是一位沟通专家。

但是，究竟怎样衡量谈判成功与否呢？谈判没有唯一的正确方案可以达成完美的结果。可以通过效果（纯粹的事实结果，即合同内容）、效率（谈判用了多久才取得满意结果）及谈判气氛（谈判双方的关系好坏）来衡量一场谈判的质量。

荷士卫研究

2014年，荷士卫国际公司调研了全球1300余名谈判者，并发表了一份研究报告。[3]研究结果科学地证明了有效沟通的重要性。令人惊讶的是，绝大多数谈判并非发生在商业领域，65%是与同事及上司间的内部谈判或是与家庭成员及邻居间的私人谈判。

在研究准备阶段，荷士卫国际公司寻找那些曾进行过成功谈判的人。这些谈判者必须符合三个标准：

1. 谈判双方彼此都认可对方的效率；
2. 有证明谈判成功的书面证据（合同，文件等）；
3. 谈判者至今在谈判中鲜有败绩。

符合上述三个标准的谈判者被归入第一个研究小组。此外，科学家们还组建了第二个小组用于比较，由不符合这些标准的谈判者组成。研究目标是在一场真正的谈判中对谈判者进行观察，找出谈判专家与普通谈判者之间的

---

[1] Vgl.http：//www.negotiate.co.uk/staff-member/gavin-kennedy.

[2] Gavin Kennedy, *Negotiation, Edinburgh Business School/Heriot-Watt.University, Module 4, Debate in Negotiation*, 3.Aufl., Gower Publishing,Farnham Surrey/UK 2007.

[3] Vgl.http：//www.huthwaite.co.uk/media/1785862/negotiation-research_how-well-are-you-negotiating.pdf.

行为差异。通过有意识地挑选和分组，他们希望脱离实验室谈判——这种被认定为高效的短期谈判的成功，往往只是技巧和竞争性的谈判策略的产物。一项1978年的研究[1]已经表明，与普通谈判者相比，谈判专家在与对方的沟通上显现了巨大不同。虽然总体看来，所有研究参与者都展示了相同的行为方式，但是谈判专家明显更常做出某些举动。荷士卫国际公司认为这最终证明专业沟通是通向谈判成功的钥匙。

NEGO-
技巧

■谈判专家必然是沟通专家

评估后，荷士卫国际公司的学者们得出结论，真正的谈判专家拥有五种沟通技巧：

· 专业地说服他人的天赋
· 针对性避免矛盾升级的能力
· 检验自身理解的艺术
· 释放情感的勇气
· 提出建议的技巧

基于这一认识，可以得出这样的结论：如果训练谈判者更为专业地进行沟通，且谈判者也能优化自己的沟通技巧，那么谈判的成功率也将得以提高。

---

[1] Rackham, Neil / Carlisle, John：*The Effective Negotiator, Teil 1: The Behaviour of Successful Negotiators, Journal of European IndustrialTraining*, 1978, Bd. 2, Nr. 6, S. 6—11.

专业地说服他人的天赋

说起谈判者沟通的方式方法时，人们有时会感到困惑，这里指的到底是谈判艺术还是能提高成功概率的说服力？两者的区别是什么？荷士卫国际公司认为，谈判中双方的交流是为了彼此接近，寻找解决方案，而说服是只由一方进行的行为，即说服方希望以此鼓动对方按照自己的想法行事。如英国人理查德·穆兰德[1]就坚持这一策略。他在伦敦警察厅担任谈判教练，专门培训如何进行艰难的人质解救谈判。在他看来，与劫持者的谈判是单向过程，永远不可能与对方就其要求讨价还价，更不可能向犯罪者妥协。

作为谈判专家，抓准说服的合适时机尤为重要，这往往出现在对方谈判者不愿意赞同的时候。此外，怎样才能专业地说服他人也是一个问题。根据荷士卫公司的研究，谈判专家是这样做的。首先，可能会令一些人大吃一惊的是，他们会请对方阐述观点。接着他们会提出一系列疑问，旨在加深理解对方的想法。他们深知陈述观点是很难说服别人的，逻辑往往没有什么说服力。理查德·穆兰德证实了这一点：想要改变劫持者的想法往往收效甚微。更多时候，他会试着尽可能准确地理解对方的想法，然后以其人之道反治其人之身，以达到他想要的结果。

2014年，荷士卫国际公司的研究显示，谈判专家41%的时间用来提问并理解对方的想法。与之相对，对照小组的普通谈判者只愿意为提问投入33%的时间。因此请您反复提醒自己重视在谈判中准确理解对方，无论对方是否合作。

此处可供选择的沟通工具就是提问。许多谈判者觉得提问很难，但是他们绝大多数时候都在滔滔不绝地试图让别人明白自己。在我的谈判训练中，我会让参与者们统计自己提问的频率。事实是，普通谈判者在谈判中每15分钟提1个问题。这实在太少了——根本无法了解对方的立场。谈判专家们使用

[1] Vgl.http：//www.mullenders.org.

提问这一工具的频率明显要高得多。他们的平均数值是每15分钟4个问题。这些谈判专家已经领悟了提问在谈判过程中的关键作用。此外，提问方式以及是否积极听取谈判对手的回答并给予回应也至关重要。

首先，区别体现在两种著名的提问方式：封闭式提问和开放式提问。谈判者应当准确理解两者的区别及其对于谈判的意义。封闭式提问可以简单地以“是”或“否”来回答，因此封闭式提问也被称为抉择式提问。与之相对，开放式提问，即获取信息式提问则是要请谈判对手透露事实。仅仅通过有意识地选择开放式或封闭式提问，谈判者就能主动掌控谈判。

倾听对于提问意义重大——这就好像钥匙之于锁。有一些谈判者在感觉对方没有仔细听时会表现得非常激动，通常情况下他们会再次重申自己的论点，而且语气也有所不同，这样一来气氛就更为激烈。这很可能成为让谈判迈入死胡同的第一步。

针对性避免矛盾升级的能力

谈判专家极少陷入矛盾升级的谈判中。荷士卫国际公司分析了原因，发现谈判专家很少做那些会激怒对方的事。同时，人们还观察到许多预防矛盾激化的行为方式。好消息是，77%的谈判者总体上都会刻意避免人身攻击，防止因此激化矛盾。但如果遭到对方攻击，许多人就很难不直接奋起反抗了。这种反抗通常给人造成的印象是，被攻击方只是想要为自己辩护或企图把责任推卸给对方，这又导致矛盾进一步升级。像“这您不能怪我”“是您说谎了，不是我们”，或者“您一开始就责怪我们”这样的话很容易导致局势加剧恶化。但并不是说谈判专家完全不使用这些话语，只是比起同样身经百战的普通谈判者，他们使用的场合只占普通谈判者的三分之一。

NEGO小贴士

当您想要传递自己的观点时，请使用第一人称，而非第二人称。

如果不能有意识地克制反击行为，那么冒犯性的言语就会增多。这意味着什么？与直接攻击不同，刺激性话语微妙得多。如果谈判中过于频繁地强调自己的意图，对方定会察觉，猜疑和不信任也由此而生。谈判者开始怀疑为什么对方要如此强调他们的正直。刺激性话语是那些过分正面强调自己立场的表述。“我们的提议真的很慷慨”“这真的是非常公平的建议”“我们只想要一个理性的做法”，或者“那么，我们在此非常诚恳地强调……”这样的话会让谈判者警觉起来。普通谈判者使用的刺激性表达是谈判专家的四倍。

陈述反对意见的速度也会影响谈判气氛。如果提出意见过快，人们就会感到沟通不畅。谈判者被认为刚愎自用，矛盾升级的风险也随之上升。谈判专家不会着急，而是首先克制地间接提出反对建议。在陈述自己的观点前，他会先试着了解对方的立场。普通谈判者提出反对意见的速度比谈判专家快两倍。

检验自身理解的艺术

一种能展示您倾听并理解对方的简单易行的沟通工具就是总结。它向谈判对手传递的信息，是您全程追随着他的阐述，并理解了对方的重点。同时您也能检验自己是否真正完全领会了整个局势。下列表述可以展示您的理解：“请您让我简短总结一下我所理解的意思……”“如果我说错了，请您指正。我听到的意思是您特别在意……”“您的意思是……我说得对吗？”或者“完全同意。请您让我再简短复述一下我的理解。您的担心是……”谈判专家把17.2%的谈判时间花在检验自己对于情势的理解上，而普通谈判者只有8.3%。如果您的总结完整无缺，这就向谈判对手证明了您倾听并理解了他的话语。要是还少了些什么，对方也有机会修正事实。

使用总结这一工具的成本极低，反之，其回报则相当可观。但偶尔也有谈判者真的认为，正是因为自己非常专注地倾听并切实了解了对方的观点，才导致自己自动赞成了对方的要求。“只有所有事都达成一致才是真正的达成一致。”这是美国人的谈判信条。请您开诚布公地说明这一误解：“我理解您的期待，但这并不意味着我们已经达成共识。”

总结另一个不可忽视的重点是它可以帮助谈话重回正题。谈判中经常会出现谈判者沉溺于细节讨论或偏题的情况。此时对于相关要点的总结可以非常得体地将谈判引回原本的主题。“请允许我回顾一下我们此刻的立场。

我们已达成共识……如果您同意，就让我们继续下一步吧。现在我们有下列问题……”

NEGO小贴士

请您不要一味等到结束，在谈判中您就应当尽可能频繁地进行总结。

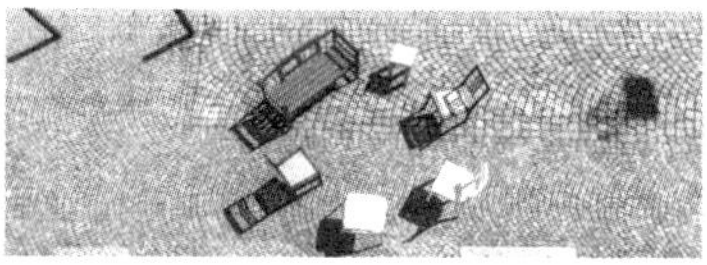

NEGO-生活的分色工程

出售牙刷，需求分析何以如此必要

每当我去谈判培训时，行李中都会装至少10支牙刷：彩色的儿童牙刷、打折的三支套装、知名品牌的高质量牙刷、酒店提供的塑封一次性牙刷。这让一些机场安检人员摸不着头脑。为什么一位乘客需要那么多牙刷？

我喜欢把它们应用到午餐后大家精神较好时的培训中。参与者们模拟一场销售对话。商品是牙刷。每位售货员在门口有两分钟时间准备自己的说辞。与此同时，潜在客户则被告知：您需要一支清洁浴室缝隙的牙刷；您可以兴致勃勃地倾听，但只有在被问起真正的需求时才进行购买。如果售货员问：“您需要牙刷做什么呀？”回答是：“打扫卫生。”为了显示自己的牙刷才真正合乎客户需求，绝大多数售货员都会据理力争。例如，灵活的把手能在不伤害牙肉的情况下清洁口腔、圆形刷头能轻松去除食物残渣和牙菌、是目前市面上最高科技的牙刷，等等。

令人惊讶的是，模拟中基本上都没有询问购买行为。虽然一些售货员会询问用途，但当客户回答需要牙刷来“打扫卫生”时，他们都会坚持强调牙刷是用来清洁牙齿的。只有极其个别的人会继续提出相应问题。

这个小练习非常直观地展现了我们在谈判中的沟通方式。我们是专业领域的行家，对产品和服务了如指掌。而且我们有强烈的倾诉需求。但与此同时，我们却忘记了对方和对方的兴趣。沟通心理学有一句金句：“在解释自己之前，先试着理解对方。”——这同样适用于谈判。许多谈判者把大部分时间花在说服对方这件事上。他们试图影响对方的看法，希望最大化地展示自己的观点。同时，他们还试图驳斥对方与自己相左的论据，如果未能如愿，就会施加压力。这一切都是在不知不觉中悄悄发生的。这一不经意的举动往往适得其反，有时甚至导致谈判失败。

释放情感的勇气

人类很早就学习控制自己的感受。某些举动在孩童时代尚能被宽容，成人后便被视为不符合社会期待或不得体。在公众场合，不应表现出类似盛怒、生气或悲伤等负面情感。暴跳如雷地对着员工咆哮的上司会成为人们的笑柄，而那些抱怨工作太多的员工则会被冷落。在我们的文化中，工作氛围的特征是客观冷静。于是乎，我们也会在众人面前克制自己的积极情感，如喜悦。荷士卫国际公司在2014年的研究中询问谈判者，是否会表达如“我对您的反应有一些失望”这样的负面情感，结果只有20%的谈判者承认会表达情感。荷士卫国际公司指出，真正的谈判专家明显更频繁地这么做。这是一个出人意料的结论，毕竟人们普遍认为真正的谈判专家应当始终摆着一副宠辱不惊的扑克脸。荷士卫国际公司建议谈判者要勇于表达情感。

假设价格谈判中存在不同意见。如果谈判者只是就事论事地质疑报价，那么争论会无限延长。但如果其中一位谈判者表现出失望的情绪，那么另一位就很难视而不见。如果对方展现了失望，拒绝报价就没有这么容易了。类似“我有一个质疑”“我恐怕……”“因为……我感到很不安”“我不知道应当作何反应”这样展示情感的话语听起来情真意切，因为它表达了谈判者的忧虑。当然，表达积极情感更为简单。如果您想要传递负面情感，请注意一定要强调这种感觉是因您而发，千万不要影射或将责任推卸给对方。

NEGO小贴士

请不要害怕表达情感。这么做能增加您的可信度。

提出建议的技巧

谈判的本质就是解决利益争端，否则就没有任何必要坐到谈判桌上。一方想要这个方案，另一方则想要那个方案。两边的提议是否差之甚远，双方是否迫切想要达成共识，双方的谈判实力是否旗鼓相当，以上都是决定谈判是否能迅速取得一致的因素。在第二章中，您将了解能帮助自己有针对性地准备谈判内容的重要工具。荷士卫国际公司的研究表明，合适的建议能加速取得共识的进程。普通谈判者平均每小时提出3.1个反对建议，而谈判专家只有1.7个。这意味着什么？这意味着谈判专家会花更多时间研究对方的要求背后的动机与原因。这使他们得以提出更为恰当的提议。在第四章中，您将更为详尽地了解这一主题。

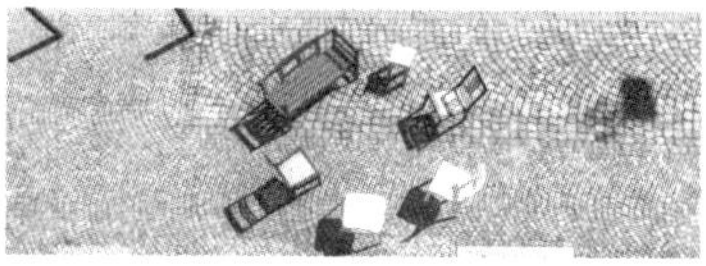

NEGO-生活的分色工程

一位氧气吸入装置的生产商曾向我讲述了一个通过专业沟通安抚恼怒客户的贴切案例。

■ 首先深呼吸——专业谈判者如何沟通

“上周我们遇到了一件棘手的事。一位四岁男孩身患严重哮喘病，他的母亲惊慌失措地打电话给我们，称孩子的氧气吸入装置坏了，要求我们立刻找到替换装置，并快递给她。一位年轻的员工还缺乏处理投诉的经验，回绝了男孩母亲的要求。当时，这位员工也很生气，因为男孩母亲当即威胁要走法律途径。接着，这件事就落到了我手里。我在自己安静的办公室里给男孩母亲打电话，用非常镇定的语调说：‘在讨论您的事情前，我想告诉您三件事：首先，我想为您在我们这儿遭受的怒气致以无尽的歉意；其次，我会仔细听您说话，以便了解事实真相；再次，我会亲力亲为保证尽快找到最合适的解决方案。’我说完这话，气氛一下就变了。那位担心着生病孩子的焦虑母亲终于放松下来，告诉我出现的故障以及她希望得到的帮助。郁积的怒气消散了，几分钟后男孩母亲就其盛怒的行为及以诉诸法律相威胁的做法向我们道了歉。事实是，她在清洗氧气装置后安装错误，因此我们通过谈话就解决了这个问题。”

这里传达的信息很明确：执意于沟通，帮助谈判者将谈判过程引向寻找合适方案的正确方向。

总的来说，荷士卫国际公司的研究证实了专业的谈判者同时也始终是专业的沟通者。此外，人们应当更为全面地看待谈判。专业谈判不仅仅是谈判桌上的纯粹沟通，其前期准备与后续工作也应当引起重视。这一观点也得到了在哈佛商学院研发了3D谈判模型的拉克斯和塞本纽斯[1]的支持。我们会在第九章中进一步说明。

[1] Lax,David A./Sebenius, James K.: *3-D Negotiation*, Harvard Business School Press, Boston, 2006.

4. 灵活性——谈判的未来

以下是一场典型的销售对话流程：首先询问客户需求，然后通过推介准备好的新产品或服务说服客户。接着是落实合作，通常由双方共同寻找创新道路，解决问题。最后是协商价格。此时谈判风格往往会改变，事关利益，双方的语气也强硬起来。达成一致前，大家讨价还价，其中一方可能略施小计，甚至虚张声势，或者像在市场上一般扭打一气。因此，对话中可能出现许多决策方式。我们已经认识到，优秀的谈判者熟悉各种方法，更进一步的谈判者会计划何时采用何种办法，而谈判专家则能在谈判期间灵活切换不同方法。请您在灵活性方面测试一下您的谈判行为。

Denk-
zeit

您有多灵活？

您拥有足够多使谈判如虎添翼的灵活性吗？您是否能找到宽容与立场间的完美平衡？为了寻找答案，请您回答下列五个问题——随时随地，看您方便与否。根据灵活性原则，您可以选择一项或多项答案。请记录答案后的分数，然后将分数相加。在最后的自评表中您能找到相应的解答。

（1）几番寻觅后，您终于找到了想要购买的公寓。您的伴侣正在长期出差，还没有机会看到房子。房产中介对您说："您今天必须决定，还有一位客户对这套房子也志在必得。"您会怎么做？

a. 我不理会压力。这次不行还有下次。（2分）

b. 我请求延期，好让我的伴侣有机会看到房子。（1分）

c. 我立刻答应。我们已经寻找得够久了。（0分）

（2）您想与一位大学同学共同创立一家公司。两人进行商讨。您的同学是一位生物学家，您是企业经济学家，想法是：培育巴伐利亚虎虾。您想在巴伐利亚培育体内无任何抗生素的有机虎虾。您的同学不接受您建议的最低投资额。他一遍遍地质疑您的预算。如今两人的讨论充斥着令人心寒的猜疑。您会怎么做？

a. 我试着理解他的担忧，并想办法找到令双方都满意的方案。也许有一个我现在也没想到的全新的办法。（2分）

b. 我向他阐明，权利相当的合作伙伴分担公司风险的重要性，并期待他的理解。（1分）

c. 我们之前就约定了投资金额——我会坚持让他承担相应的额度。（0分）

（3）您听说过有一种"好人—坏人"策略吗？您会把这一策略应用到下次谈判中吗？

a. 是，必须的。看看有没有用。我已经能想象哪些同事适用了。（2分）

b. 要看我的心情和下次谈判的重要性。（1分）

c. 不，无法相信。我还是坚持久经沙场的策略。（0分）

（4）您的同事突然病了。他请求您替他去和客户谈判。您会如何应对？

a. 没问题，我替他去。我能向客户解释清楚。（2分）

b. 我请求谈判推迟一小时，这样我可以熟悉文件。（1分）

c. 我认为没有准备就谈判，非常不专业。（0分）

（5）您在回答前三个问题时非常容易做出选择吗？

a. 是的，我很快就做出了选择。比起苦苦思索，我更喜欢速战速决。（2分）

b. 有时容易有时难，完全取决于情境。要是信息量再大点儿就更好了。（1分）

c. 我需要充足的时间检索和准备才能权衡利弊，做出选择。这些问题对我来说太缺乏上下文了。（0分）

答案

0—3分

看来您比较传统。任何大变化都会令您不适。很可能您在谈判中也不愿意做出妥协。如果能始终贯彻您的想法，您就会感觉很好——哪怕与谈判对手的关系可能因此受损。毫无疑问，这样做很有勇气，但是长此以往可能会令您受到孤立。

4—7分

恭喜您！您的结果很均衡。您知道谈判中何时该适应妥协，何时该贯彻始终。这是成功谈判的良好基础。

8—10分

祝贺您！您是灵活性的典范。您能自然地适应任何情境，哪怕遇到意想不到的情况也能快速轻松地调整。无论是外交谈判，还是战略制定——您在谈判中都能做到游刃有余。

12—15分

您的灵活性显而易见——有些情况下甚至过犹不及。为此您可能会过分强求自己与他人。您的风险是可能从单纯的适应力变成了风中的旗帜，在谈判中让步太多。灵活性是一种美德——但别忘了凡事都有度！

想要掌握灵活性，还得靠训练。我们身边的世界日新月异，充满意外。

NEGO小贴士

灵活机动意味着我们有能力适应环境变化，应对新的思想。谈判亦是如此。

请您想象一下，您失业了，正做着一切努力：查阅招聘信息、写求职申请、参加面试。一段时间后，您发现虽然竭尽所能，却依然没找到工作。此时，您也许会质疑自己的行为与思路，紧接着很可能会重新调整方向。显然，您之前选择的策略没有奏效，无法通向成功。谈判亦是如此。如果您始终觉得自己期待的结果近在咫尺却无法获得，您就会停下来思考有没有其他办法。灵活性的前提之一是，认识到改变是自己的责任。求职者也许应该找人辅导一下如何进行面试，不甚满意的谈判者应当质疑并中断现有模式，重新学习新的行为方式。

首先，灵活思考至关重要。所谓灵活思考，指的是允许自己以从前不曾尝试的方式方法思考问题，同时也意味着质疑那些至今信以为真的事。许多谈判者很难摆脱旧的思考模式。请您把旧习惯先停到一边，借一辆现代化的汽车，然后去尝试一些新鲜事物——就当是试驾，哪怕您还不知道应该怎样做。在谈判中，您可以大胆一些，胆大好办事。相信您现有的优势，创造尝试新路的空间。本书会给您许多灵感。也许您尝新时会摔得鼻青脸肿，但没关系，这是成长的代价。接着您重新站起来，拍拍身上的灰尘，等待下一次机会。无论怎样，您的经验更加丰富了。您可以在日常生活中寻找练习机会。当您下次买车时，尽管您感觉讨价还价“不体面”，还是可以试着问问有没有折扣——不久前，一位来自瑞士的成员在我的培训中如是说。或者您可以与您青春期的儿子共同决定由他自己为学习成绩负责，哪怕您至今都是位倾向于独揽大权的母亲。或者您可以采纳您的年轻员工关于信息技术问题的方案，即使您是位完美主义者，喜欢遵循久经考验的方法。

当我们看向世界，看向其他文化，会发现我们所熟知的谈判行为有许多美妙变体。关于这一点，我曾有过切身体会。有一次，在经济部国际经理项目与国际合作组织（GIZ）的框架下，30名印度经理来到德国进行为期一个月、旨在促进外贸关系的谈判培训。我们花了整个上午讲解“如何与德国贸易伙伴谈判”。其中很重要的一点是德国贸易伙伴非常看重谈判的清晰与结构。印度成员们赞同地点着头。可是当我们下午进行模拟谈判时，场面一下变得非常活跃热闹。所有人都大声地相互交谈，毫无结构可言。“我这一上午说的谈判流程都到哪里去了？实在是太乱了。”我不由地怀疑起自己来。然而，在规定时间结束后，我们惊讶地发现，参与者取得的结果与德国谈判者有条不紊的谈判后得出的几乎如出一辙。

除了文化背景，个体的天性、经历以及社会性也决定了谈判者的灵活程度。

知名谈判家

安格拉·默克尔：平静、从容、坚定不移

多年来，铁娘子安格拉·默克尔以强势及坚定闻名，如今她已灵活变通了不少。“德国式的强硬固然极好，但如今也需要德国式的灵活。”[1]她在预期2015年年底前德国将接受80万名难民的讲话中如是要求。

如今，身为国际货币基金组织总裁的克里斯蒂娜·拉加德[2]形容默克尔是一个能召集并倾听众人、阐述德国处境且总是喜欢和所有人一块吃饭的人。“她非常乐于这一点，称得上是人中翘楚！刚开始很正式，慢慢变得随意起来，所有人都感觉很好。她也很尊重那些并不那么重要的人，而我便是其中之一。通常情况下是这样的：参谋长与参谋长讲话，部长与部长讲话，没有人会打破这一等级。她毫不在意这些。她会四处张望，谁说了什么有趣的话，谁需要她的帮助，或者她能从谁身上学到点什么，这一切她都看在眼里。那时，她向我提了很多问题。虽然当时我已经不再是实习生了，但毕竟只是另一个国家的一个部长。今天我有时会带着同事走近她，如果她有问题，也会直接问他们中的一人。我一点都不觉得难堪。”

她的谈判是以坚守目标，同时灵活变通来实现目标的风格而著称。她的谈判对手总是斥责她消极应对。但与此同时，一旦事关既定目标，她也会显得非常积极。强硬与变通只是乍看之下相互矛盾的两种价值。在我看来，她不可动摇的地位恰恰说明了她对于那些不可争辩的价值的坚守。价值是固定的，方法是灵活的。她最著名的话语之一证实了这一点：“我必须承认：如果我们从现在开始还不得不为自己在困境中展示了友好的面孔而道歉，那这不

[1] Vgl.http：//www.mz-web.de/politik/fluechtlingszustrom-angela-merkelfordert--deutsche-flexibilitaet—22772728.

[2] Vgl.http：//www.sueddeutsche.de/karriere/christine-lagarde-madamedas-geld-und-die-smarties-1.2912480.

是我的国家。"这是默克尔在2015年针对难民危机所做的发言。[1]

您想成为真正的谈判专家吗？其基础便是：真正的专家并非听从本能，而是自觉行事。他能屈能伸，掌握多种谈判风格。他以直升机的视角观察全局，以期在谈判中掌握主动。作为沟通专家，他绝不威胁或命令，而是试着理解他人，同时为他人所理解。根据不同情形，他灵活应变，自觉地做出合作或竞争的决定。下一章主要讲到谈判的准备。良好的准备帮助您在谈判中取得更为灵活的表现。

[1] Vgl.http：//www.sueddeutsche.de/politik/merkel-zu-fluechtlingspolitikdann-ist-das-nicht-mein-land-1.2648819.

CHAPTER 2

第二章

准备：清晰的战略和明确的目标

DIE VORBEREITUNG

KLARE STRATEGIE UND DAS ZIEL IM VISIER

上图中，您看到的是一位正在演奏的音乐家。他面前的椅子是空的，也就是说，他的演奏没有听众。但是这很快就会改变。每一个曾学过乐器的人都知道练习要花费多少时间：无休止的手指练习，一而再、再而三的重复。为了能在观众面前演出，人们用在准备上的时间比真正登台的时间多许多倍。谈判亦是如此。专业的准备能帮助您在谈判中拥有所需的细致与灵敏。

法国电影导演弗朗索瓦·特吕弗有一次曾说：“所谓即兴，只是没人察觉其准备而已。”在过于短暂的一生中，他曾创作了大量电影作品，深远影响了法国的作家电影。这句话能完美转化到谈判艺术中。为了能在拍摄中灵活应变，利用即兴创作瞬间的能量，特吕弗做了细致的准备。

他那些令人难忘的杰作《朱尔与吉姆》《华氏451度》《阿黛尔·雨果的故事》就是这样诞生的。特吕弗是怎么做的呢？作为一名博学多才的书籍爱好者，他在一开始会进行资料检索与分析。他以其戏剧视角最精准地检索电影的历史背景。此外，他的导演还以对情节的准确分析著称。他对每一个细节都烂熟于心，将拍摄细化到每一分钟。然而接下来令他的电影团队惊讶的是，他完全放手让演员表演，全然不顾自己的清晰准备，只是听任于此刻的诗意。为什么检索和分析对于谈判如此重要呢？

1. 最开始：检索与分析

也许您的日常工作和许多谈判者一样：您从一个会场赶往另一个会场，结束时带着必须在给定期限内完成的堆积如山的任务，接着您发现：天哪！现在几乎没有（有些时候是完全没有）时间准备下一场谈判了。理论上所有人都知道，精心的准备就是谈判成功的一半。尽管如此，我们还总是半途而废。为了让您更清楚地了解缺少准备的后果，让我们一起看一下一些典型陷阱。

NEGO-
技巧

缺乏准备[1]的常见错误有：

- 缺乏对对方的认识
- 缺乏让步的策略
- 高估自己的谈判能力
- 缺乏对谈判过程的认识
- 缺乏谈判目标
- 低估自己的谈判能力
- 自己团队的糟糕合作

[1] Vgl.dazu Portner,Jutta：*Besser verhandeln. Das Trainingsbuch*, 4. Aufl.,GABAL Verlag, Offenbach 2015, S.30ff.

缺乏对对手的认识

如果不熟悉市场情况、缺乏专业知识或对谈判风格不甚了解，任何谈判都会变成孤注一掷的游戏。因此，请您全面地熟悉这些事实。也许您比较幸运，可以委托他人为您检索信息。所有谈判者的普遍规则是：您的知识面越宽，就越容易在谈判中灵活应变。如果您的谈判对手来自另一个国度，就请您事前了解一下文化差异，这可以避免一些意外。比如，如果您准备与虔诚的穆斯林举办一场活动，就应当规划供他们祈祷的时间。

缺乏谈判目标

先人曾说："知目标而善决策，善决策而心安宁，心安宁而意志坚，意志坚而勤思索，勤思索而更精进。"

我曾看到许多谈判者因为缺乏明确的谈判目标而成为对手的掌中玩物，事后发现没有达到原先的愿望。缺乏目标也意味着缺乏计划。计划前您必须知道方向，否则就会不知所措。在准备伊始必须要做的是什么？规划时间。有两个广为人知的工具可以帮助谈判者有效规划时间：SMART目标模型与BATNA（Best Alternative To a Negotiated Agreement，已达成协议的最佳替换方案）。所谓SMART目标，那些身为项目经理的谈判者应该在其项目规划中已经了解。而所谓BATNA，则是指准备好谈判中作为替代的计划B。SMART模式可以协助谈判者建构一个清晰、实际而又宏伟的目标。SMART本是一个单词首字母组成的缩略语，每一个字母都代表清晰的谈判目标应当具备的特点。SMART指的是明确性、可度量性、吸引力、可实现性以及时限性。一个目标覆盖越多SMART标准的特性，它就越精准，越贴切。请您养成每次谈判前再次审视目标的习惯，检查一下是否还有可以更正的地方。

缺乏让步的策略

是合作并进还是坚持自我？长期来看哪一个才是更高目标？每次谈判伊始您都应当问自己这个问题。态度目标永远优先于具体的谈判目标。

态度目标不受情境限制，它完全服从于您，代表了您的态度与价值观。清晰的态度目标与企业哲学相辅相成，使您的登台亮相气场十足，真实可信。没有态度目标就无法发展合适的策略。

合适的策略帮助您始终以自己的利益优先。在此，您可以使用妥协矩阵。所谓妥协，即我们对对方做出让步，同时我们也期待着对方投桃报李。其关键首先在于您是否展现出达成一致的意愿。所谓谈判，就是灵活机动地回应对方。如果没有灵活性，双方只会坚持自己的立场，谈判很容易僵持不下，甚至存在破裂的风险。如果您愿意做出妥协，那么这种让步的信号是其积极的一面。而其消极的一面是您总是一再退让。我们不得不告别希望，放弃期待。有时这很伤人。妥协计划得越周到，必须有所放弃时您就能不那么情绪化。因此，准备过程中就清晰预设自己的行为方式，以及可以做出的让步是有备无患的。

为什么要计划妥协？如果不这么做，就有可能过于轻率地做出巨大妥协，或僵硬地坚持立场。妥协的空间在哪里？理性来看，谈判空间存在于起始建议和最小目标间，即我们可以做出的让步。而从感性来说，起始建议与最大目标间的地带才是谈判空间。其背后的问题是，我们在多大程度上坚持自己的目标，又能在多大程度上自觉地代表目标？这里的空间就是我们想从对方那里获得的妥协。

计划让步时，您可以使用妥协矩阵。建议当谈判中双线交叉时务必设置一次中断（详情见下列矩阵）。在团队中谈判时，也请您事先确定由谁提出妥协。请按如下所列设置让步的优先权：

（1）高优先权：志在必得的目标／行为；

（2）中优先权：即使没有也无伤大雅；

（3）低优先权：对我们来说不重要，完全可以让步。

作为谈判者，理想状态就是在谈判中让出对您来说无伤大雅，但对对方至关重要的优先权，来换取反之对您来说志在必得、对对方则不甚重要的优先权。

给予（give）	索取（get）
为了取得共识，愿意做出的妥协与让步。 薪资谈判案例：您可以向人事部门提出，如果能获得与业绩挂钩的奖金，您愿意放弃第13个月的工资。	当我们做出某个让步时，希望对方做出的妥协。 薪资谈判案例：您想要继续深造，计划读一个MBA课程。您希望公司支付一部分进修课程费用。

保留（keep）	意外（surprise）
任何情况下都不能做出的妥协。这些妥协是我们的最低目标。 薪资谈判案例：您绝不接受比迄今为止更低的薪资。	在谈判过程中，对方做出的或要求我们做出的出人意料的妥协（可信度）。 薪资谈判案例：当您在谈判中得知，想要拿到工作合同，就必须在试用期后去俄罗斯或阿富汗当地指导公司项目。

妥协矩阵[1]

低估自己的谈判能力

欠缺经验的谈判者经常在准备中忘记现实地评估自己谈判能力，谈判过后才会意识到低估了自己的能力。如供应商以为权力掌握在采购商手中，而采购商则认为供应商大权在握。为了避免这种情况，请您在谈判前设定好您的BATNA。也就是您的B计划。如果结果好过最佳替换方案，就可认为是成功的谈判。人们不能要求别人在有更好方案的情况下认可谈判结果。BATNA是认可或反对某一谈判结果的独立决策标准。如果有这样的替换方案，就能

[1] Portner,Jutta：*Besser verhandeln. Das Trainingsbuch*, 4. Aufl., GABAL Verlag, Offenbach 2015, S.51.

避免对谈判对手的依赖。总的来说，没有替换方案或方案准备不足的一方在谈判中总是处于弱势，这自然导致其谈判地位的低下。因此，在最佳实际替换方案方面知己知彼，才能百战百胜。

NEGO-技巧

■ 怎样设定BATNA[1]

（1）列一张备选方案清单。

（2）不要总留恋于最初的想法。请您“跳出框架”，创新思考。

（3）请衡量每一个备选方案。它真的切实可行吗？

（4）值得进一步跟进备选方案吗？

（5）选择您的BATNA。

（6）考虑谈判对手的BATNA。

NEGO-技巧

■ 怎样使用BATNA

（1）如果您有优秀的备选方案，展示给对方看。

（2）如果您没有优秀的备选方案，就不要展示给对方。

[1] Portner,Jutta：*Besser verhandeln. Das Trainingsbuch*, 4. Aufl., GABAL Verlag, Offenbach 2015,S.41 f.

（3）如果您感觉对方有一个很好的备选方案，也许就会尽量不去提及……而您的对手的想法很可能恰恰相反。请您想一想，怎样才能展现您的提案的优势，好让对方不觉得自己的备选方案有多么出色。

（4）如果您感觉对方没有很好的备选方案，就设法将对方往那个方向引导。

（5）您只能接受比备选方案更好的谈判结果。

（6）不要用您的BATNA威胁对方，而是把它作为您自己的抉择困扰与对方分享。

NEGO小贴士

糟糕的备选方案无法增强您的谈判能力，因此于事无补。请您务必在开始谈判前就准备好您的BATNA！

高估自己的谈判能力

谈判准备也会产生误导的风险。我们很快就会倾向于在脑海中模拟谈判的理想走向，并认为这切实可行。心理学使用英语术语“高估的力量”（overestimated power）来描述这种情况。这可能导致谈判者举止傲慢，是谈判框架中最常发生的错误之一。接下来便是,一切未能如计划发生，谈判者无论在战略上还是在情感上都陷入惊慌。因为没有替代方案的策略，谈判者往往被预料之外的情况击败。因此,请您务必计划一个谈判可行区域（德语缩写ZOPA）。拥有ZOPA意识的谈判者很少高估自己的谈判能力。通过下面一个不动产销售的案例，您可以了解ZOPA的设定方法。

NEGO-
生活的分色工程

大卫的ZOPA：怎样防止自我预计过高

五年前，大卫在慕尼黑南部置业。他的小别墅建于20世纪30年代，至今保护完好，街区也十分安静。大卫很喜爱他的房子。但由于工作变动，他计划出售房产。关于售价，他的最低心理价位是120万欧元。他知道现在房源紧缺，许多人想要住到慕尼黑南部来。他在房产网站上发布了广告——令他意外的是，直到四周后才有第一个感兴趣的人打来电话。看房时，这位潜在客户很快摇起了头。他觉得大卫的报价虚高，尤其是相邻街区正在建设四架风车，短期内会有大量工程车往来发出噪音，还有建筑噪音，而且建成后从房子里就会看到风车。后来还有两位看房者也表达了类似的观点。在那之后大卫进行了调研，并最终立下了实际的ZOPA基础。85万欧元一定能卖出别墅，但如果要价超过95万，那些潜在客户就能在市场上找到更有吸引力的房源。于是他将ZOPA设置为85万到95万欧元之间。

分析ZOPA有哪些好处呢？首先它设置了既不能低估，也不能超越的界限，避免了谈判者自我预估过高。如果您参与团队谈判，ZOPA可以防止单个团队成员单独行动，在未与团队其他成员商议的情况下与他人达成一致。假如您将谈判大任委托他人——如房产经纪人，那么您可以通过ZOPA限制他的支配权，如大卫可以说："请您选择出价最高的那一个——但绝不能低于85万欧元。"

怎么计算您的ZOPA？一种久经考验的设置ZOPA的方法是借助BATNA理念。我们的BATNA定义了ZOPA不受欢迎的下限。而通过对于对方ZOPA的预估，我们了解了对方可能"甩手走人的底线"，也就是我们的ZOPA上限。这是我们的最高目标，是可能发生的最理想情况，是我们趋之若骛的梦想。ZOPA能有多大？这里没有固定的答案。有些ZOPA非常贴切精确，有些则非常宽泛，甚至开放。精确的ZOPA案例，如我们设想您是洗发水的供应商。现在有许多洗发水厂商，市场已经饱和。在这种情况下，您的洗发水价格毫无还价余地，即使有，也只在毫厘之间。与之相对，是宽泛而开放的ZOPA案例，如您出售一辆30年车龄的跑车。这种老爷车已不多见，几乎已够得上收藏级别。无论是作为销售者的您，还是您的潜在购买者都没有老爷车买卖的经验。您面对的是并不完善的市场。此时，谈判就存在着巨大的伸缩空间。

众所周知，谈判对手从来不会接受您的第一个提议，因此可以把这个计算在内，小幅提高要求，使其略高于您的最高目标。即使您认为可以省去这一步，也建议您不要这么做。是的，过程就是如此毫无惊喜，但是如果您拒绝接受，就会蒙受损失。所谓谈判，即是指双方互相接近。加价是给对方的礼物！关键只是在于加价的多少。去年我去了中国的一个轻纺市场，那里的商家开价是实际价格的300%。这是一场生动的、循环往复的游戏，所有人都全心投入地遵守规则。不言而喻的法则导致人们早早就预见到结果。这就是这种市场的游戏规则。

NEGO小贴士

加价是给对方的礼物！商业谈判的规则是，人们可以雄心壮志，但不可厚颜无耻——否则就会丧失信用。

自己团队的糟糕合作

许多谈判团队在准备谈判时疏于讨论内部的不同立场，未能确立对外的共同战略以及谈判中的角色分配。其结果是谈判对手会从谈判进行时的讨论中获得许多有趣的信息。谁在犹豫不决？谁是结盟对象？对手可以从中赢得战略优势。因此，请您务必设置一个信息矩阵。谈判时，信息运用是非常重要的手段。请您事先就搜集好信息，因为信息是我们知识的基础。我们掌握的信息越多，谈判能力就越强大。当然，只有当您分析并评估信息，并与所有参与者共同决策什么是已知的，什么是可以公开的，什么是必须秘密进行的，您的信息搜集才有意义。信息矩阵是一项非常有用的工具。在准备阶段，请您用它对您的信息进行结构性分析。您将分享哪些信息（give）？您想获取哪些信息（get）？如果谈判中出现下列两类新信息（保留或意外），那么建议您中断谈判。

在准备阶段，我们会提出各种各样的猜测：对方的处境与目标、谈判参与者、日程安排、谈判时长、竞争对手人数，等等。多做猜测没有坏处。如果我们事先没有在脑海中排演一遍，就是在冒着到时自己大吃一惊的风险。唯一重要的是，您必须始终清楚最终只有一个不再更改的预判。那么，怎样检验您的猜测呢？最简单的方法是提问。如果您在谈判准备阶段已经确认了猜测，就能计划一些验证猜测的具体问题（见信息矩阵“我们想知道”一栏）。如与未来房东谈判时，您可以询问潜在的其他访客，看看他们对房子是否表现出很大的兴趣。或者您猜测房产经纪人还有其他房源，那么您可以问他，如果您对现在的房子不满意该怎么办。

给予（give） 我们愿意与对方分享或许已为双方所知的信息。这些信息帮助我们寻求共识。 与房东谈判的案例：您想什么时候搬入？您想在房子里开设办公室吗？还有谁一起搬入？	**索取（get）** 我们为了增强谈判能力而想从对方处获得的信息。我们需要这些信息来寻找取得共识的路径。通常我们会准备一份问题清单。 与房东谈判的案例：我们什么时候能搬入？有房管吗？允许养宠物吗？暖气设备能满足现代要求吗？
保留（keep） 我们不想对方知道的信息。公布这些信息可能会削弱我们的谈判能力。 与房东谈判的案例：您不会告诉房东，您已经有些仓促地与旧房东解约了。	**意外（surprise）** 谈判过程中从对方处得知的令我们大吃一惊的信息。 与房东谈判的案例：谈判中您才得知，楼上楼下的邻居已经和房管打了好几年官司。

信息矩阵[1]

[1] Portner,Jutta：*Besser verhandeln. Das Trainingsbuch*, S. 48, 4. Aufl.,GABAL Verlag, Offenbach 2015.

缺乏对谈判过程的认识

您一定有过在谈判中陷入死胡同或者绕圈子的经历。半小时前您就已经听到同样的论据了，您的对手不厌其烦地向您描述自己的观点，而您则想着：我已经听过了，我已经理解了……这是您在谈判过程中搁浅的明确信号。许多谈判者完全不知道谈判的红线，这导致他们过早开始提要求，讨论价格，并最终错过获得一个面面俱到的结果的机会。也有可能您亮出立场并一再坚持，从而陷入死胡同中。嘈杂无序的谈判浪费时间，不着重点，最终往往一无所获。读完本书，相信您会做得更好！

Denk-
zeit

请花几分钟时间思考一下，下列几点是否曾导致您因准备不足而谈判失败：

· 缺乏对对方的认识
· 缺乏谈判目标
· 缺乏让步的策略
· 低估自己的谈判能力
· 高估自己的谈判能力
· 自己团队合作糟糕
· 缺乏对谈判过程的认识

未来您会怎么做？

2. 您想要引领谈判？请遵循下列流程

每一次谈判都有其清晰的流程。一旦您了解每一步，就等于拥有了可以参考的议程表。如果您始终遵循谈判的红线，就有可能操控对话。您不会错过任何逻辑相依，且在心理上意义重大的步骤。

NEGO-技巧

■ **谈判由七个步骤组成：**

- 准备
- 序曲
- 厘清
- 解答
- 决策
- 尾声
- 后续

每个步骤都有相应目标重点，以便最后取得长期有效的结果。此时，谈判流程不依赖于谈判风格。相同的步骤既可用于合作谈判，也可用于竞争谈判。

下面让我们具体分析一下每一个步骤。

准备

在准备中，您确认自己的目标。您想要得到的是什么？首先您得想清楚是坚持合作还是竞争。您的谈判风格、谈判策略及谈判论据皆依赖于此。您可能遇到什么样的情况？对于可能出现的情况的认知，能帮助您准备特定的目标、论据以及战术策略。您叫得出谈判对手的名字，知道对方会派谁参加谈判。您搜集对方的背景信息，熟悉对方的谈判历史。您确认自己的进退空间，定义谈判可行区域。如果您组队谈判，请务必预留充足的时间与团队成员共商策略，坚守一致。

您用来准备的时间取决于下列因素：主题有多复杂？结果对您有多重要？谈判对象有何价值？您是第一次接触谈判对手，还是已经能清晰预判其行为方式？您期待的是一场一次性的谈判还是长期的合作？您个人的谈判经验如何？您是能快速即兴发挥的谈判老手吗？还是说您欠缺经验，因此非常精准的准备才能让您有信心灵活应对？最后再说一点，拇指法则之一便是，准备时长应该和谈判本身基本相同。

NEGO小贴士

早起的鸟儿有虫吃。比起在谈判后邀请贸易伙伴共进晚餐，您可以把这一流程移至谈判前。这是对大家关系的绝佳投资。

序曲

“序曲”是音乐概念，它确立基调，构建全篇气氛。通过序曲，您能听出乐曲是大调还是小调，是欢快的轻歌剧还是悲怆的歌剧，是忧伤、深沉的巴赫宗教剧还是无关紧要的流行歌曲。当人们齐聚一堂，就会试着感受气氛。其他人对我们充满善意吗？还是弥漫着拒人于千里之外的专业性，甚至有潜在的敌意？我们花时间彼此接触，能灵敏感知谁掌握了谈判。当谈判者在最开始的几分钟说起无关紧要的话题时，其实就已经在暗暗展示自己的谈判能力。双方都“彼此嗅闻”。问候是起拍，此时我们就能观察到是谁先伸出手。对方的手是不是放在上方，这是否是他想要主导局面的信号？如果问候简短客观，很可能之后的沟通也以事实为重。还是说双方不疾不徐，通过轻松对话建立信任，坦诚自我，甚至聊起私人的事？或者对方开诚布公，一开始就展现出浓厚的兴趣？这时就产生了亲近和开放的氛围，信任感也随之而生。此外，地点和坐席顺序的选择也会影响谈判气氛。人们会提供饮料吗？还是让大家口干舌燥地坐着？常年的观察反复验证着——首尾如一！

序曲的另一个元素是在一开始介绍谈判人员及其职能，沟通谈判目的与议程。我们今天为什么来到这儿，谈判结束时我们期待获得什么？同时还应讨论事务安排及时间框架。我们有一小时还是一整天？有没有预定航班或后续安排以至于必须准时结束谈判？许多谈判者都低估了序曲的意义，直到谈判中才慢慢意识到也许大家对于目标有着不同理解，他们不知道对方谈判团队的角色分配，也没有明确的议程可以帮助他们重回红线，于是只能在谈判中不停地绕圈子。

NEGO小贴士

永远都要称呼对方的姓名！而且不能叫错。您可以将新谈判对手的名片按照他们的坐序依次排列。这样您也能一眼看出每个人的作用。

厘清

谈判的起因是存在亟待解决的利益矛盾，因此其过程也常常被称为探索过程。人们探索，或者说研究共性与差异，需求分析能帮助他们更好地理解对方真实的动机与驱使力，而提问是驱散未知迷雾的绝佳方法。因为谈判中至少有两方，所以也总是至少存在两种不同的利益基础。请您既不要忘了公布自己的利益，也不要忘了询问对方的诉求。当您希望通过谈判寻求合作时，有时可能因为您美好的基本态度而过于在意理解，却忘了清晰准确地表达自己的立场，或者因为您害怕氛围变得糟糕，致使理解对方的愿望超过了表达自己的意图。而在竞争性的谈判中，您则可能变得咄咄逼人，试着尽可能挖掘对方的情况。

谈判也一定有共性。最小的共同分母往往是谈判有所结果——否则也不会进行谈判了。经验丰富的谈判者深知尽可能多地迎合对方有百利而无一害。真正的专业人士也建议“能同意就同意”。最初的“好”是通向最终的“好”，即谈判结果这一漫漫长路的重要一步。公布双方立场标志着探索阶段的结束。紧接着就该提出要求，过渡到解答这一阶段。如果厘清工作未能彻底完成，那么接下来谈判者就会不停绕圈子，最终又回到这个阶段来。因为缺乏对重要动机的了解而过快做出的决定无法令人满意。因此请您在第三阶段结束时务必总结您所理解的内容，并确保所有人一致认可进入下一步。谈判专家将这一阶段称为谈判成功的关键。

解答

这一阶段是谈判的核心——谈判参与各方协商可能的解决方案。在此之前，框架条件已经厘清，最初的要求也已提出。谈判者们试着找到能带来最大化利益的选项。双方各有退让。合作式谈判尝试找到令双方满意的共识，有时谈判各方甚至能做大蛋糕，找到他们前期根本预想不到的可能性。竞争式谈判中，参与者通常会做出妥协。妥协永远只能是次优选择，因为任何一方都未能贯彻其最大化要求。理想状态下，大家结成同盟，创造多余价值。在这一阶段，还经常会出于单方利益而使用花招。

决策

谈判接近最终结果。为了取得公平的结局，合作式谈判参与者会援引与个人利益无关的标准，并始终注意过程的公平与透明。目标是构建有据可循的决策流程，使得所有谈判者都能跟进理解。此处，决策过程的透明是最高目标。在竞争式谈判中，在“敲定”结果前，通常会在这一阶段解决质疑，并引入成交技巧。所谓“Last Offer” ——最终报价，是谈判接近终点的明确信号。在这一阶段，犹豫战术或时间压力可以视作争取单边利益的花招。专业谈判者此时会暗自盘算，将可能的结果与最佳替换方案做对比。如果前者优于谈判桌外制定的替换方案就择之。反之则不然。从传统意义上来说，握手即是封印共识的表示。

尾声

谈判结束分为两步：内容部分和形式部分。在内容部分，谈判各方要再次总结讨论谈判结果，确定最终如何处理尚待解决的部分，计划具体的后续步骤。在形式部分，满意的各方祝贺取得谈判成果。通常人们在谈判结束时还会闲聊片刻，此时他们很愿意重拾谈判伊始聊过的话题，从“大事”谈回“小事”，最后在告别中非常正式地结束谈判。在许多商业谈判中，谈判者们紧接着还会共同用餐，以此将正式的终结延长至谈判之外。此时，大家还会立下日后谈判的基础，毕竟此次谈判的结束便是下次谈判的开始。

后续

后续工作最经典的元素便是记录。人们通过记录或合同确认谈判结果。谈判中约定的后续步骤的实施也同样发生在后续工作阶段。ICN模型（了解／咨询／商谈）是可以清晰跟进待做事项的优异工具，谈判者们以下列方向进行区分：只需了解谈判结果的人，为谈判者提供咨询、讨论后续战略方向的人以及未来谈判的潜在对象。

当然，个人后续工作往往是谈判中暗自进行的一个部分。如果谈判进展顺利，谈判中就不用过多思考。但更多时候，职业生活中繁忙的任务与要求逼得谈判者不得不立刻转而应付各种日常琐事，这很可惜，因为个人反思是优化谈判技巧的难得而又绝佳的机会。如果谈判者以团队形式登场，那么他们可以互相给予反馈。什么对我们来说是好的？我们可以信赖什么？下次可以作何改变？还有什么改善的地方？可以书面记录下这些“经验教训”，以便下次谈判前快速浏览，并让我们变得更加专业。

下面，我们用一个具体事例再次展现一下谈判的七个步骤。

这是一次对于薪资的谈判。在德国，薪资讨论依旧寥寥可数。甚至一些工作合同会明确要求员工对此保持沉默。许多员工对于申请加薪顾虑重重。下面的事例将教您如何进行薪资谈判。

NEGO-生活的分色工程

■ 嘿，老板，我要加钱——为什么那么多人都对加薪难以启齿？

绝大多数员工很少要求加薪，因此没有那么多经验可以借鉴，这令他们在老板就事论事地询问具体数字时十分犹疑不定。此外，他们还害怕要求若被拒绝，与上司间的关系会恶化。

准备

薪资谈判的出发点首先是您的当前工资。请您搜索一下您所在行业的薪资状况以及您的相对位置。把您工资的所有组成部分都整理出来：基本工资、奖金或提成等灵活部分、额外月份工资（圣诞节或年假津贴）、加班补贴、企业养老补贴等。然后请您思考一下您的优势（也许您有海外工作经验）及劣势（也许您不愿意被外派，因为您的孩子们还太小）。接下来，您就可以开始计划您的策略和论据。第二步是定义您的ZOPA，确定您的最高、实际以及最低薪资要求。同时您还要考虑一下退路，如果谈判无功而返您该怎么办。

序曲

请您选择一个合适的时机，与上司约谈一下您“在公司的发展前景”，这听起来比“薪资谈判”更为圆滑。圣诞假期或者出差期间绝对是不可取的时刻。谈判的金科玉律是：“首尾如一。”请您在一开始就创造一个舒适的谈判氛围。身为谈判专家的您应当知道，如果对方喜欢您，您就能取得更好的结果。一些闲聊能帮您热场，以便进入正题。哪怕这是个烫手山芋，也请您主动出击，以显示您的真诚。

厘清

如果您曾成功完成一项重要项目，或为业绩增长做出杰出贡献；如果您曾为新产品的开发出谋划策，承担多项任务与职责，或为节约成本献计献策，那么您加薪的机会就很高。请您找到您对公司的有益之处。只有做到这一步，您才能谈及利益冲突——即薪资，并提出您的要求。如果对方提出还价，那么就进入下一阶段……

解答

金钱往往只是一个论据，而不是唯一的论据。想象力比现金更值钱。大家能达成协议吗？培训、休假、家庭办公室、笔记本电脑或者移动电话、名片上的职务、有趣的额外任务、做兼职的许可、分摊孩子教育的费用……有许多做大蛋糕的可能性。您没必要非得围着“条款”转——什么时候落实加薪？什么时候再谈判？有没有额外奖金？

决策

您要充分准备好接受反驳。常见的借口有，公司正在节约成本，目前没有钱。这时请您坚持己见。一个很好的回答是，恰恰在困难时，优秀的员工才更显得难能可贵。有时还牵涉许多数字：错综复杂一时无法看透的名目，或价值无法立刻归类的额外许诺。请您好好使用必要的时间，冷静计算所有条件的确切意义，最后再做决定。平静中自有力量。永远不要仓促抉择。

尾声

即使这次谈判未能如您所愿进行，也请您保持友好与从容。因为，这次薪资谈判的结束便是下次薪资谈判的开始。

后续

是的，现在您可以，也应该再回顾一下您从这次交锋中学到了什么。您个人的“经验教训”是什么？哪些地方做得不错，哪些需要在下次薪资谈判中改进？

3. 时间太少？一页纸帮您快速准备

为了不在谈判中兜圈子或左右摇摆，谈判者在准备阶段就该仔细琢磨谈判的七个阶段。最糟糕的情况是谈判者失去了全局观，只能应付对方的行动。这种失去掌控的情况会产生非常危险的被动，迫使谈判者扔掉控制谈判的缰绳，任由对方引导谈判。随之而来的风险是，谈判者更易受到影响与操控。绝大多数谈判者都深知全面的准备对于谈判成功的意义，尽管如此，他们却依然很难好好准备。原因在哪里？主要是没时间。在这里我推荐一页纸，即帮助大家实现快速准备的一个工具。只需要一张A4纸，您就能简短、快速且准确地进行准备。

阶段及其功能	任务
准备 · 目标导向 · 合情合理 · 赋予安全感	ZOPA：确立最小目标、实际目标和最大目标 定义最佳替换方案（BATNA）
序曲 · 建立信任 · 评估情况 · 打下基础	准时开始 问候 介绍议程 创建氛围 寒暄

阶段及其功能	任务
厘清 ·认清位置 ·了解需求 ·理解主题	回顾历史 陈述现状 分析事实 我方诉求 对方诉求
解答 ·发挥创新 ·厘清框架条件 ·交换利益	可能的选项 明确的建议及反建议
决策 ·公平公正 ·确保可追根溯源 ·检查备选方案	确定或合理商讨决策标准 / 行为 目标：面面俱到的有效共识
尾声 ·商讨后续步骤 ·最终祝贺 ·保证颜面	总结 展望 告别
后续 ·记录在案 ·分析机会 ·反思发展	记录 考虑后续步骤 给予反馈 总结“经验教训”

一页纸——谈判的七个阶段[1]

[1] Erste Entwürfe habe ich gemeinsam mit Stephan Paetzold von Volkswagen Coaching gemacht; die Detaillierung lag dann bei mir.

4. 啊！我的心中住着两个灵魂

许多谈判者都感到灰心丧气。无论是老奸巨猾的采购主管那令人发怵的年度考核，还是要求苛刻的公司收购，抑或是资源有限的预算谈判，到处都是重重壁垒。商业世界似乎充满了利己主义者——自私自利才能有所收获。对于那些注重私利的谈判者来说，最大化的盈利意味着牺牲他人的利益。许多谈判中，主导者似乎都是"经济人"——指的是唯利是图的人，其行为始终基于获得个人利益。不过，幸运的是，还有另一面。您一定也认识那些投身社会、以他人福祉为目的或支持某一政治党派，并不仅仅以经济利益进行商业行为的人们。许多家庭间的相互交往都是合作伙伴式的，人们与伴侣和孩子就度假目的地或家务分工达成协议。在私交领域，我们通常十分忠于自己的亲朋好友，在谈判时也会顾及对方利益。与重要的人交往时，人们就会充满善意，小心谨慎。

这是否意味着区别，在商业世界的竞争性谈判与私人生活的合作性谈判之间？不，没有那么简单。即使在商业世界，也有一些倾听客户需求、提出贴切建议的供应商。客户们与供应商结成战略合作伙伴，建立尽可能长期的关系，这是为了让他们在供货渠道上给予自己快速方便的帮助。我们组成团队，也是为了利用所有团队成员的潜力。正如职业生涯中有竞争也有合作，私人生活也是如此。遇到遗产争端，至亲骨肉也会反目成仇。英国的玫瑰战争中，曾经相爱的两人尽全力试图伤害对方。我们几乎每天都能听到、读到对难民的愤懑乃至仇视外国人的行动。

什么因素决定了我们竞争的方式？哪些机制确立了人们在竞争中是采

取合作还是竞争的态度？如果谈判者无意识地谈判，那么他的反应皆出于本能。这时人们仅仅是对对方的行为做出反应，而非自主行动。我们感到有许多条路可走，但还是选择了我们熟悉的那条。因为走这条路首先比较容易。久经考验的模式再度被激活。但正如约翰·沃尔夫冈·歌德在《浮士德》中所写，在我们的心中跳动着两个灵魂。没有人是唯合作或唯竞争的。在我的谈判训练中，我都会让参与者自我评估。为此他们需回答下列问题：您更喜欢那种谈判风格？这种偏好由何而来？您的社会关系，即您成长的家庭环境以及您所出生的文化语境扮演了何种角色？您认为您偏爱的风格的优势在哪里？您希望在哪些方面拓展您的能力？紧接着我们通常会进行一个有趣的讨论。大约80%的谈判者认为自己的基本态度是合作式的，10%认为自己两者兼具，只有10%的谈判者认为自己偏好竞争。有趣的是，许多参与者都认为一旦自己陷入压力，就倾向于切换成竞争模式。

5. 合作抑或竞争，由您做主！

准备阶段的关键是决定合作或竞争。请您选择您的态度，在此刻做出自觉的决定。这么做的意义在于始终告诉自己，我们大多数时候都是有选择的。心理学将这一并不总是轻松的过程称为谈判困境。什么是“困境”？这个概念的经典定义是指人们不得不在两种都通向不如意结局的选项间做选择。然而，被迫在积极的可能性间二选一也可能成为困境。[1]

人们选择何种行为方式，很大程度上由其内在态度决定。一位就职于某家大型德国汽车企业、经验丰富的采购员在一次谈判培训中曾这样说道：“处于我的职位，很容易受到诱惑而挥舞起巨头企业的大棒。许多供应商非常尊重我们这些专业采购员，而我们冷酷无情的名声早已名扬在外。顺势利用这一名声就能轻而易举吓退对方的谈判底气。我们都曾这么做过，也知道该怎么做。但现在的情况是，我们的技术人员想要建立一个长期的供货关系，为了能让供应商长期服务于企业，我们想要与他们成为合作伙伴。我觉得自己陷入了走投无路的境地，不得不满足各方的不同期望。一方面，我得为公司节约成本，同时还要顾及技术部门想要与供应商更紧密合作的愿望。于是，我在谈判前花了几分钟坐在办公桌边，像念咒般不断地暗示自己：‘对方是我的合作伙伴，对方是我的合作伙伴，对方是我的合作伙伴……’我试着通过自我暗示使自己拥有正确的态度，不至于立刻又跌回旧模式中。”如此看来，

[1] Vgl.https: //de.wikipedia.org/wiki/Dilemma.

态度决定了我们的谈判行为，或者换句话说，谈判未动，态度先行。在现实生活中，谈判困境是什么样的，让我们来看看下面这件事。

NEGO-生活的分色工程

■ 水冷器——斯蒂芬怎样保持冷静头脑

亲爱的谈判教练：

我是斯蒂芬，今年34岁。我经营着一家生产拖拉机水冷器的企业。十年前，我的父亲成立了卡莱泰克（Cooltrac）公司。两年前，由于我父亲一心致力于建立公司在印度的生产及销售网络，我便接过了管理工作。卡莱泰克公司与德国最大的拖拉机生产商GT（German Tractors，德国拖拉机公司）已有多年合作，我们营业额的60%都来自于这家客户。卡莱泰克公司计划在未来拓展更多亚洲客户，但是目前还只是一些意向性洽谈与谈判。

GT的最近一次年度考核是两周前。我与他们约了个时间，想落实一下能源价格上涨而不得不进行的提价。谈判对我来说就像一场灾难。当我来到客户公司时，那里除了专业采购员还坐着两位冷水器厂商。此外，采购主管也通过视频会议参与谈判。我并没有很多谈判经验，对方压倒性的谈判者人数吓坏了我，以至于最终我做出了降价10%的承诺。回到家后，我算了一下利润，意识到自己做了过多退让。

现在我进退两难：未来我们若是选择强硬谈判，万一不欢而散就干脆与这个竞争型客户分道扬镳，然后我们把精力更多地放在新客户的拓展上——只是，这样做我们将会失去一个A级客户。若是无论条件多么苛刻，我们都应当继续将重心放在能保证利润的大客户身上，那么，这会意味着我们必须缩减在印度进行的收购行为的开支和项目。

此致

敬礼！

斯蒂芬

亲爱的斯蒂芬：

这确实是一个非常糟糕的局面。以一对四，我能体会您陷入困境的感受。如果您决定继续与GT合作，那么年底就只剩微薄的预算来拓展印度的新业务。GT不会改变它的谈判风格，因为在上一次年度考核时，它被证明是成功有效的。大家的合作在人事层面上也不如从前那般充满尊重与认可。但若您决定终止与GT的合作，集中全力建立新的业务联系，公司会失去几乎无可替代的60%的营业额，而且很快就会受制于未来的亚洲客户。

您可以通过设置短期与长期战略来解决这一困境。首先，为了保证短期的稳定，您可以继续维护与GT的现有商业关系。同时您可以试着改变面对GT时的谈判风格，在未来表现得更有竞争性。我建议您带上您的父亲。对于客户来说，他是经验丰富、值得尊敬的谈判者。而且您也一定能从他身上学到很多。为了保持谈判中人员的平衡，您还可以额外带上您的专业销售人员。与此同时，请您投入大量精力拓展新客户，以便在未来脱离对GT的依赖。

一切由您主张！

您的谈判教练

NEGO小贴士

永远要先了解自己的态度，再设置专门的谈判目标。请您在谈判中灵活应对。

Berühmte Verhandelnde

克里斯蒂娜·拉加德[1]

世界货币基金组织主席克里斯蒂娜·拉加德的谈判风格十分强硬。她是国际金融世界非同寻常的拥有独立思考能力的外交官。她不受国家利益与外界压力的牵制，天生不愿示弱。众所周知，她充分准备每一次谈判，开诚布公地说出自己的想法，坚毅果断地帮助世界货币基金组织成为了权威与声望的象征。

“互相谩骂也好过互相攻击”——克里斯蒂娜·拉加德用丘吉尔的这句名言来表述自己的谈判风格。[2]“争执有时可以避免最终的矛盾升级，”拉加德如是说。凭借其出众的沟通与谈判天赋，这位女经济部长赢得了男性同事们的尊敬——也成为第一位登顶世界货币基金组织的女性。

2015年，希腊时任财政部长雅尼斯·瓦鲁法克斯在试图延期希腊公债时就领教了拉加德的强硬。他请求国际货币基金组织将大规模短期信贷改为长期信贷，剩下小部分延期支付，实在不行至少给予一丝理解。但是拉加德明确予以拒绝。华盛顿的观察者们当时这样报道：“他不是咬在花岗岩上，他是咬在钢铁上！”无论是对他的个人魅力还是他的狡猾，克里斯蒂娜·拉加德都显得无动于衷。她用三条具体回答将瓦鲁法克斯送回了家。首先，不可能改为长期信贷。其次，国际货币基金组织期待希腊准时偿还剩余欠款。再次，希腊必须彻底改过自新——如以降低成本为目的的养老金制度改革以及提高增值税。简单来说，瓦鲁法克斯被严厉训斥了一番。如果希腊还想继续获得国际货币基金组织的资助，最好谨遵规则。她希望“立刻”与欧盟三驾马车重启建设性合作。拜会后的希腊代表团认识到同拉加德相比，哪怕是与沃尔夫冈·萧伯乐的谈判都变成了圆滑的你好我好。希腊媒体清醒地写道，无论

[1] Vgl.http：//www.n-tv.de/politik/politik_person_der_woche/Christine-Lagarde-Die-Schaeublin-des-IWF-article14847791.html.

[2] http：//www.n-tv.de/wirtschaft/Christine-Lagarde-im-Portraet-article3684851.html.

怎样，欧洲的其他财主都比拉加德和世界货币基金组织来得“灵活”。

拉加德也无法再忍受她的同事们在雅典被当作捣乱者对待。一部分国际货币基金组织专家住在一家酒店地下室里，被一位傲慢的经济部长用含糊不明的信息搪塞糊弄。一位代表表示在国际货币基金组织70年的历史中从未遇到过如此毁灭性的谈判对手。谈判进行得一塌糊涂，以至于国际货币基金组织公开将代表从雅典召回。拉加德身先士率地站到了她的同事前，敦促瓦鲁法克斯立刻摆出合作姿态。

您现在知道该怎样充分准备谈判了：您调查得越详尽，就越了解您的对手。借助一页纸工具，您能花少量时间进行高效准备。遵守谈判过程的七个步骤保证您不会偏离正轨。在选择合作或竞争时，您的态度对于避免陷入谈判困境意义重大。

CHAPTER 3

第三章

灵活谈判的四个NEGO案例

DIE VIER NEGO-FÄLE

DES FLEXIBLEN VERHANDELNS

从上而下俯瞰全局的主要目的是认清方向——正如克里斯·雷默尔[1]在自由女神像上方拍摄的照片向我们展示的那样。也许只有少数人能自觉地采取这一视角。在谈判中，您首先需要的也是定位。了解了灵活谈判的四个NEGO案例后，您就可以在今后的谈判中快速分门别类，提升应对不同情况的灵活性。

本章致力于解答谈判者如何应对不同态度这一问题。我们已经很多次提到两种基本态度：以“不成功便成仁”为口号的竞争态度和以“寻找妥协与共识”为口号的合作态度。第三种态度是逃避的基本态度。其宗旨是：“谈判？我还是退一步，尽可能避免吧。”这种态度总体上无法形成真正的谈判，所以在此书中忽略不表。

如果谈判双方秉持合作互惠的基本态度，那么我们称其为朋友—朋友局面。两者都做好了给予和公平分配的准备，这是一种非常舒适的开场。与之相对，如果谈判者怀着不同态度见面，就可能产生朋友—敌人或敌人—朋友局面。对于谈判者来说，两者都是非常棘手的情况，尤其是原本想要合作，却得不到回应的那一方。一方一味付出，另一方却一味索取。此外，谈判双方也可能都怀着竞争的心态。在这种对手—对手的局面下，夺取“蛋糕”之战往往伴随着高昂的摩擦损耗。

[1] Vgl. http：//chrisroemer.de, 11.Juni 2016.

也许您已经亲身经历过以上所有情况。请想想您惯常的一天，与伴侣边共进早餐边讨论即将到来的度假计划。您两人都工作繁忙，无非就是想好好休养。您两人都热爱阳光、大海，于是很容易就找到了美丽的度假目的地，一拍即合。您两人共同期待着克里特岛上的两周海滨假期。这是典型的朋友—朋友谈判。午休时，您去看新房。这是您梦想已久的位于繁华市区的一处顶层公寓。参观期间您遇到了另外20位看房者。中介并不十分友好，话里话外的意思是他有权向房东建议合适的租客。所有竞争者都极尽友好，抢着表现自己的优势。您听到一位潜在租客说："如果您推荐我们， 我们会给您提成。"您知道这是违法的，也知道自己大势已去。这种弱势的局面是典型的朋友—对手型谈判。下午您与一位供货商见面，商讨下一年合同的签署事宜。"很抱歉，"您说，"我的老板给我下了指令，只有您再降价15%才能签合同。您要知道，您的竞争对手迫不及待要与我们合作了。"此时，您已经进入了一场对手—朋友谈判。为了迫使对方降价，您利用了己方的强势地位。您的供应商希望继续与您合作，因此您成功的机会相当高。晚上您和前妻见面。前妻认为自己为了照顾您两人共同的儿子，只能工作半天，因此希望您全额承担儿子的私立学校费用。您无法认同，毕竟您自己读了公立学校，觉得那里也很好。此时您两人的谈判很可能发展为对手—对手的局面。

Denk-
zeit

请您静下心来，在脑海中回顾一遍，在您的一生中，有多少重要决定是在寂静的小屋里独自一人做出的。与之相比，又有多少决定经过了与他人的讨论、交流或谈判。

再请您好好想一想，能不能回想起日常生活中所遇到的朋友—朋友、朋友—敌人、敌人—朋友以及敌人—敌人型谈判。

也许您会回答，您几乎从来没有完全独自一人做出过真正重要的决定。我们生活在社会关系中，关键在于说服他人，招揽他人，使他们支持我们的决定，最终取得可持续的、不会朝令夕改的结果。总而言之，我们的一生，无论私人生活还是职业生涯，都在进行着大大小小的谈判。在谈判中，我们会结识朋友，遭遇对手，自己也是别人的朋友或对手。

首先，请让我解释一下，为何会出现人们不愿意或不再愿意谈判的局面。成本太高，或谈判结果能带来的附加值相比太低。如果您的薪水按行业标准支付，您就几乎不可能争取到更高的小时工资。第二个原因是，根本没有谈判的必要。不管怎样，人们都能得到想要的东西，有时甚至超越预期。您向老板提出加薪，对方主动说“当然，没问题，是时候了”，而且还开出了您欣然接受的价位。第三个原因可能是，出于对和谐的追求。许多人害怕棘手话题会导致双方和谐共处的终结。在第四章中，您将获得许多应对这一情境的宝贵建议。届时您将学到如何在保持和谐氛围的前提下提出要求。

第四个原因是，谈判陷入僵局。谈判一方认为遭到了对方不公正且无理的对待。这往往是谈判者逾越了道德界限，做出了侮辱性的举动。我们把这种情况称为非道德行为。对方的所言所行撼动了其自尊自重的根基，使我们受到了深深的伤害与羞辱。我们感到自己的价值被践踏。这时，对方在我们眼里不再是对手，而成了敌人。对手是用来打败的，而敌人则是用来消灭的，至少也要伤其元气。用冲突管理的术语来说，这时已达到了矛盾升级的顶点。谈判者已无法自主进行沟通，即使作为调停人的第三者在此情况下也无法令双方亲近或和解。为了防止谈判者彼此伤害，只有完全中断交流。接下来该怎么做，往往不以谈判者意志为转移，而由局外的第三方谈决定。如在离婚案件中，由民事法官规定孩子的探视权方案，在劳动仲裁中，由劳动仲裁法官决定雇主支付雇员的赔偿金金额。

1. 当界线被逾越[1]

如果您的谈判对手说谎或是做出其他不道德的行为，您可能会感觉受到不公正对待。您会自问：为什么他要这么做？也许您和绝大多数人一样，乍看之下会觉得他想要捍卫或辩解某个已经做出的决定。但除此之外，您还需注意一个问题：许多人，或者说许多谈判者会在毫不自知的情况下歪曲事实。其主要目的绝非攻击对方，更多时候歪曲事实是为了维护自身“真相”的坚固不破。有时人们陷入了谎言的罗网中，已无法保全颜面地全身而退。这些谈判者此时意识不到他们的行为是不道德的。如果您当面戳穿谎言，很可能他们会觉得受到了奇耻大辱。有趣的是，他们深信自己的每一个说法，甚至可以有理有据地加以论证。为了拨乱反正，您也许会据理力争。这时矛盾便呈螺旋式升级，合作伙伴最终反成敌人。

NEGO小贴士

请您记住，绝大多数的非道德行为并非出于本意，也就是说，您的谈判对手并非故意要加害于您。他的不道德的行为更多时候是无意识的，甚至违背其自有的价值观。

[1] Vgl.dazu Malhotra, Deepak/Bazerman, Max H.：*Negotiation Genius*, Bantam, New York 2007, S.219 ff.

此外，您也应当意识到，并非只有对方可能做出不道德的行为。我们的行为在对方看来也未必是道德模范。也许这听起来还有些抽象。下面的例子将非常直观地展现这一观点。

NEGO-生活的分色工程

■ 尼尔斯和内尔闹分手——当界限被逾越

亲爱的谈判教练：

我叫内尔。我现在十分绝望。三个月前我丈夫向我提出分手的要求。我们和我上段婚姻带来的两个女儿一同生活在汉堡。尼尔斯希望我带着孩子尽快搬出我们共同的房子——出于上税的优惠，产证上的房主登记的是他。

三周前，尼尔斯毫无预兆地向我发出最后通牒。我现在措手不及，感受到了深深的屈辱。他颠倒黑白，完全意识不到自己满口谎言，甚至声称我从一开始就只是在利用他。

最糟糕的是，他现在突然听不进我说的话了。其实，我们完全可以好好谈谈。我觉得我们能妥善解决争端。我准备了许多论据，试着让他相信是他歪曲了事实，可是我越努力，尼尔斯却越坚持己见。现在我们必须做出一些决定，而我却害怕下一次见面。我怎样才能做到最好地应对这一情况？我还能与他重回谈话吗？

祝好！

内尔

亲爱的内尔：

我理解你的束手无策。一个你深深信赖的人毫无预兆地做出了无情的决定，而你对此一无所知。你曾感受到的恋情被彻底碾碎了。你站在你俩感情的废墟前，为想象中尼尔斯的不道德举动黯然神伤。

我想告诉你这一行为背后隐藏着什么，这样至少能让你更清醒地认识局面，充满自信地面对即将到来的与尼尔斯的谈判。四个因素会导致人们在谈判中做出不道德行为：

——当价值观相互碰撞；

——当刻板印象与成见令人盲目；

——当中间人施加影响；

——当个人贡献被过分夸大。[1]

振作起来！一切由你主张！

你的谈判教练

当价值观互相碰撞

我们的态度取决于我们的价值观，即我们认为重要的东西。而我们的态度则影响着我们在对方面前的谈判表现。无论做什么，我们的行为都符合我们的信仰，这似乎一贯如此，而且与我们的价值观和谐统一。然而，我们的行为方式有时有违他人的价值观。我们总认为自己是对的，而对方是错的。按小时计费的律师自然认为咨询越多，收益越高。在诉讼期间，他会无所不用其极地为自己的当事人争取一切利益。诉讼期也许很长，也可能会造成大额费用。与之相反，他的一位同事只收取最终和解金额的一定比例作为佣金，后者一定希望尽快达成一致。这位律师不能也不愿意过于细致地研究。他的诉讼过程相对更短，就这个角度而言，客户的钱包损失也更小些。但是也许最后当事人获得的利益也更少。这两种态度在道德上有对错之分吗？律师的不同态度取决于具体情况。

尼尔斯在家里也会制定严格的规矩，清晰地发号施令，比如孩子们每天只能玩一小时电脑。内尔认为这不对，她觉得尼尔斯的禁令专断独行，而且不合时宜。“孩子们上网，有时也是为了完成学校的作业。”她辩解道。尼尔

[1] Vgl.dazu Malhotra, Deepak/Bazerman, Max H.：*Negotiation Genius,* Bantam, New York 2007, S.219 ff.

斯反驳说："教育就得立规矩。这没有商量的余地。你护犊心切，总是过分包容，不成规矩。"此时，两人不同的价值观就碰撞在一起。谁有理呢？

当刻板印象与成见令人盲目时

刻板印象能帮助我们更快适应复杂环境，然而它们也蕴含着风险。过分的简化让我们再也看不到个性，从而变得苛刻。当我们思考刻板印象时，往往是指文化、种族、性别和宗教。但关于企业文化也会产生刻板印象。"大众汽车的采购员个个都很难搞，他们总想着奴役供应商。"我在火车上认识的一位中层供应商这么说道。当时，他正在前往第一轮收购谈判的路上。纽约大学斯特恩商学院的多莉·考夫就这一情况提出了"刻板印象税"[1]的概念，这是当谈判对手对我们有先入为主的成见时我们必须支付的代价。也就是说，刻板印象不仅会导致自我伤害，也会令别人伤害我们。我的一位教练告诉我，有一次她的老板对她说："您现在之所以那么成功，全因为您生得金发碧眼，美丽动人。"天哪。我曾在中国进行过谈判培训，学员们总是问我与中国人谈判的感受。是啊，中国人是怎么样的呢？我虽了解他们的文化，却始终说不出来。北京郊区一家汽车企业的中年学员和上海一家机械制造厂商的年轻员工间的差别实在是太大了。

要牢记的是：刻板印象过于简化，会消磨人们的宽容。轻率的评价有时会造成不可逾越的鸿沟。

当中间人施加影响

谈判出现问题的原因在于我们经常深受第三者影响——也就是谈判理论中的"中间人"。中间人有自己的诉求，他们从谈判结果中获益。我们有时不知不觉为中间人做了嫁衣，却还以为在捍卫自己的观点。请您在准备阶段就摆脱第三方的想法。

---

[1] Chugh,Dolly：*Societal and Managerial Implications of Implicit. Social Cognition: Why Milliseconds Matter, in: Social Justice Research*, 17(2), Juni 2004, S.203 ff.

NEGO小贴士

请您想一想，第三方的隐秘利益是什么，并以批判的目光评判其利益是否符合您的价值。

从电话中，我们知道内尔也有第三方："我该做什么？我已经失去了那么多。我的房子，我们的家庭，还有我如此深爱的人。经济上该怎么继续？我已经产生了存在焦虑。"我咨询了一位律师，她在汉堡人称"斗牛犬"，因为她就像军犬一样沉醉于案例。她建议我立刻申请赡养费。要争取的东西多着呢，容不得我半点犹豫。但是我还是不太确定。"我建议内尔调查一下她的自身利益以及那位律师的利益，然后听从自己的内心做出正确决定。"几天后，内尔又一次给我打电话："我昨天参加了一个朋友的婚礼。与尼尔斯的婚礼回忆又再度浮现，我清楚地意识到，当时与他结婚的唯一原因是我爱他。他的钱也好，地位也好，这一切对我来说都无所谓。为什么现在我要起诉我的一生所爱？我也能挣钱，也可以养活自己。我不想挑起玫瑰战争。我决定放弃一切。现在我感觉很好。"

当个人贡献被过分夸大

人们倾向于高估自己以及自己对于团队成果的贡献，即使是老实人也会陷入这一陷阱。与此同时，对方则受到道德谴责，这引起了矛盾的升级。《谈判天才》的作者，哈佛商学院教授马克思·H.巴泽尔曼曾让一组学生评估其在团队合作中的比重，最后他把所有评价加在一起，结果是139%。紧接着，他请学生们先分别评估其他所有人的贡献，然后再自我测评。此时，对于自我成就的盲目评判虽然没有完全消失，但还是降低了50%。因此，个人在谈判中不能仅仅关注自己，还要有针对性地考量其他参与者的成就。

内尔和尼尔斯最终离婚了。他们找回了谈话基础，因此想放弃律师，而是借助调停者来找到圆满和睦的解决方案。为了准备，调停者与两人分别进行了单独谈话。内尔告诉他："我认为我应该得到60%，尼尔斯40%。在刚结婚的那几年，我继承了一笔可观的遗产，并把它用作了购买共同房产的启动资金。那时，这笔钱帮了我们很大的忙。没有这笔遗产，我们根本买不起这座房子。因此我应该比尼尔斯拿的更多些。”与之相对，尼尔斯则认为60%应该归他：“我认为四六开分配我们的财产很公平。我觉得我应该得到60%，尼尔40%。毕竟在过去的11年里，我挣的钱至少是内尔的两倍，我把钱全倾注在我们的共同生活里。而且内尔还有两个孩子。我虽然不是父亲，但还是支付了所有度假的费用。”

是内尔吝啬吗？还是尼尔斯贪婪？双方都老实陈述事实了吗？还是说有一方想占便宜？分手让两人的价值观发生转变了吗？难道有人想伤害对方？这两人的确都认为自己对于共同财产贡献更大。

Denk-
zeit

请您花几分钟时间想一想您亲身遭遇过的不道德行为。它们的发生是否因为……

——价值观相互碰撞；

——刻板印象与成见令人盲目；

——第三方施加影响；

——个人贡献被过分夸大。

价值观、刻板印象乃至自私自利都深深植根于我们自己体内。想要听从意见、自觉改善自我以及/或者情境并非易事。人们越受限于自己所处的环境和生活，就越难改变自己的行为模式。奔忙于各个日程安排间，筋疲力尽的经理很少有时间反省自我，在解决矛盾的过程中得到成长。对他来说，把不顺的责任推给别人要来得轻松得多——很快就都成了别人的错。日理万机的经理人往往就是那些到处赶场的谈判者，何况谈判本身就错综复杂。他们想要做好战术与内容的充分准备，就没时间考虑更深层次的主题。于是，他们中的许多人自然而然地一再跌入熟悉的模式中，做出不道德的行为。若想避免这种情况，您可以从下面的NEGO技巧中学一些招数。

NEGO-
技巧

■ **谈判者如何避免逾越界线**

·请您尤其当心那些价值观发生碰撞或出现个人利益纷争的情况。您可以及时让他人接手谈判任务。

·您要知道，所有人都有成见。您也一样！这些刻板印象会导致您歧视他人。如果发现自己有评判的倾向，请一定要小心谨慎。不一样是不一样，但不一样没有错！放慢准备及谈判本身的速度。

·如果有第三方加入，您一定要有所戒备。您有没有受到他人的影响？请审视您的谈判行为。您有没有做一些讨好或满足第三方要求的事？

·当您觉得快要接近共识，却发现对方依然不满意结果时，请您仔细考虑一下对方的需求从何而来，而您是否高估了自己的贡献。请您在谈判中提出这个问题，并做好让步的准备——如果需要的话。请您多想想令我们迷失方向、自负自大的自我主义。

请您接受您无法改变他人的事实。您不是谈判对手的主治医师。但只要您不把对方称为骗子或贪婪的自利主义者，还是能避免矛盾的继续升级。请保持客观，不要被挑衅。假如您需要支付的情感代价太高，您总还是可以甩手走人的。

NEGO-生活的分色工程

亲爱的谈判教练：

我叫尼克。大学毕业后，我直接创立了一家初创公司，现在谈判经验还很欠缺。这些日子以来，我始终为一个问题所困扰：我能在谈判中说谎或者隐瞒信息吗？如果答案是肯定的，那么哪些情况下这么做是允许的？人们总是问我的资历。为了获得一席之地，我可以编造吗？显然其他人也这么做。

此致

敬礼!

尼克

亲爱的尼克：

不道德行为是否可取，这个问题必须由您自己回答。在我看来，答案是否定的。而且大多数时候，这么做并没有用。谎言终会被揭穿，而我们便失去了谈判对手的信任。建立信任历时漫长——毁了它却只需短短一瞬。请您谨遵康德的绝对命令，己所不欲，勿施于人。

只要您足够好，您的初创公司就一定会成功。

一切由您主张!

您的谈判教练

如果我们想在谈判中遵循博弈论（更多背景知识见第八章），知道在谈判桌上有合作与竞争两种可能，那么就会产生四种不同场景。

NEGO-技巧

NEGO策略的四种情况

朋友—朋友：双方合作；
朋友—敌人：我方合作，对方竞争；
敌人—朋友：我方竞争，对方合作；
敌人—敌人：双方竞争。

2. 朋友遇朋友——双方公平地给予与分配

朋友—朋友式谈判是谈判的理想状态。谈判者彼此尊重。在充满信任的氛围下，各方可以摈弃仓促的评判，公开、真诚地表达自己的愿望、利益与诉求。在寻求解决方案时，主旨并非放弃，而是创造性地实现自己的目标。双方都准备好公平地给予与分配，因此共同取得结果后，双方都感到深深的满意，这又为下一次谈判创造了良好的基础。我们对未来充满期待。下面的事例向我们展现了一次朋友—朋友式谈判。

NEGO-
生活的分色工程

■ 内尔和她的新房东：什么是双赢局面

亲爱的谈判教练：

为了摆脱与尼尔斯的纠葛，我下定决心尽快为自己和孩子们找一处新住所。尼尔斯希望我继续住在奥滕森，这样他还能继续来看孩子，但我更希望保持空间上的距离。昨天我看了一处艾彭多夫的房子。真是梦寐以求的家！130平方米，拼花木地板，干净的老房子，而且咬咬牙也住得起！中介说还有15个看房者，而且在向房东推荐前，他要先挑选一遍候选人。我想他一定是发现了我有多中意这套房子。反正我也承认自己特别喜欢这处房子，而且想尽快搬入。如果他能推荐我，我将不胜高兴。现在我在想，接下来怎么做才最好呢？我表现得如此激动，是不是犯了策略上的失误？还是说我应当再给中介写一封邮件表达我的强烈兴趣？

祝好！

内尔

亲爱的内尔：

就现在房产市场的形式看，我认为中介没有瞎编候选人的数量。他只会推荐那些给他留下良好印象、讨他喜欢的看房者。既然你们，即你和中介之前并无交集，只是在参观时才见了第一面，那么第一印象就至关重要。现在你们的谈判对象就是房子。房东当然想找一个珍惜房子的房客。这样看来，表现你的喜爱是正确的做法。这么做讨人喜欢。

我甚至认为一封措辞友好的邮件可以进一步推动此事，这是你加深第一印象的二度机会。

一切由你主张！

你的谈判教练

亲爱的谈判教练：

我成功了！周二房东与我面谈。他问我为什么那么快就想搬入，我决定告诉他事实——因为我离婚了。那一刻我心想，完蛋了……你知道发生了什么吗？施莱纳先生，也就是房东，沉吟片刻，然后说我可以租下房子。他自己也是单亲母亲带大的，那时的艰辛令他至今记忆犹新。接着他告诉我，其实还有一位银行职员也在他的考虑中，他挣得比我多多了，而且对这个房子志在必得。真是太幸运了！我心头一松，眼泪止不住滑落下来。

美中不足的是，施莱纳先生要我保证至少租住四年。这是不公平条约吗？我会不会被捆绑太久？你有什么建议吗？

你的内尔

亲爱的内尔：

试着找出房东想捆绑你四年的原因。他看起来似乎是可以交心的人，肯定能坦诚地告诉你事实。然后你再考虑一下，如果因为这一条款而拒绝签约会给你带来什么后果。当然也要想想这一条款对你的好处。

一切由你主张！

你的谈判教练

亲爱的谈判教练：

谢谢你的启发。租房合同已经签好了！施莱纳先生设定租房期限是因为他希望房子尽可能少发生变动。他审慎地挑选租客，希望找一个和谐融洽、能长期一室共处的家庭。另外，他还把已经拆装过两次的嵌入式厨房留给了我。这是他希望由我承租房子的信号。我也考虑了不签合同的后果。这意味着我得在僧多粥少的租房市场继续寻觅，也不确定能够找到更好的房子——更不要说现在家中持续不断的压力。这个条款给我带来的好处是我拥有了四年的保障。我意识到这恰恰是我所需要的。不管发生什么，我都要留在汉堡。我的根在这里，我爱这座城市。

现在谈判还得继续，我得和尼尔斯协商如何分家。还有我的孩子们的私立学校——我一个人根本负担不起，可我已经错过了转学的期限。还有搬家公司和工人们。难道谈判永无止境吗？此时此刻我真想钻进自己的蜗牛壳。

回聊！

内尔

亲爱的内尔：

你和房东的谈判是一次非常典型的朋友—朋友式谈判。你们取得了双方满意的结果。这说明你们实践了哈佛理念的原则。我坚信与施莱纳先生未来的谈判也会一帆风顺。双方都秉持着合作的基本态度。也许此时命运也希望你遇见一个充满善意的人。你要相信这个信号，相信朋友—朋友式谈判能给你勇气，坚信定能共同解决问题。

一切由你主张！

你的谈判教练

在第四章中，我们会进一步分析朋友—朋友式谈判。我们将聚焦何时应当进行朋友—朋友式谈判。届时，您将了解哈佛理念——这是一种取得双赢结果的方法。您还会认识到建立信任感的重要意义。在朋友—朋友式谈判中，情绪管理扮演着关键角色。谈判专家们知道立场背后蕴含着利益，认识到这些利益，人们就更容易取得满意的结果。另外，秉持公平公正的态度才能订立长久有效的协议。

3. 朋友遇敌人——我付出，你索取

朋友—敌人式谈判意味着您追求令双方满意的和谐方案，但因为您欠缺谈判实力，或对方缺乏合作意向而导致您不得不处于弱势位置。您付出，而另一方则索取。或者您希望互相迁就，另一方却提出您必须履行的要求。如果有选择，请您避免进行朋友—敌人式谈判。但如果您进退有限，就很可能被迫与敌人谈判，并很大程度地接受他的条件。这时请您好好考虑一下，短期的让步是否能给您带来长期的利益。如果您确实预见到这样的利益，那就同意条件；如果您看不到长期收益，就应当转移策略方向。请您在准备阶段设置清晰的不平等条件接受底线，这样能保护您不至于毫无防备地陷入支付高昂代价却颗粒无收的局面。下面请您读一个朋友—敌人式谈判的案例。

NEGO-生活的分色工程

■ 扬求职于IMA——什么是输赢局面

亲爱的谈判教练：

首先我想简短地介绍一下自己。我叫扬，今年26岁，是一名飞行员。当我还是个小男孩时，就梦想着成为飞行员。对于飞行的热爱早在摇篮中便已

萌生。我的父亲是航运公司的飞行员，母亲是民航空姐。高中毕业后我向汉莎航空投了简历，却很遗憾没能通过当时的入职考试。备选方案是我自费接受飞行员的培训。那时我有些胆怯，就开始在大学学习机械制造。几个学期后我意识到，一辈子坐在办公室里的念头令我崩溃。我决定自费参加昂贵的飞行员培训。我申请了贷款，也多亏父亲与祖父的资助，我筹到了7万欧元。最终，我以破纪录的速度完成了飞行员的学业。自那以后我便一直在求职。就业市场的形势十分严峻，飞机越来越大，需要的飞行员越来越少，许多经验丰富的飞行员也在寻找合适的岗位，对于职场菜鸟的我来说，想在空中翱翔的梦想几乎变成奢望。

现在，我在一本专业杂志上看到了一则广告：国际传教航空协会，简称IMA，正在寻找飞行员。这是一家使用单发动机飞机向类似巴布亚新几内亚这样的贫困地区运送食品与药物、救人于危难之中的基督教组织。作为从小接受基督教价值观且愿意为社会做些贡献的人，我为这则广告所深深吸引。通过邮件往来，我得知自己必须承诺飞行至少六年，而且他们还希望我在当地传教，说服当地居民皈依基督教。此外，我也没有工资，我的生活费将由我自己向所在教区的教民募集。现在我的问题是：在面试时，我该怎样表现？一方面我迫切地希望飞行，如果我始终待在地上，我的机会将越来越渺茫。但另一方面，我又感觉他们利用了年轻飞行员艰难的就业形势。

此致，

敬礼！

扬

亲爱的扬：

现在你处于一个非常弱势的地位，而且对方深知并利用着这一点。此外，它还披上了基督教的外衣。你可以做的是：

（1）问问你自己，六年后会发生什么。那时你32岁，只飞过单发动机的小型飞机。这能提高你加入知名航空公司的可能性吗？

（2）问问你自己，向别人传教这一任务是否不恰当地混淆了你的工作与私人生活？对于许多人来说，那也是一条路。但从你的邮件中我感到你主要还是想飞行。

（3）问问你自己，如果你这段时间没有收入，六年后会怎样。如果你想组建家庭怎么办？你的社会保障又怎么办？养老保险呢？

总而言之，我建议你寻找其他可能性。在此期间，你也可以考虑一下，与一位利用你目前的弱势地位为自己谋利的雇主共事，长期来看是否真的有意义。

祝你今后的职业发展取得成功。我会为你加油！

一切由你主张！

你的谈判教练

亲爱的谈判教练：

我决定不参加IMA的面试了。在此期间，我得到了捷特航空（JetAir）公司的邀请。这是一家廉价航空公司，近年来以其激进的市场营销以及倾销价格成功占领了市场。面试时，人事经理这样问候我："捷特航空之所以盈利是因为我们拥有一支单一的航队，即我们只有一种飞机型号。我们换班时间（即两次航班之间所需的时间）很短。我们几乎没有跨夜航班，也就是说，飞行员每天都能回家。从某种意义上说，您就像是空中的大巴司机。我们的机舱设施简易，内部有许多广告，乘客们只享受最低程度的服务。您自己也坐过捷特航空的飞机？太好了。那说明您也是想要省钱的乘客之一。您如何看待我们激进的商业策略？如果您认同，那么也一定愿意接受我们不支付飞行人员过高薪资的策略。否则，您可能就不会申请我们这儿的岗位，而是去汉莎航空公司了，不是吗？正因如此，我们还希望未来的副驾驶员承担3万欧元飞行员型别（即授权飞行员驾驶某一特殊机型）等级的费用。"

哎，我又一次感到年轻飞行员找工作的困境被无情地利用了。难道我又陷入了求职IMA同样的局面？我能在下一次谈判中要求公司分担型别等级的费用吗？

祝好！

扬

亲爱的扬：

首先，你没成为传教士飞行员，这让我松了一口气。

总的来说你说得对，两次情况很相像。我们又一次面对朋友—敌人式谈判。你的起始局面——即处于极其弱势的谈判地位也并没有改变。于是，对方就利用了他的谈判实力为己方牟利。这么看来，想要捷特航空分担型别等级的费用是不现实的，毕竟捷特航空面前摆着成百上千年轻飞行员的求职信。你不愿意承担型别等级费用，有的是愿意的人。至于这种行为在道德上是否毫无瑕疵则完全是另外一回事。而且，捷特航空说得确实有理：既然你申请了他们的岗位，便标志着你接受他们的商业策略。我认为这与IMA的求职还是有所不同的。如果你得到了这份工作，就在一家“真正的”航空公司有了一席之位。你可以累计飞行小时，分期付清培训与型别等级的费用，几年后甚至可以去某家知名航空公司试试机会。老话常说：学徒哪里可享福。

祝你好运！

一切由你主张！

你的谈判教练

在朋友—敌人式谈判中，您希望合作，对方则只希望取得己方得利的结果。在第五章中，您将了解更多朋友—敌人式谈判的特征与氛围。朋友—敌人式谈判什么时候有意义？什么时候您应当停止谈判？如果对方表现不公，逾越了界限，您该如何保护自己？我们将一一回答上述问题。此外，您还将了解到哈佛大学“跨越争议”的理念，它可以帮助您在谈判陷入瓶颈时专业地避免争端升级。

4. 敌人遇朋友——我索取，你付出

如果您在谈判中以敌人身份会见朋友，那说明您很可能比对方拥有更多权力。您能用这一不平等地位为自己换取利益。您有竞争意识，而谈判对手则力求合作。乍看之下，这似乎很有吸引力：您索取，而对方付出。不费吹灰之力便能得其所愿，而地位低下者则一味付出，“有权者”自然觉得非常舒服。一开始，这确实有效，短期来看甚至能实现个人利益最大化。但是长此以往，谈判的弱势方便会产生不满。长期来看，这种不满往往会导致最终的爆发。

有一些强势的谈判者身边围绕着一群唯唯诺诺的谈判者，这使得他可以相对更长地维持这一体系。但是这样几乎不可能产生创新。下面这个案例描述了一个敌人—朋友式情景。

NEGO-生活的分色工程

■ 给我一个美发预约——什么是赢输局面

亲爱的谈判教练：

我们相识于多年前的一次咨询过程。我知道您还为我的前妻内尔提供过辅导。这我并不介意，我找您是因为事业上的一个困惑。我非常信赖您的专业与谨慎。

过去几年，我工作非常努力，积极地参与了公司的各项事务。这对我并非难事，因为一方面我全身心地热爱工程师这一工作，另一方面我也是一名充满激情的经理。

我想和您说说在我这儿干了五年的助手克莉丝汀的情况。克莉丝汀来自餐饮世家，这种家庭出身的人通常工作勤奋，鲜有怨言。当时也有许多其他资历更高的求职者，但我需要一个能干活的人。这一点克莉丝汀也确实做得很好，她完全符合我的期望。比如她完整地规划了我的Outlook日程表。旅行安排、差旅协调及会议组织也都由她一手包办。没过多久，她就能独当一面了。她确实做得很好，我们建立了相互信任的关系。六个月前，我甚至批准她去上自己找来的矛盾管理研讨课。

上周她似乎想实践在课堂上学到的知识。克莉丝汀找我谈话。主题是，她不想再为我预约私人日程了。拜托！这太可笑了。给发廊打个电话约个时间有多麻烦？我也很清楚明白地和她说了这一点。接着她开始哭泣。我让她振作起来，毕竟我即将前往上海参加全球管理大会，需要一个清醒的头脑来进行战略准备。我也和她说得明明白白，如果她一直这么缺乏妥协意识，我就要考虑让人长期替代她的位置。

我不清楚克莉丝汀是不是真的明白了我的意思，她到底懂不懂对于作为飞机制造商Airbee的研发经理的我来说，畅通无阻的组织纪律是一切关键所在。

致以诚挚的问候！

尼尔斯

亲爱的尼尔斯：

我能想象良好的组织纪律对您来说有多重要。作为一个执行力强且乐在其中，同时怀着巨大热情完成工作的人，很容易在谈判中影响他人。这您很在行，许多时候也确实给您带来了巨大的优势。当然，您以后肯定也会继续从中受益。如果您没有杰出的执行力，就不可能坐到现在的位置。与此同时，您的邮件中有几点令我颇为在意。为了保证您在日理万机的上班时间长期享有顺利的合作，我想说说以下几点。

您很聪明，也很有权威，因此始终表现得非常强势，这使得您绝大多数时候都能说动您的下属做您认为正确的事。对您忠心耿耿的员工也将其视为自己的义务，兢兢业业地去完成。一直以来，这种模式似乎对克莉丝汀也屡试不爽。但现在看来，她想要设置界线，以便更好地顾及自己的需求。请您想想，克莉丝汀找您谈话鼓足了多大的勇气。她知道，无论是智力还是口才，您都远高于她。此时，为了达到目的，您可能会对她施加更大的压力。一旦如此，人们的忠诚度就会下降，极端情况下克莉丝汀甚至会对您产生恐惧，她可能变得战战兢兢，不断犯错，甚至因为害怕而掩盖错误。最坏的情况下，她也许会辞职。或许到时您也会因为想要一了百了而解雇她。想让新助手适应工作得花费非常、非常多的精力。

身为经验丰富的经理人，您一定知道动力的重要性。怎么做才能激励克莉丝汀呢？也许您可以向克莉丝汀表达对其工作的认可？或者在组织规划时倾听克莉丝汀的意见？威胁是很危险的。如果局面没有改观，您将不得不执行您的威胁——否则丢脸的就是您了。

您很擅长于影响别人。您觉得强化积极印象怎么样？如上班时出其不意地给克莉丝汀带一束花。您将看到，一句简单的谢谢比严厉的话语更加有效。

长期来看，您可以借助这一机会更为仔细地观察并了解您在这些行为中的表现。如果您能扩大影响力，学会合作谈判的点滴，将来您一定会成为一位真正的谈判专家。

一切由您主张！

您的谈判教练

在敌人—朋友式谈判中，您自觉地表现出竞争的一面，而您的谈判对手则希望合作。第六章中会进一步阐释敌人—朋友式谈判的特征。届时，您将了解到一些技巧及其带来的影响。

5. 敌人遇敌人——双方一味索取，不愿付出

如果谈判双方都持有竞争的基本态度，我们就称其为敌人—敌人式局面。在许多谈判中，人们都能发现激烈的角力与地位的争夺。然而，敌人—敌人式谈判隐藏着一个巨大的风险：没有一方愿意退让，因为退让等同于丢脸。于是，谈判往往变得十分肮脏，谈判者情绪失控，丧失理性。此时，人们不再是使用技巧，而是玩弄肮脏的把戏，其唯一的目的便是尽可能伤害对方。遇到敌人—敌人式谈判，最重要的是控制自我，重归理性。通过下列例子，您将了解何为敌人—敌人式局面。

NEGO-
生活的分色工程

■ 斗鸡——什么是双输局面

亲爱的谈判教练：

非常感谢您关于如何与克莉丝汀相处的建议。我已兴致勃勃地加以学习。今天我要说的是另外一件事。如您所知，我是Airbee的研发主管。八年前，我从科隆来到汉堡。当时我还从原公司带走了一位前途无量的年轻学者，名叫列奥。过去的几年，我们合作愉快，完美互补。只要有机会，我就

会为他说话，包括在董事会面前，无论去哪里也都会“带上”他。他从来没有向我表达过谢意，但我也没有这方面的期待。我始终都在帮衬他，可以说毫无保留。

两个月前，出现了下列情况。列奥担任一项重要研究项目的项目经理。我们尝试研究以生态煤油替代普通煤油。这是一种基于氢化植物油或水藻制造的航空燃料。航空公司非常重视原材料种植的可持续证书。列奥是生物技术学家，在大学期间就曾专门研究过纤维素乙醇。

研究理事会开始越来越多地绕开我直接与列奥沟通。有时我甚至只能做抄送邮件之事。因为我在过去的几年曾多次据理力争，因此理事会中有人认为我很难管理。那都是些没胆量发声的官僚！幸运的是，理事会主席愿意罩着我。他知道当前我是无可取代的。情况升级的导火索是，理事会带着列奥一起参加游船会并对他做出了承诺。这件事成为了压倒我的最后稻草。我觉得自己被背叛了。

背着我讨好领导，这可不行。我生性刚烈，因此那些背叛我的人必须尝到苦果。我立刻着手应对，调整未来几周团队的沟通渠道，使得列奥与我一周只有一次见面的机会。所有沟通必须通过我来执行，即刻生效。他所发送的任何邮件都必须抄送我。至于私底下的友情，我已经与他一刀两断。

现在列奥按规定做事，而项目进程则被拖延了，这责任自然又落到我头上。而且他还挑拨我与其他团队成员的关系。过去他真的不是这样的，那时我们偶尔还会一起去喝杯啤酒。另外，我认为他有酗酒的毛病。也许我该就此事与理事会谈谈，毕竟这也有损公司利益。

您觉得我该怎么尽快摆脱他，让生活重归平静？

祝好！

尼尔斯

你好，尼尔斯：

这真是一个完全脱缰的局面！最让我难过的是一段老友情谊如今也变得举步维艰。从您的语气中，我听出了您不愿和解的态度。现在谈判变得肮脏，这很危险。这意味着你俩双方都试着伤害对方。在这种局面下，你们会倾向于做出非理性的行为。

与克莉丝汀不同，列奥拥有专业技能和理事会的青睐，这显然给他带来更大的权力。你俩可谓棋逢对手。您的反应在我看来似乎是想要遏制当下的权力关系。您改变了汇报流程，使自己重回“高位”，而他则处于“下风”。您希望以此压制他，这很危险。一方面，更强势的管控会消耗您的大量精力，另一方面会议变少了，沟通自然受到限制，而项目进程也因此一再拖延。此外，我强烈建议您不要和理事会汇报员工的酗酒问题。先不管这是真是假，这么做很可能让人觉得您在示弱。列奥是您的员工，从行政级别来说，他必须服从您。上层管理者当然期待您有能力自行处理团队的管理事务。

如果局面如您所述，我认为不可能通过谈判解决你俩的矛盾。您在公司有没有可以求助的人？如果您不想选择这种第三方介入的方法，那就只剩下一种可能性，必须有一个人走。因为你俩没人愿意主动离开，最终就会变成一场权力的角逐。很可能列奥是离开沙场的那个人。也许您也会在权力斗争中极力运作上层关系，如此一来，列奥可能就会觉得自己是无辜的牺牲者。他肯定不会忘记这件事。您知道：人生一贯冤家路窄。人们对于自己受到不公对待的记忆堪比大象。

一切由您主张！

您的谈判教练

在第七章中，我们会进一步阐释敌人—敌人式谈判的氛围与特征。您将了解到面对充满谎言与背叛的敌人—敌人式谈判时该如何应对。争端升级导致的颜面受损几乎不可避免，最终很可能导致双方彻底切断沟通。您也将学到保全颜面，避免陷入非理性状态的方法。想要任何时候都掌握自己的人生，反省谈判行为的进展方向并非易事，有时甚至非常痛苦。认识到自己的行为伤害到了他人尤其需要勇气。

Berühmte Verhandelnde

名垂青史的罗伯特·麦克纳马拉——一位敢于修正过往决定的谈判专家

也许您知道《战争迷雾》这部伟大的电影。这部2003年由埃罗尔·莫里斯执导的纪实电影是关于曾经的美国国防部长罗伯特·麦克纳马拉的重要纪录。电影名称来自于一句英语俗语，其核心是：战争时，事实真相皆隐于雾中，即使是指挥者也往往迷失其中。战争不断逼迫他们做出沉重的决定，同时复杂而又不可预见的局势又妨碍着他们做出理性自觉的判断。罗伯特·麦克纳马拉以极大的坦诚与自我批判反思了从第二次世界大战到古巴危机再到越南战争的危机与战事，他无情又投入地与自己和他人做着清算。他曾参与的决定导致了成千上万的人死亡。电影完全没有将他表现为一个大英雄。麦克纳马拉分析了悲剧性的军事决定与局势，回顾了几乎一触即发的核战争。

正因为麦克纳马拉在20世纪的历史中扮演了一个充满争议的角色，他的观点才激起了如此众多的非议。[1]在下列NEGO技巧中，您将了解麦克纳马拉一生中帮助他驱散战争迷雾的十一课。

[1] Vgl.http：//www.kinomachtschule.at/data/fogofwar_movienet.pdf.

NEGO-
技巧

■ **战争迷雾**

（1）站到敌人的立场。

（2）理性无法拯救我们。

（3）总有高于我们的存在。

（4）最大化你的效率。

（5）战争方针不能太过激进。

（6）了解事实。

（7）信念与眼见往往是错误的。

（8）随时准备重新审视自己的观点。

（9）为了做好事，有时也不得不先做些坏事。

（10）永远不要说“决不”。

（11）你无法改变人类的天性。

隐藏在麦克纳马拉十一课*背后的信息是什么？

（1）站到敌人的立场。1961年古巴危机，中情局在古巴发现了对准美国的苏联中程导弹。人们怀疑导弹搭载了核弹头。肯尼迪召集顾问商议接下去24小时的行动。美国空军上将兼幕僚长柯蒂斯·E.勒梅敦促美国向苏联发起核战争，而美国大使汤米·汤普森则警告不要给赫鲁晓夫施加压力，极力宣扬“温和派”策略。身为大使，他能站在敌人的角度思考。麦克纳马拉支持汤普森的意见。因为设身处地想敌人所想，人们在最后一刻避免了第三次世界大战。

（2）理性无法拯救我们。麦克纳马拉指出，所有参与者都是智慧、理性的人。肯尼迪很理性，赫鲁晓夫很理性，勒梅很理性，汤米·汤普森也很理性。每个人都能驳倒对方的策略。但只基于论据的谈判是无法取得结果的。

（3）总有高于我们的存在。麦克纳马拉曾说：“关键是更高的价值。”只有秉持人性的道德方针进行谈判，才有可能获得更高的视野，成为谈判行为的标杆。

（4）最大化你的效率。美国投入了最新的B29轰炸机。勒梅将军唯击中数论成功，为此付出了高昂的代价。许多美军飞行员在轰炸中丧生。麦克纳马拉分析了这些行动，思考着怎样才能提高效率。目的不是夺取更多的人命，而是削弱敌人的实力。

（5）战争方针不能太过激进。在日本扔下的两枚原子弹导致67座日本城市50%到90%的居民丧生，没人为此道歉。麦克纳马拉认为，如果美国输掉了战争，参与者将以战争罪犯的身份受到审判。

（6）了解事实。在出任国防部长前，麦克纳马拉是福特汽车的CEO。对于交通事故的分析表明，如果人们在开车时系好安全带就能得救。基于这一事实，麦克纳马拉引入了汽车安全带。同样的方法也被他用在政治领域。在分析研究大量事实后，他建议肯尼迪总统从越南撤军。肯尼迪应允了。但是他的继任约翰逊总统却违背了这一决定。

（7）信念与眼见往往是错误的。在一次攻击国际水域后，美国战舰受到了敌方鱼雷的威胁。“我们是过错方，但我们的脑子里却觉得越南人想要袭击我们。我们只看到自己想看到的，因为这符合我们对于敌人的想象。每一次声呐探测仪的波动都被看成是鱼雷袭击，尽管这并不符合事实。这拉开了打击行动‘滚雷’的序幕，最终导致人们在越南国土上扔下了两倍乃至三倍于二战期间整个欧洲的炸弹。”

（8）随时准备重新审视自己的观点。麦克纳马拉自认始终不折不扣地执行着美国总统的指令。在其出任国防部长期间，美国在越南使用了橙剂。回顾过往，麦克纳马拉说：“那时肯定有法律允许战争期间的这一举动。我从未做过违法的事。可是居然允许如此不人道的行为，那算哪门子的法律。我们做了错事。”

NEGO小贴士

下次谈判前，请您花几分钟时间评判一下谈判属于上述四种情况的哪一种。专业的谈判者能因此更快调整自我。

（1）为了做好事，有时也不得不先做些坏事。1967年，贵格会教徒诺曼·莫里森在五角大楼前麦克纳马拉的办公室楼下自焚，以此抗议战争的暴力。他的怀中还抱着女儿。旁观者大喊：“放下那个孩子。”他这么做了。莫里森的妻子用令人动容的话语对着公众喊道：“人类必须停止屠杀其他人类。”麦克纳马拉说，他百分之百同意她的话，同时他这样为美国政府的军事行动辩解：“这是冷战的行动。除了成为恶人，我们别无选择。”

（2）永远不要说“决不”。麦克纳马拉认为任何摆在人类面前的挑战都是可以战胜的。约翰逊总统刚愎自用，导致麦克纳马拉主动辞去了国防部长的职务。“这是我学到的一课。永远不要说‘决不’。永远不要。真的永远不要。”

（3）你无法改变人类的天性。我们所有人都会犯错。我们也知道所有人都会犯错。战争的迷雾意味着战争是如此复杂，以至于人类的想象力已无法识别所有的变化。我们的知识与判断力捉襟见肘，以至于我们会毫无必要地杀害对方。我可没那么天真，真相信人类再也不会发起战争。我们无法改变人类的天性。

Lese-
futter

■阅读材料

*请参阅罗伯特·S.麦克纳马拉/布莱恩·范德马克著《追忆往昔——越南的悲剧与教训》，纽约随机屋出版社1995年出版。

充满令人发怵的事实。敢于修正80余年来的态度，并以此站在公众面前，这位时代见证者的勇敢忏悔激起了惊涛骇浪。

CHAPTER 4

第四章

朋友遇朋友

FREUND
TRIFFT FREUND

在折叠桌边的三把椅子位于汉堡银匠扬·维格的工厂[1]。墙上挂着数百把锤子，架子上堆放着沉甸甸的型铁和老旧的锉刀。艺术家就是用这些工具打造那些形状优美的银器。他日复一日地在桌边劳作。这三把形状迥异的椅子关系融洽，没有一把抢风头，桌子始终处于中央。在朋友—朋友式谈判中，参与者也如此平等相待。就事论事是关键所在。

在这一章中，您将了解实现朋友—朋友式谈判可以使用的工具。所谓朋友，即那些第一时间想要寻求共赢解决方案的人。屡试不爽的哈佛理念是一种用于解决合作伙伴纷争的方法。我们将进一步阐释合作谈判的原则，其中建立信任扮演了一个非常重要的角色。您将学到如何在谈判中控制并使用情绪，如何以利益导向谈判取代地位导向谈判，以及如何如愿赢得公平的结果。正如海因茨·吕曼、威利·弗里驰以及奥斯卡·卡尔维斯在电影《三个加油工》中所唱：

“朋友，一个好朋友，全世界最美好的存在。朋友永远是朋友，直到世界尽头。”

[1] Vgl.http：//www.jan-wege.de.

1. 哈佛理念——不只是你侬我侬的谈判

哈佛理念是合作谈判的一种方法，1981年首次出现于哈佛大学学者罗杰·费希尔及威廉·尤里的《哈佛理念》[1]一书中。该书获得了巨大成功，帮助百万读者学会了合作谈判。然而，哈佛理念也始终遭受质疑。许多谈判者觉得遵循哈佛理念谈判过于无力。有这种想法真是太可惜了，因为它是完全错误的。“哈佛谈判……这只能在家和妻子试试，可千万别用于工作！这就是你侬我侬的谈判。”一位来自制药行业的企业家所做出的十足沮丧的评判反映了一种普遍的观点。真正的谈判必须强硬，而遵循哈佛原则的谈判不再适应于当今利益最大化导向的社会，许多人都抱有这种错误的想法。“如果我在谈判中表现得柔弱而友好，就会成为那些硬如磐石的学院派采购员的囊中之物。我曾试过一次。我真的想避免冲突，期待着达成共识。最后的结果对我们来说十分糟糕，而且我的温柔态度让我输得几乎体无完肤。不会再有第二次了。风格强硬的人肯定能获得更多。”这位企业家在期望幻灭后如是总结。

然而，此时人们混淆了哈佛理念谈判和弱势谈判的概念。哈佛理念绝非弱势谈判，而是一种原则性十分强的行为方式，它以谈判过程为着眼点，辅以理性与客观，最终取得不依附于权力、阴谋及压力的结果。

哈佛理念产生于特定的历史背景。第二次世界大战后，两大超级力量，

---

[1] Fisher, Roger/Ury, William / Patton, Bruce：*Das Harvard-Konzept. Der Klassiker der Verhandlungstechnik*, 24. Aufl., Campus-Verlag, Frankfurt a. M. 2013.

即美国与苏联，主导着世界局势。资本主义与社会主义两两碰撞。两个国家互为竞争，毫无合作意愿。是的，甚至充满敌意。持续的军备竞赛是当时政治氛围的缩影，宣传成为了抹黑敌人的惯用手段。共产主义是西方挥之不去的幽灵，而东方则视贪婪的帝国主义者为威胁。那时是中情局和克格勃的鼎盛时代，间谍不仅仅存在于电影中，两国的外交关系降至冰点。这一冰冻的气氛导致了“冷战”概念的诞生。政治隔离在第三世界的代理人战争中不断推进，分裂的柏林城中竖起了代表铁幕的高墙。这一局势在古巴危机中达到顶点。苏联人在古巴安置了中程导弹，威胁美国政府在必要时会使用核武器。真正的危机持续了13天，全世界都屏息以待，冷战达到了新的高度。在危机期间，两大超级势力都与军事对抗近在咫尺，而普通大众则第一次意识到了潜在核战争的巨大危险。[1]最终，两国首脑在最后一刻制止了危险的发生。

在那之后，美国的外交官与政治家们开始思考如何在未来进行旨在削弱军事对抗的谈判。他们委托哈佛大学的科学家们研究这一课题。为此，哈佛法学院成立了谈判项目小组（PON）。研究团队花费数年观察并分析了从日常问题到薪资谈判的各种不同谈判。

最终目标是坦诚、客观的谈判。这意味着，关键不在于“强硬谈判”或“柔软谈判”，而是强与软本身，即在事情上“强硬”（坚持己见）而在人情上“柔软”（友好和善）。这么做的好处是谈判双方在谈判结束后仍能直视对方的眼睛，不会有人觉得被牵着鼻子走。远离“强者为王”的想法，代而寻求互惠双赢的方案。长期来看，这一策略定能取得更大的成功。哈佛理念由五大原则组成，一步步带领人们进行谈判。这五个步骤互相依赖，也就是说，就像走楼梯一样，您必须一级接着一级走。

[1] Vgl.https：//de.wikipedia.org/wiki/Kubakrise.

NEGO-
技巧

哈佛理念的五大原则

（1）请区分对待您与谈判对手的关系和谈判主题。请温柔对人，强硬对事。

将谈判主题与个人关系混为一谈会影响谈判气氛，拖慢进展。健康的关系是高效处理具体问题的先决条件。无论对方如何，请您始终表现得值得托付，以此建立彼此信赖的关系。

（2）重利益，轻立场

每个立场背后都隐藏着利益（动机、动力、需求）。这是推动谈判者的力量。比起立场为先、以利益为导向的谈判，这能开诚布公地商讨结果，产出更多解决方案。强调立场虽然能显示实力，但同时也宣告着软弱，因为这样做恰恰源于人们对谈判出现糟糕结局的恐惧。

（3）请先共同讨论出尽可能多的选项，然后再评估决定。

符合所有参与方共同利益的最佳解决方案需要所有参与者的共同创造力。为了不扼杀创新力，请您避免草率做出决定（固守立场的危险），并寻求多个合适方案。请您一定摆脱“蛋糕”有限的想法。

（4）请坚持使用公平的标准与流程。

只有当决策之路有据可依时，您才能在谈判中取得理性且公平的结果。如果双方共同遵循透明的标准与流程，就不会有人感到对方独断专行。

（5）请在比较最佳备选方案后再决定接受或拒绝某一谈判结果。

谈判结果好于最佳备选方案就是成功。如果还有更好的选择，没有人会认同谈判结果。所谓最佳解决方案，就是每一谈判方的B计划。如果有这样的备选，就不会有被谈判对手牵着鼻子走的感觉。

2. 信任不会自己产生

让我们更仔细地看一下这五大原则。只有基于信任才能产生合作。如果人们一开始就很喜欢您，自然而然会想与您合作。对于谈判者来说，挑战在于如何积极营造信任，尤其是第一次见面。如果反感谈判对手，或过去曾发生过不愉快，就会令双方关系紧张等。这一艺术的集大成者是南非第一位黑人总统纳尔逊·曼德拉。虽然曼德拉当时并不知道哈佛理念，却本能地遵循着理念原则。他深知尊重对手、理解对方的处事方式能帮助人们推进谈判成功。与此同时，他也坚守立场。他告诉我们，谈判是可以学习的！

Berühmte
Verhandelnde

■ 纳尔逊·曼德拉——通往自由的漫漫长路[1]

如今，纳尔逊·曼德拉被视为史上最杰出的谈判者之一。他践行了合作谈判的五大原则，即使最初遭遇包括自己人的大规模反对，仍说服了敌对势

[1] Vgl.http：//www.pon.harvard.edu/daily/international-negotiation-daily/nelson-mandela-one-of-the-best-negotiators-in-history und https：//de.wikipedia.org/wiki/Nelson_Mandela.

力，最终成为将种族隔离政治转变为民主国家的和平革命的开路人。作为道德与政治典范，曼德拉生前便在南非广受尊敬。曼德拉的谈判风格是耐心、强硬、实用和战略思考。

在与种族隔离军对峙时，曼德拉既没有消极逃避，也没有积极反击。他始终致力于和平抵抗。他愿意妥协，但关键要点则不容置疑，也就是说，出于对其政治核心观点的尊重，他不能也决不愿在此让步。慢慢地，他以自己的坚韧感化了对手，取得了暴力与反抗永远无法取得的结果。

在狱中，他学会了南非荷兰语，这是敌人的语言。大多数他的支持者仿佛遭到迎头一棒。他们被震惊了。曼德拉并未被此吓退，反而号召追随者们向他学习，研究南非战争的历史。他想要深刻理解布尔人根植于其欧洲血统中的心理与文化背景。他懂得他们对于独立的追求、对于宗教的狂热以及战争的勇气，并开始尊重起自己的敌人来。这一尊重日后帮助双方接受了曼德拉对于不公正甚至残暴的种族隔离的明确拒绝。[1]

在自传《漫漫自由路》中他写道："在这段漫长而孤独的（狱中）岁月里，我对于自己种族的自由渴望变成了对于所有种族的自由渴望，无论肤色是黑是白……剥夺他人自由的人是仇恨的囚徒……无论是被压迫者还是压迫者，他们的人性同样遭到剥夺。当我离开监狱后，我的职责是解放双方，即压迫者与被压迫者。"但是眼前道阻且长。"因为想要自由，仅仅扔掉枷锁是不够的，人们必须学会尊重并促进他人的自由。"[2]

健康的关系是高效解决实际问题的先决条件，因此我们建议在朋友—朋友式谈判时应当——认识到关系问题，并将其与事实问题区分对待。分别从相互信任、相互接受和良好沟通等方面评估您与谈判对手的关系。在开始着手事实问题前，先解决关系问题。无论谈判对手如何，请您始终表现地值得托付，以此建立互相的信赖。

---

[1] Vgl.Ury, William：*The Power of a Positive No*, Bantam, New York 2007.

[2] Mandela, Nelson：*Der lange Weg zur Freiheit*, S. 835f., 20. Aufl., Fischer, Frankfurt a. M. 1997.

作为谈判者，怎样区分人际关系与事实关系？请设身处地为谈判对手着想，不要以自己的恐惧推断对手的意图。不要一味澄清责任问题，而是共同寻找解决方案。不要过早下定论。双方都想盈利，因此请寻找令双方都感到体面的方案。谈判时，人们倾向于以自我为中心。我们总是以自己的立场感知世界。但恰恰因为如此，与自己保持一定的距离，站在对方立场思考才是谈判时的专业表现。有句印度古话说得好："想要认识你的敌人，首先得穿着他的皮鞋走一天。"

您的身体是您所拥有的一项重要沟通工具。大家中的许多人一定知道艾米·卡迪[1]那令人称道的环球会议（TED）演讲。卡迪是哈佛商学院的社会心理学家，她的视频"肢体语言塑造你自己"已获得超过3200万次的点击率。这些TED演讲的框架背景是每年在加州的蒙特雷召开的创新大会。在"传递有价值信息"这一口号的号召下，来自各行各业的专家们向大众呈现自己的创新理念。他们最多有18分钟为自己的主题做出亲切而动人的汇报。

艾米·卡迪的观点是肢体语言反映着人们拥有的地位。她将它们区分为高姿态与低姿态。强势的名人采用高姿态来强调自己的支配地位。而那些随时准备屈服的人则会采用低姿态。一般来说，人们在使用肢体语言时是无意识的。如果与动物世界对比，我们会得到十分有趣的结果。动物首领展示着强权姿态，而那些寻求保护的成员则唯唯诺诺。采用强势或弱势姿态，我们会取得不同的效果。也就是说，人们会对他人的身体语言做出应对。姿态强势的谈判者走进房间，会因为他自然而然的权威得到瞩目与尊重。但是过于强烈的高姿态也可能引起激进的反感，使得对方也相应转为攻击状态。谈判时，这可能会导致矛盾升级。反之，低姿态的谈判者很难让谈判对手信服自己的建议，但也许会激起对方的保护欲，从而更为小心地与之交往。在下列NEGO技巧中，我对比列举了高姿态与低姿态的典型特征。[2]

---

[1] Vgl.https：//www.ted.com/talks/amy_cuddy_your_body_language_shapes_who_you_are?language=de.

[2] Vgl.Portner, Jutta：*Ein Gefühl wie beim Zahnarzt–Warum Frauen anders verhandeln, in: Die Wirtschaftsmediation*. Fachmagazin für Unternehmen und dieöfentliche Verwaltung, S.42 ff.,Ausgabe 1/2014.

NEGO-技巧

肢体语言的高、低姿态之分

	高姿态	低姿态
目光交流	·集中的目光交流（采取对峙的身体姿态） ·尽可能少眨眼，等对方转开视线	·短暂、紧张的目光接触 ·中断目光交流，然后仓皇地偷窥 ·眼向下看，头朝一边偏
空间占领与手势	·把文件铺满谈判桌 ·占领绝大部分空间 ·双腿自然交叉，放松而懒散地坐在椅子上 ·手势动作幅度大	·谨小慎微，缩在一角 ·谈判文件整齐地叠放在一起 ·手势动作幅度小而慌张 ·故作镇定的手势
站立与脚的放置	·站姿雄伟，肩膀比胯部宽 ·落地扎实，分量十足，双腿分力均匀 ·双脚略向外转	·站姿拘谨 ·不断切换双腿重心 ·双脚向内转
胸骨与肩膀	·向前挺胸 ·背部几乎反凹 ·肩膀向下向后扩	·向内含胸 ·背部隆起 ·肩膀下塌
头部姿态与动作	·头部笔直 ·下巴上扬 ·缓慢的头部动作	·头朝一边偏 ·不安而紧张的头部运动 ·说话时手撑下巴
表情	·笑容稀少，甚至毫无笑容——强调局势的严肃性 ·为了不流露内心波动而摆出扑克脸	·经常微笑，常伴有点头动作 ·为了缓和尴尬局势而露出多少有些难堪的笑容
肢体张力	·身体充满张力，甚至过度紧张，强调自己的要求 ·快速而慌张的手势	·身体缺乏张力 ·快速而慌张的手势

深入分析了诸多谈判后，我建议您选择强权姿态与弱势姿态的黄金中间之道。在绝大多数情况下，谈判者们都会彼此平等相待。他们既不想主导，也不想被主导，而是希望遇见实力相当的对手。

NEGO-技巧

■ 平等面对谈判对手

·请保持直接而坦率的目光接触。

·请注意把您的手放在桌上，因为桌子代表着谈判主题。

·请避免自我安抚或转移视线的举动，如挠头。

·坦诚的手势象征着坦诚的思想。

·请注意始终脚踩地面。毕竟您想表达自己的“坚定立场”。

·讨论严肃话题时，请摆出严肃的面部表情，寒暄或讨论轻松话题时则应面露善意。

·端正的姿态和自然的身体张力代表您全情投入。

除了身体语言，还有一种建立友好的朋友—朋友式谈判关系的方法：请好好利用寒暄的机会。下列案例向您展示了谈判中如何寒暄。

NEGO-生活的分色工程

■ 两小时的寒暄——真有必要吗？

亲爱的谈判教练：

我叫列恩，大学主修企业管理，研究重点为金融与全球管理，之后我还在伦敦完成了MBA学业。如今，我在一家化学企业工作了18个月，主要任务是对国际领域竞争者的财务进行分析。最初的业务行程中，我来到了迪拜的销售办公室。我的公司在那里协调整个近东地区与非洲的销售活动。后台管理部门的同事和销售经理们来自七个国家，其中大多为阿拉伯地区，信仰五种宗教。有一天晚上，一位来自埃及的销售经理邀请我陪同他出席与一位黎巴嫩客户的谈判。我们在一家高档的海鲜酒店见面，客户与供应商随意地谈起自己的家庭及妻子的烹饪艺术。他们还吐槽了前妻及比起朋友更愿意与电脑相伴的青春期孩子。接着是对上次度假及黎巴嫩难民危机的详尽交流。夜一点点深了。在一个半小时后当他们开始详细描述自己的病情时，我开始感到不安，我觉得自己可能误会了什么。他们来这里真的是为了谈判吗？不管你信不信，两小时后两人开始切入正题。大家简单明了地商讨主题，很快达成了共识。接下来又是私人话题时间。

几天后，我回到慕尼黑的总部，也陪同我的老板出席了一次谈判。“您的旅行怎样？一切都好吗？”他问我们的客户。“好的。下面我们进入正题吧。首先……”

下面是我的问题：

·寒暄谈话怎么会如此不同？

·我该如何判断出适合的时长和主题？

祝好！

列恩

亲爱的列恩：

你在伦敦求学时一定接触过来自许多迥异文化圈的人，即使不是谈判，他们的交流方式也千差万别。简单来说，有些文化更倾向于事实中心，而其他文化则偏重关系。地域渊源决定了阿拉伯文化属于沙漠民族文化，只有部落充满凝聚力，人们才能生存下来。从那时起，他们就十分重视建立稳定持久的关系。为了缔结这样的关系，谈判者需要投入时间。谈判者编织的网络越紧密，关系就越持久，也越能熬过艰难的局面。例如，当两位谈判者说起自己的病情时，并不是因为想要引起对方的同情，而是因为可能大舅子的叔叔的兄弟是专攻这一领域的医生。慢慢地，人们就编织起了一张历久弥新的关系网。交互性此时扮演了一个十分重要的角色。

与之相对，我们德国人更注重事实。如果经历两小时的寒暄谈话，绝大多数德国人会和您一样深感震惊。我们喜欢直切主题。我们认为过于深入的关系容易做出不基于事实的让步。此外，我们还认为把大部分时间花在解决实际问题上更加高效。

至于合适的时长和主题，这取决于个人和谈判的实际情况。你可以在准备阶段就考虑一下，是否愿意投资一段为谈判提供稳定平台的长期关系。如果答案是肯定的，那又该做些什么。总的来说，我建议你说一些积极的话题，聊些私事也无妨，或者提一些问题引导对方说说自己。屡试不爽的经典话题有天气、足球、F1方程式赛车、旅行、每日新闻及地方特色。[1]

一切由你主张！

你的谈判教练

除了软事实，哈佛理念还建议好好准备事实层面。为了“遇事强硬”，您应当在准备时就考虑下列建议：理清目标（最大／实际／最低目标）及您的谈判空间。请您好好准备，定义您的BATNA。如果可能，进一步优化BATNA。

在我看来，“温柔对人，强硬对事”这一翻译依然有引起误会的风险。所谓“强硬对事”，指的并不是“绝不退让”，而是遵守清晰的原则，捍卫自己的利益。相应地，“温柔对人”也不是“百依百顺”。更合适的翻译也许是：态度尊重地对待他人，思路清晰地处理问题。但这听上去就没那么顺耳了。

[1] Vgl.auch Portner, Jutta：*30 Minuten für den perfekten Small Talk*, 7. Aufl.,GABAL Verlag, Offenbach 2011.

3. 敏感按钮——专家的情绪管理

您有没有遇到过这种情况：一个错误的词语、一个错误的手势或某种特定的行为方式就激起对方的不满和怒意？在谈判语境中，我们称其为敏感按钮。“敏感按钮”会令对方感到不适。我们希望自己保持冷静、镇定和自制，但是，在我们意识到之前，情感就以迅雷不及掩耳之势控制了我们。我们成为了应对机器。这一刻会发生什么？请您再一次认识到，作为人类，我们在谈判中除了理性外，还始终与情感不可分割。情感影响着我们的身体，影响着我们的思考，也影响着我们的行为。

哈佛大学的两位科学家罗杰·费希尔和丹尼尔·沙皮洛在他们的著作《超越理性》中着重研究了这一主题。该书出版于2005年，书中向谈判者们展示了专业利用情绪的方法。其核心观点是，总共有五种触发我们行为的“基本需求”；如果这些基本需求被伤害，就会自动产生负面情绪——这会再度导致我们摈弃理性，做出情绪化的应对。换句话说，我们不再能自觉应对。因为不想丢脸，我们会说出或做出日后后悔莫及且无法追回的话或事。因此，罗杰·费希尔和丹尼尔·沙皮洛建议我们在谈判前先好好思考自己的弱点——即敏感按钮，同时还应考虑对方的软肋及相应地希望被温柔对待的地方。如果我们了解哪五项基本需求在遭受漠视的情况下会激发负面感受，就能有所准备地分流情绪，保持距离以便始终冷静表现。如此一来，理性便能再度占先，而我们也能自觉地进行谈判。那么，我们的基本需求有哪些呢？

NEGO-
技巧

■ 费希尔 / 沙皮洛的五大“核心需求”

- 对受人尊重的需求（Appreciation）
- 对亲密关系的需求（Affiliation）
- 对独立自主的需求（Autonomy）
- 对地位认可的需求（Status）
- 对角色认可的需求（Role）

Lese-
futter

·请参阅罗杰·费希尔、丹尼尔·沙皮洛著《超越理性》，法兰克福学院出版社2007年出版。

谈判专家费希尔与沙皮洛划时代地认识到：在朋友—朋友式谈判中，我们的情绪甚至能帮助我们找到最佳解决方案。认识到五大基本需求（尊重、亲密、自主、地位和角色）的意义，就能有针对性地提及自己与谈判对手的这些需求，并以此积极影响谈判进程。

这些需求具体是什么意思？哪些行为方式会触及敏感按钮并伤害基本需求？请您阅读下述案例。

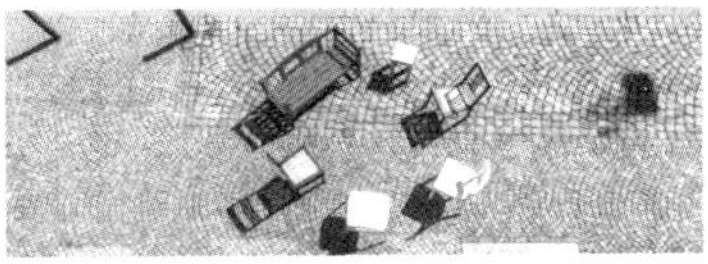

NEGO-生活的分色工程

露娜升职记

从同事到上司——一场角色矛盾

亲爱的谈判教练：

我是一家小出版社的编辑，我和我的一位同事交恶已经好几年了。拉里萨是我前夫的情人。现在我升职为部门主管，也就是她的上司。拉里萨当时也是这一职位的竞争者之一。自从我成为她的上司以来，情况变得愈加糟糕。她几乎每天都羞辱我，却又做得十分隐晦。她在他人面前贬低并嘲笑我的工作，质疑我的电脑知识、写作水平及团队合作能力。为了不得罪非常受欢迎的拉里萨，其他编辑们姑息纵容她的所作所为，甚至把我孤立起来。上周团队一起去吃披萨，却没有人问我想不想去。我与主编联系，并向他说明了情况。他似乎并不理解我的困扰，告诉我目前不可能调离拉里萨。我的神经绷得非常紧。我越试着做好一切，就越容易犯错。我觉得很孤独，晚上也睡不好觉。现在我正在考虑请病假。但无论如何这也不是解决办法。我该怎么和看轻我的拉里萨谈话？该怎么面对那些孤立我的前同事们，又该如何应付不把我当回事儿的老板？

此致

敬礼！

露娜

亲爱的露娜：

读了你的情况描述，我感觉你非常困扰。总的来说我建议你在职能转换期寻求专业教练的帮助。许多人在从同事变为上司时都会遇到你的问题。下面让我们试着分析一下形势。

· 缺乏尊重——你的所作所为遭受批判。

· 缺乏亲密——你的同事们不再邀请你。

· 缺乏自主——你在想要调离拉里萨时受到束缚。

· 缺乏地位认可——你从同级变成了上司，但是同事们却没有给予你相应的尊重。

角色矛盾之一：拉里萨是你前夫的情人。此时私人角色与工作角色混为一谈。

角色矛盾之二：你的上司逃避责任，他没有履行给予你支持的上司角色。

也许知道背后发生了什么会对你有所帮助。你可以考虑一下，到底是谁总在挑事。你想把别人的问题变成自己的问题吗？试着和三方分别进行谈话。首先是拉里萨，请专业地对待过往，接受你的新角色。接着和你的同事们谈谈，告诉他们你的困扰和愿望。最后，也是非常重要的是与部门主管的谈话，请提醒他身为领导的职责，并请求他的支持。

祝你成功——请病假只是逃避矛盾，绝不是真正的解决办法！

一切由你主张！

你的谈判教练

每个人都希望自己的所作所为获得认可。请您想象一下下述情景：在您的团队中，几乎总是由您一人清理洗碗机，而您也并不介意。很快您的团队同事便开始觉得您做田螺姑娘是理所当然的事。最近，因为一位女同事休产假，您接手了她的工作，您手头的事也越来越多，于是在团队会议上您建议之后几个月由其他人来承担田螺姑娘的任务。可是人们只是简单地回应道“啊呀，这个又不占用您多少时间”就转入了下一项议程。此时您有什么感受？也许您会觉得灰心丧气，感到自己的付出没有获得认可。也许日后您就不会那么积极地承担额外工作了。认可是我们的一大基本需求。如果这一需求被伤害，我们就会产生负面情绪。尊重的反面是轻视。每位谈判者都有权要求在谈判中被恭敬地对待。请您说出您的愿望。

与认可感相关的潜在敏感按钮：

- 贬低您的人格和您的所作所为
- 在他人面前取笑您，让您出丑
- 对特殊贡献缺乏感知与感恩
- 贬低或傲慢的举动
- 通过诽谤毁坏您的名誉

与希望获得尊重一样，对于归属感的渴求也是一大基本需求。每个人都希望成为集体的一员。遭遇排挤会令我们痛苦万分。我们希望获得自己应当获得的信息，不愿受到集体的孤立。

下面的例子告诉我们被孤立后会发生什么。莫娜曾是一家制药公司专利部主管的秘书。她严于律己，在常规工作之余花了好几年时间完成了专利律师的课程，并在同一家公司获得了相应的岗位。赴任新职位伊始，她就立刻感到曾经共事过的助理们的敌意。她们屏蔽她的邮件，把她的文件藏到别处，不给她转发邮件。莫娜觉得自己被孤立了。孤立是亲密的反义词。您能想象莫娜此刻的感受吗？也许她感到非常孤独，也许她会生气、紧张或沮丧，就看她是什么脾气的人了。

NEGO小贴士

如果您感到在谈判中被团队故意孤立，请一再要求接纳与参与。这需要许多勇气！但这也是您的权力。此外，您也可以寻找其他支持者，摆脱对那些孤立您的人的依赖。

与亲密感相关的潜在敏感按钮

- 有意识地孤立和排挤
- 示威性地表现出对他人的偏爱
- 对信息有所保留
- 用简短的指示代替亲切的谈话

第三大基本需求是对于自主的渴望。作为人类，我们都希望能自主决策。如果其他人罔顾我们的意见对我们指手画脚，我们就会感到自己的自主权受到限制。更有甚者，当别人指挥我们行事时，这种伤害更加深刻。自主，即自己决定自己行为，其反义词是他治。

我们来看个例子。

弗里德是一家位于柏林的大型广告公司的美术设计员。以前，他独立负责自己的所有设计。他工作刻苦，全心全意为公司效力，即使没有加班工资，也经常加班到深夜，甚至周末也不休息。然而，公司新的艺术总监伯恩德来了后，气氛就变了。他想要掌控一切，且嫉贤妒能，把弗里德的设计占为己有。每当弗里德上交一份设计，伯恩德都会再次加工，完全不通知弗里德就擅自改动。弗里德内心十分气愤："我为了这份图纸加班加点三个星期，他几分钟就把一切都抹去了，甚至不屑通知我一声。反正他也不打算采纳我的成果，照这样下去，我还能继续在这儿工作是不是就该谢天谢地了？"听着，请您争取自己的自主权。除非您愿意成为他人的跟班，否则您别无选择。

与自主权相关的潜在敏感按钮：

· 命令语气："您必须……"

· 全知道与常有理

· "您好好想想！"

· "但凡有点脑子……"

· "在……前先让我看看。"

第四大基本需求是地位认可。我们生活在等级森严的社会中。在小家庭中就有父母与孩子，大家庭中有家族首领及成员。在公司中，上级与员工或客户与供应商的关系是典型的不对等关系的变形。对此，有许多不成文的规定，如"地位较低者"应当让"地位较高者"先走，而"地位较高者"也往往是那些谈判中一锤定音的人。

如果地位没有得到相应的认可，人们会感到受伤，而若是缺少明确的等级，人们甚至会大发雷霆。下列例子告诉我们，在谈判中，等级也会重于内容。一家物流公司的老总决定跨部门讨论预算分配。资源分配部邀请人事部和技术部一同参加谈判。各部门代表齐聚一堂，却发现谁都无法接过领导权。在场没有人拥有明确的最高级别。您猜怎么着？大家又敲桌子又摆姿态，竭尽全力虚张声势。15分钟后排位完毕，才真正得以开始正题。

NEGO小贴士

请您在谈判中明确确认最终拍板的人选，在谈判前也请您确认对方的决策者。

对于地位的基本需求深受文化影响。在亚洲、阿拉伯及南美文化中，地位有着尤其重要的价值。与之相比，地位在斯堪的纳维亚文化圈及荷兰则不甚重要。同时，企业文化也影响深远：等级森严的企业中，地位意识根深蒂固，即使在停车位上也有体现。

如果有人伤害了您对于地位认可的渴求，请务必化作云淡风轻，这是真正大方的表现。只要您不觉得委屈，就请接受谈判对手的地位。倘若对方对于宣示地位有过分的执念，也请您不妨一笑而过。

与地位相关的潜在敏感按钮：

- 作为上级被越过
- 作为地位较高者说话被打断
- 不得不等下属
- 在他人面前被批判
- 对于地位象征的冷嘲热讽

第五种基本需求是对于我们所扮演的不同角色的认可。让我们看一个例子。请您想象一下，您的上司把您叫去办公室。一位重要客户遇到了问题，正勃然大怒。反正今天得有人留下来彻底解决问题。关键是，谁留下来呢？您知道，您面对的是一位非常难缠的客户，他总是有各种特殊要求，搞得所有人都手忙脚乱。您还知道您今晚尤其不想留下来，因为整件事至少得弄到午夜，而您的妻子已经买好了庆祝结婚纪念日的戏票。在这个例子中，三种不同的角色相互碰撞。我们想成为尽忠职守的员工，以客户为本的服务商及专注体贴的生活伴侣。您陷入了内心的纠结，各种矛盾的情绪交织在一起，令您很难进行谈判。因角色矛盾而生的情绪往往暗自涌动，这导致人们在谈判时很难理解谈判者的行为。我们太多时候都误解了隐秘日程。

与角色相关的潜在敏感按钮：

- “亲爱的，您回家又这么晚。您总是加班，偶尔也该考虑一下家人的感受。”
- “对，对，您有两个孩子。但是我们期待您能再对公司用点儿心。客户就是上帝。”
- “您只是个临时工／女人／助理……”
- “典型的过分溺爱！您也该偶尔想想公司！”
- “以前您还是我们的同事的……但是，现在您成了老板……”

请您花几分钟时间写下您的敏感按钮。这能帮助您在未来更好地理解谈判中的动态。

4. 立场背后隐藏着利益

许多谈判者还没意识到立场和利益的区别。理解对方的需求，并在谈判中给予关照是成功的关键。

NEGO小贴士

请您关注利益，而非立场。无论是您的利益，还是对方的利益都是不可谈判的。因此，永远不要议论评价朋友的利益。明白这一点便已是信任的标志之一。

总的来说，每一种立场背后都隐藏着利益（动机、动力、需求）。这是推动谈判者的合法愿望。不同利益往往通过不同方式得以满足，因此我们建议朋友—朋友式谈判中：请明确表达您的利益，开诚布公地陈述，重利益，轻立场。探寻对方的立场，其背后的利益是什么？必要时您可以谈谈实现愿望的“预想”。请您先专注于共同利益，把利益纷争放在一边。朋友—朋友式谈判者不仅能公开自己的利益，还能直接询问对方的利益：您想在谈判中实现什么目标？您的主要愿望是什么？如果……怎么样？

如果朋友—朋友式谈判者想施加影响，他们会试着理解对方的处境。2014年5月的一个夜晚，空气里弥漫着克里特岛典型的温热，我与希腊建筑师麦伦·托泊雅尼斯共饮红酒，他向我讲述了他所经历的一个有趣例子。

NEGO-生活的分色工程

卡帕萨里亚纳村——重要的是利益而非立场，麦伦如何买下了村庄

位于克里特岛的小村庄卡帕萨利亚纳拥有独一无二的历史。1763年，在一片广阔的橄榄树草原上竖起了一座油磨。驴子拉着磨石一圈圈地转着。慢慢地，收割者和长工们在油磨周围建起了简单的平房。随着时间推移，那里形成了一个小小的聚居区，最辉煌时有50人在那生活，经营着价值不菲的橄榄树庄园。那时，橄榄树被视为圣树，它的果实和榨出的油除了用作人们日常生活不可缺少的食物、照明和取暖材料，还被用作宗教物品。村庄隶属于大约四公里开外的阿卡狄修道院。

20世纪50年代中期，随着沿海城市出现了第一批马达驱动的油磨，通过石磨采油变得不再经济实用。不仅驴子们不见了踪影，长工和收割者也渐渐离开了卡帕萨利亚纳。到了20世纪80年代末，只有五户人家还住着老人。当时生活在巴黎的年轻建筑师麦伦·托泊雅尼斯在度假时为这座人迹罕至的村落深深倾倒，他想出了一个大胆的计划——把这座荒芜的村庄重建成酒店。出于对传统的尊重，他希望保留村庄原始的简约魅力。但是谈判比想象艰难。“我们不会卖给一个外乡人。”以固执出名的克里特居民们传出消息。并且，他们坚守自己的僵硬立场。麦伦该怎么做的呢？他很快发现问题不在于出价高低。他既没有放弃，也没有强加压力，而是向在村庄附近长大的母亲寻求帮助。他带着她一同参加接下来的谈判。“老实说，”麦伦说道，“看起来仿佛是她带着我。”她成功赢得了人们的信任，使他们相信她的儿子不想建造现代化的豪华酒店，而是会小心翼翼地保留现有的建筑。两年后他买下了第一批三幢楼房和榨油机。然而进程到此戛然而止。广受爱戴的修道院院长加布里埃坚决不同意出让修道院名下的房屋及其所隶属的三公顷土地。他担心自己两位年事已高、生活在最后两幢还有人居住的房屋里的连襟马诺里斯和塔基斯，他必须保护他们。在与他们喝了数杯雷基酒后，麦伦终于明白，马诺里斯绝对不会离开家乡，而塔基斯则害怕年老后生活无法自理。基于此，麦伦决定在15公里远的城市雷西姆诺给塔基斯买一所养老公寓，并向马诺里斯承诺，他可以继续生活在卡帕萨利亚纳，由酒店照顾。说到做到，一锤定音。

总的来说，麦伦原封未动地保留了乡村的风貌，只是非常简易地使用全天然建筑材料进行了一些扩建和改动。马诺里斯怎么说？他告诉我："麦伦不是征服者，而是拯救者。"卡帕萨利亚纳仍是他的家园，只是比任何时候都更加美丽。但是他至今没把自己的房子卖给麦伦。[1]

想要在朋友—朋友式谈判中取得尽可能满足各方利益的最佳解决方案，需要所有参与者们的创新开拓。避免过于草率的定论才能使创新力得到最大化的发展，否则就可能产生固守立场的风险。请您多找几个合适答案，摈弃蛋糕有限或各管各的想法。请您牢记哈佛理念的第三项原则：先共同讨论出尽可能多的选项，然后再评估决定。

因此，我们建议您在朋友—朋友式谈判中多提"创新问题"——即探讨解决方案的开放性问题。不要满足于最先想到的答案，而是寻找更多的可能、模式和变形。请您进行一场头脑风暴，寻找照顾双方利益，即同时符合对方利益的解决方案。双赢局面的基本思想之一便是相信能做大蛋糕。这对于谈判者意味着什么？众人拾柴火焰高。最开始数量重于质量，人们可以畅所欲言。在寻找答案的第一阶段，关键在于找到尽可能多的选项。请您记住：选项只是可能的解决办法，并非真正的最终方案。请您一定写下所有选项。如果只是随口一说，很快就会忘记。接下来的第二步才是评估选项。

[1] Vgl.http：//www.zeit.de/2014/43/kreta-kapsaliana-village-hotel.

5. 对于公平的要求

美国心理学家格拉德・S.利文萨尔[1]在研究中发现，人们所能感知的公平不仅依赖于其具体分配，同时也由其分配行为的方式方法共同决定。

NEGO小贴士

无论谈判桌上坐着多少谈判者或专家，通常做出重要决定时，屋子里应该最多只有两到三人。

NEGO-
技巧

■ 谈判者眼中的公平

利文萨尔的研究列举了六个原则，用以评判决定是否公平。

[1] Leventhal, Gerald S.：*Es geht nicht nur um Fairness. Eine Theorie der Verteilungspräerenzen*, in：Mikula, Gerold（Hg.）：*Gerechtigkeit und soziale Interaktion*, Huber, Bern 1980,S.185－250.

（1）持续的平等对待。始终平等对待每位谈判者，不毫无理由地优待或歧视任何人。

（2）毫无偏见地对待他人观点。宽容与重视每一位谈判者的意见。

（3）决策时的精确性。基于事实依据做出决定。通过完整的信息与准确的数据保证决策过程的透明与可追溯性。

（4）决策过程的可纠正性。如果有新的认知，必要时可调整决策标准。同时，请欢迎并接纳抱怨和批评。

（5）结果的代表性。因为合理地考虑了各方利益，理想状态下，谈判的可持续结果可以成为未来类似情形的标杆。

（6）道德规范。决定符合现有道德标准。许多公司有确保行为遵纪守法的合规政策。

根据不同情况及个人偏好，上述要点比重也有所不同。有时它们也会彼此冲突，关键是在谈判中保持平衡。

只有当决策之路有据可依时，您才能在谈判中取得理性且公平的结果。如果双方共同遵循透明的标准与流程，就不会有人感到对方独断专行。行为方式的可追溯性亦是如此。因此我们建议您：寻找可以用作客观决策标准的普适规范、价值和法律依据，因为它们不依赖于任何一方的片面利益，而是对所有谈判参与者都普遍有效。只有这样，它们才有约束力。理想状态下，客观标准和流程可成为未来谈判的标杆，以便针对不同情况、不同谈判对手和地点都能援引同样的标准。使用越多中立标准（规范、广为认可的方针等），谈判一方感觉被偏颇对待或事后撤回协议的风险就越小。

NEGO小贴士

请遵照哈佛理念坚持使用公平的标准与流程。

朋友—朋友式谈判中的客观标准应当适用于双方，此处可使用反转测试。当您想要通过中介购买房产，而对方要求您填写标准化表格时，您不妨反问，若他是购房者，是否愿意签署同样的表格。

经验表明，合理化过程往往是必不可缺的。每当争执发生时，您应当与对方共同寻找评估标准。请坚持要求制定标准，同时保持接纳对方合理标准的充分灵活性。您可以直接就标准，即对方的标杆发问：您的标准是什么？您认为怎样的决定对您来说是公平的？您为什么会提出这一标准？您这次违背标准的原因是什么？您能告诉我您是如何得出这一结果的吗？

您也可以用下列话语表达您自己的标准："如果……我就能接受这一建议。""如果您是我，您会接受这个提议吗？""我曾遇到过类似的情况……""我们公司/行业的常见情况是……"

Denk-zeit

您有没有考虑过，为什么我们总是在餐厅结账时才支付小费？

克里斯托弗想给他的女朋友一个情人节的惊喜，于是邀请她去了她最爱的餐厅"Vegan House"。当服务员送上菜单时，克里斯托弗从牛仔裤口袋里掏出来一张20欧元的纸币，想与服务员做个交易："情人节对我们来说是很特别的一天，我们想得到完美的服务。我估计最后我们会吃掉大概80欧元，这20欧元是给您的小费。"克里斯托弗犹豫了片刻，横下心把这张纸币从中间一撕为二。其中一半立刻给了一头雾水的服务员，另一半则要等他真的奉上了一流服务才能得到，克里斯托弗说。

尽管如此，接下来的服务并没有达到克里斯托弗的预期。当晚服务员送上的账单事实上真的是将近80欧元。克里斯托弗在桌上放了85欧元，并要求服务员返还那一半20欧元纸币。"这不公平，"服务员说，"我可是特别努力照顾您这桌的。""关键不在于您是否努力了，"克里斯托弗回道，"而是我们眼中的服务是否真的无可挑剔。请您把那一半20欧还给我，否则您什么都得不到。"服务员说："如果您现在走，您就毫无意义地失去了20欧元。”克里斯托弗说：“我愿意。关键是您也别想得到它。”在整件事即将升级时，克里斯托弗的女朋友插话了：“小伙子们，这算怎么回事？这张撕碎的纸币意味着你们两人都一无所获。难道你们不能就双方利益达成一致吗？”

如果是您，您会怎样继续这场谈判？请您好好思考一下。

哈佛理念的第五条原则要求我们，通过与最佳备选方案的比较决定是否接受某一谈判结果。如果谈判结果优于最佳备选方案，那就是成功。如果有更好的选择，没有人会同意谈判结果。最佳备选方案是谈判任意一方在未能达成共识时的“走人”机会。如果有这样的备选，就不会有被谈判对手牵着鼻子走的感觉。

第五原则是如此特殊，以至于人们可以称其为“零号原则”。为什么这么说？因为前四条原则实际上是线性地追随着谈判的进程，而第五条原则完全脱离在外。在谈判开始前，谈判者们就已经开始考虑谈判无果时的备选方案。下面的例子将告诉我们信任关系如何成为未来朋友—朋友式谈判的基础。

NEGO-生活的分色工程

圣诞快乐
为什么放弃有时也是一种投资

亲爱的谈判教练：

又是我，内尔。非常感谢你一直以来对我的支持。恰逢基督降临节，我今天想给你讲一个圣诞节的故事。

两周前，我家里的暖气断了。当时天寒地冻，我们等了好几天才有安装工来修好它。此外，那段时间地下车库在翻新，所以我们只能把车停在街上。

在这里找停车位可没那么容易。作为补偿，房东施莱纳先生提出减免250欧元房租。在短暂考虑过后，我决定拒绝他的提议。我给他写了一封邮件，感谢他的善意，并告诉他我的决定。毕竟夏天时他同意我在真正租期开始前两周就入住，而且也没有收取费用。此外，他还免费把厨房留给我使用。我曾有片刻迟疑，不确定自己是否太好说话。尽管如此我还是觉得自己没有做错。

你知道之后发生了什么吗？三天前我打开房门，门口放着装有西班牙特产的巨大礼盒。此外还有一张卡片。施莱纳先生向我表达了谢意，并祝我们圣诞快乐！

愿上帝保佑你，圣诞快乐！

内尔

亲爱的内尔：

这真是双赢局面的典范。

圣诞快乐！

一切由你主张！

你的谈判教练

Lese-
futter

*请参阅罗杰·费希尔、威廉·尤里、布鲁斯·巴顿著《哈佛理念——最佳谈判结果的不二选择》第25版，法兰克福Campus出版社2015年出版。

30多年以来，《哈佛理念——最佳谈判结果的不二选择》始终是谈判领域的经典著作。无论是薪酬谈判，劳资谈判还是各个层面的争执纠纷——对于各行各业的实践者来说，客观务实的谈判都是求同存异，共同寻找最佳解决方案的最有效方法。

这里您将再次看到第二章中介绍过的一页纸准备。在此我们进行了一些细微而精细的改动：在新表格的右边栏中加入了哈佛理念的五大原则。如果您正在非常有针对性地计划一场朋友—朋友式谈判，那么请您使用这一模型。您也可以在我们的主页http：//www.c-to-be.de/de/c-to-be/medien进行下载。

阶段及其功能	任务	哈佛原则
准备 ·目标导向 ·合情合理 ·赋予安全感	ZOPA：确立最小目标，实际目标以及最大目标 定义最佳替换方案	
序曲 ·建立信任 ·评估情况 ·打下基础	准时开始 问候 介绍议程 创建氛围 寒暄	请您区分谈判主题和与谈判对手的关系。尊重待人，坚持待事。
厘清 ·认清位置 ·了解需求 ·理解主题	回顾历史 陈述现状 分析事实 我方诉求 对方诉求	重利益，轻立场。
解答 ·发挥创新 ·厘清框架条件 ·交换利益	可能的选项 明确的建议及反建议	请先共同讨论出尽可能多的选项，然后再评估决定。
决策 ·公平公正 ·确保可追根溯源 ·检查备选方案	确定或合理商讨决策标准／行为 目标：面面俱到的有效共识	请就客观标准以及解决利益纷争的公平行为达成一致。 比较最佳备选方案后再决定是否接受谈判结果。

阶段及其功能	任务	哈佛原则
尾声 · 商讨后续步骤 · 最终祝贺 · 保证颜面	总结 展望 告别	
后续 · 记录在案 · 分析机会 · 反思发展	记录 考虑后续步骤 给予反馈 总结经验教训	

一页纸——谈判的七个阶段[1]

最后还有一个重要提示：哈佛理念是一个整体理念，各项原则循序渐进，只有共同作用才能发挥意义。

---

[1] Erste Entwürfe habe ich gemeinsam mit Stephan Paetzold von Volkswagen Coaching gemacht; die Detaillierung lag dann bei mir.

CHAPTER 5

第五章

朋友遇敌人

FREUND
TRIFFT FEIND

魏玛的一个后院里摆着许多椅子。请您想象，您是坐在最前排的谈判者，您的椅子位于一侧，靠近路边的黄水仙。您心情愉快，但很快发现其他人的目光全然不看向您。一些椅子甚至躲在众人后面靠墙摆着。对于单枪匹马的谈判者来说，对方不愿合作是极具挑战性的局面。下面我们就来说说这种情况——朋友—敌人式谈判。

您希望取得一致结果，对方却只考虑自己利益而怀有抗拒态度，甚至有意给您设置障碍。这时您能采取哪些可能的措施影响对方？这将是本章的重点所在。您将了解弱化争端的理念"跨越争议"，它能帮助您在朋友—对手式谈判中说服对方。我将教您如何设置界限，不成为他人利用的对象——不至于做出日后您会后悔莫及的决定。我们将一起寻找处于极端弱势地位时的有效建议，以及当您所支付的代价过高时退出谈判的时机。

1. 跨越争议——弱化争端的艺术[1]

在第四章中，我们了解了哈佛大学“寻找一致”理念。“跨越争议”理念则描述了谈判者在上一理念触礁时应当采取的行为方式。“跨越争议”基于“寻找一致”，当您与谈判对手和谈判主题的关系背道而驰时，“跨越争议”教会您该做些什么。您将了解到，当谈判出现激烈碰撞的立场、偏离利益基础时会发生的情况。另外，怎样与对结果心怀不满的谈判对手交往，以及在遇到不对等的权力关系时您该如何表现，也是本章重点讨论的两个问题。首先，我们来看看什么是朋友—敌人式局面。

NEGO-
生活的分色工程

■ 建筑市场的墙纸——人人避之不及的情况

亲爱的谈判教练：

首先请允许我——一家墙纸生产公司的总经理向您简短介绍一下我们的

[1] Vgl.Portner, Jutta：*Besser verhandeln. Das Trainingsbuch*, 4. Aufl.,GABAL Verlag, Offenbach 2015, S.214 ff.

谈判情况。在长期供货协议的框架下，我公司为国际建筑业集团供应墙纸。供货合同是在一边倒的有利于建筑公司的状况下签署的，因此经常出现无法完成供货份额的情况，而我们则要为此支付高昂的违约金。在日常贸易中，这些合同虽然未必会严格执行，但成为了向我们提出额外要求的有效威胁。谈判始终按照相同的模式进行。

① 首先，为了打击我们这些供货商的气势，对方会营造紧张的气氛。一般总是以某个无关紧要的主题为契机。如，外服公司的服务质量急速下降，我们正考虑换掉他们。

② 接着对方就会提出过分要求（如特价折扣、免费送货等），为了不要像之前的公司那般被责骂，人们自然而然就得为这些要求"买单"。

③ "忍气吞声"：我们公司的部门主管或老板必须亲自到场赔笑脸，任对方谩骂甚至被指责欺骗。

④ 恭维地附和采购商。

⑤ 为又一次涉险过关而感到如释重负。

⑥ 第二天客户打来电话。他和老板汇报了当前情况，后者大骂他被供货商牵着鼻子走。接着他开始大吐苦水，现在不仅仅是他这个被欺骗利用了的采购员，而是建筑业所有人都感到忿忿不平。我们离被除名不远了。

⑦ 第二轮"忍气吞声"：现在面对的是建筑业的老板。继续谩骂与指责。

⑧ 认同明显多于第四步中的让步。

⑨ 具体实施共识：我方贡献被悉数收走，对方贡献却毫无着落。

这听起来一定很夸张（事实也确实如此）。只要价格还有空间，人们也还是愿意委曲求全，适应谈判过程。因为流程完全可以预见与计划，所以人们大体知道何时及怎样打出最后的王牌。

然而，随着近年来行业的发展，价格空间已几乎耗尽。我们的目标是希望与我们谈判的建筑商们认识到，在不改变服务或优化流程的前提下，纯粹的价格让利已经不再可行。（相信我们的所有竞争者也如此认为）

多年来，我们的客户用上述策略屡获成功，这使得我们的谈判进行得尤为艰难。我们必须巧妙沟通，才能在最低的价格底线上多多少少通过更好、更信任的合作及以优化的流程来取得巨大的价格优势。这听起来很理性。可惜的是，绝大多数谈判并非如此。

致以诚挚的问候！

总经理查尔斯·布朗博士

尊敬的布朗博士：

情况确实很艰难。您现在有四个独立却又相互关联的机会。

① 我们分析一下形势，好让您了解（过去）发生了什么以及（现在）正在发生什么。

② 我们为接下来的谈判制定一个简单的战略，以便您届时（不久的将来）更有信心。

③ 我们制定一个与客户交往的长期（更远的未来）策略。

④ 我们进行一次现场培训，模拟谈判进程，并借助摄像机进行分析（转换）。

（1）形势分析

营造紧张氛围。当我们处于压力之下时会发生什么？我们的身体分泌更多的肾上腺素和去甲肾上腺素，使我们做出逃跑或战斗的准备。其结果是比起理性思考，我们更多地靠本能做出反应。这样一来，我们便只是被动应对，而非主动行动，把控制权拱手让给了对方。如果压力继续增加，根据不同性格，可能出现类似头脑一片空白这般的行动力降低或无法控制的攻击性行为爆发。

提出过分要求。此时，竞争性谈判者很喜欢使用所谓的对比原则。人们先提出令对方“大吃一惊”的过分要求，因为这样很可能对方就会同意接下去似乎“不那么糟糕”的要求。他们很高兴能够再次“涉险过关”。

“忍气吞声”。您写道，您不得不“赔笑脸”——很清楚，这里谁是木偶，谁是玩弄木偶的人。对于对手来说，谈判正朝着正确方向行进：对方引导，您则被引导。决定时间与地点的人就是谈判的主导者，而这正是他显示实力的方式。

谩骂与指责。人们以此继续施压。您感到不公，您内心的稳定与自主被全然剥夺，这令您失去了自我价值感。现在核心不再是事，而是您本人了。

恭维地附和采购商。也许此时您深深吸了口气，感到一阵短暂的放松。

您觉得“搞定了”，然而整个局面还没有被完全消化。

采购商“上头”的盛怒。这是加固谈判意义的经典把戏。人们经常以“上级指示”为由进一步提出要求或施加压力。

威胁要解除合作关系。这也是增加压力的手段。威胁的结果往往是不成功便成仁。

达成协议后只有一方的义务被“照单全收”——对方贡献却毫无着落。对方笃定“弱势”的合作伙伴不敢再追加谈判，以免再经历一次难堪，甚至弄巧成拙。

（2）针对下次谈判的短期计划

精心准备谈判。请制定一份计划。您想说哪些点？不想说哪些点？您绝不愿逾越，也不希望对方逾越的个人底线是什么？公司底线又是什么？

降低您的压力水平。当然，放松技巧需要长期训练才能得到有效应用。尽管如此，仍有一些可以帮助您短时间内恢复并保持平静的小招。请您在谈判前有意识地做几次深呼吸，您也可以在谈判前去一个安静的地方，在那里练习两到三分钟强势状态下的姿态。这么做可以让您内外都变得更为强大。

要自信。请告诉您自己，对方邀请您参加谈判是因为对您的产品有兴趣。否则大家不会坐在一起。

谈判期间。请您随身携带并好好利用您的笔记本。在您已经说过的内容上画勾，并记录对方说过的要点。为了争取时间，请您多多提问。

更换谈判领导。有时候气场不合也是一大原因。也许您的团队中有性情安稳、不那么容易被挑衅的成员？也许可以带上经验丰富的前任经理？或者如果对方是一个根深蒂固的“阿尔法男”，您可以带上一位年轻有魅力的女性同事？

对方表现出格时，请出手干预。我们都是成年人：幼稚的行为、大喊大叫或攻击性举动对于商业谈判都于事无补。您有权力友好地打断对方，告诉他您不想在这样的语气下继续谈判，并请他回到正题。如果对方依然不依不饶，请您终止谈判，并表示愿意择日再谈。永远不要摔门而出，而是展现您愿意在平静的氛围下重回谈判桌的意愿。

总结已经达成共识以及尚待讨论的地方。“能同意就同意。”——所有大家已经取得共识的点都是共同话题，但说无妨。但也不要害怕提及那些尚有争议的点。如有必要，可以暂且搁置，留待下次谈判再议。

（3）制定长期战略

想清楚客户的重要性。您面对的是A级、B级还是C级客户？他所占的销售份额是多少？根据不同情况，您可以采取不同策略。如果C级客户总是制造麻烦，耗费您的精力，不妨干脆舍弃。而A级客户则截然不同。遇到这种情况，您真的应该从长计议，慢慢降低对他的依赖。

制定策略，以便将来降低对该客户的依赖。您可以在发展公司业务时对B级客户和C级客户投入更多资源。您可以招徕新客户，制衡现有客户的重要性。或者您也可以开发新的业务领域，减少对现有核心业务的依赖。

开拓创新。您可以举办一次客户座谈会，计划一次共同的活动，邀请客户参会、参展，或者请客户共进晚餐。共同经历往往有益于关系的进展。人们更多地以自我本来的面目，而非极端的谈判者的身份进行交往。

不要怨天尤人。成功谈判者的一大特点便是善于原谅。“谅人者人恒谅！”请您思考：谈判结果五年后还会对您或者您的公司产生什么影响吗？

（4）模拟谈判并借助视频分析

做一次排练。我建议您对即将到来的谈判进行模拟排练，以此熟悉谈判流程，沟通状况以及您的个人表现。如果有摄像机的帮助，您就可以评判自己的声音、表情以及肢体语言所产生的效果，并获得谈判教练的建议。

请一位职业演员。如果谈判培训中有职业演员配合准备一场艰难的谈判，其效果将尤为显著。职业演员可以很快进入各种不同性格，活灵活现地表现各种角色。当您之后开始“真正的”谈判时，一切就不再会出人意料。您排练了各种可能，训练了自己的灵活性，也就熟练掌握了即将到来的谈判的可能流程。

一切由您主张！

您的谈判教练

与经典著作《哈佛理念》相同，威廉·尤里在《跨越争议——从对峙到合作的谈判之路》一书中也提出了作为框架的五步模型。他向我们展现了合作过程中遇到的五大障碍以及克服这些障碍的五大原则。

NEGO-技巧

■跨越争议——朋友—敌人式谈判中的降火之道

总的来说，“跨越争议”这一理念的基础是控制情绪。谈判中的朋友不会对敌人施压，而是试着通过专业的沟通来赢得合作，以期共同寻找解决问题之道。

哪些障碍阻挠着朋友——敌人式谈判的合作？

- 我方的反应
- 对方的情绪
- 对方的立场
- 对方的不满
- 对方的权力

朋友—敌人式谈判有哪些弱化矛盾并赢得对方合作的可能？

- 反思而非反应
- 转换而非争辩观点
- 改述而非拒绝
- 建立桥梁而非施加压力
- 倡导理性而非强迫屈服

Lese-futter

*请参阅威廉·尤里著《跨越争议——从对峙到合作的谈判之路》，纽约班坦图书1993年出版。

可惜《跨越争议——从对峙到合作的谈判之路》的德语版只有1995年出版、现已经绝版的名为《艰难谈判》的口袋书，因此我建议感兴趣的读者阅读英语版。

请想象您非典型的一天：

7点30分　早餐时，您和伴侣陷入争执，您两人争辩着到底应该购买新厨房还是去看望在布宜诺斯艾利斯结束海外学习的儿子。您说："儿子在阿根廷的开销已经够贵了，我们用厨房的时间可要长得多。你也得想想我。你知道烹饪对我多重要。"您的伴侣辩解道："少吃一点没有坏处。而且孩子们都离开家了，我们本来就烧得很少。你只想着你自己。布宜诺斯艾利斯对我们三人都是千载难逢的机会。"

9点　您刚踏进办公室，就有一位盛怒的客户因为您同事的一封邮件打来电话，而您对其内容一无所知。您无助地承受着客户的责骂，同时对您那靠不住的同事深感不满：您早就和他约定，所有发给客户的邮件都要事先给您过目。当您想要和他聊聊时，对方却觉得您管得太多。

10点30分　此时您正处青春期的儿子打电话告诉您，为了抄近路他横穿了轻轨轨道，现在收到一张铁路警察的罚单。

14点30分　下午您去客户那里，希望签署准备了半年的新地建筑合同，客户却说："哦，实在抱歉，我们的财务总监否定了合同。我们找到了一家报价便宜30%的竞争者。您之前是想坑我们吗？"

17点30分　回家途中，您经过修理过您的汽车的修理厂，投诉上周安装在您车上的雨刮片质量问题。结果，修理厂回复："没有发票我们帮不了您。这是Stern und Partner汽车修理厂的商业政策。"

20点　忙碌了一天后，您决定安静地度过夜晚时光，看看欧冠联赛直播。这时您的伴侣过来了。他认为你们必须就今天早上的话题讨论出个结果来，这不是表面问题那么简单。

您一定经历过类似的时刻，深知此时人们所处的情绪状态。盛怒、生气、沮丧甚至狂躁主导着此时的感受。我们所有人都会遇到敏感的伴侣、叛逆的青少年、冲动的同事或强硬的商业伙伴。当我们陷入瓶颈，无法前行时能做些什么？"爱上它，改变它，离开它或者闷闷不乐。"一句智慧的建议如是说道。既然我们不喜欢跑偏的局面，无法独立解决问题，而逃跑或把头埋在沙子中又于事无补，那么唯一剩下的便是（共同）寻找解决办法。

NEGO小贴士

如果您的个人情绪在谈判中慢慢抬头，请您不要匆忙反应，而是自觉反思。

在朋友—敌人式谈判中，“友好”的一方会略微感觉被敌人激怒。其结果是，他们自己的情绪慢慢失控。我们来不及思考便做出反应，想要以牙还牙，更胜一筹。话针锋相对着说，语气越来越尖锐，愤怒的螺旋越升越高。矛盾进一步升级，双方相互还击——但愿只是言语上，或者灰心地缴械投降。对于人身或内容攻击最本能的反应要么是以牙还牙，要么是选择退让，接受要求。两者都只能导致不满和沮丧，绝非最佳选择。此时，威廉·尤里指出了第三种可能，即中断谈判或讨论，甚至推迟谈判，直到大家重新拥有清醒的头脑。

因此，“跨越争议”的第一步是不要匆忙应对，而是控制自己的行为。“去阳台上站会儿。”尤里说。请您在脑海中让开一步，检验一下您的弱点。刚才触到了您的哪个敏感按钮？请您想想对方的把戏。刚刚发生了什么？对方的策略是什么？您想怎么接招？当您告诉自己发生了什么时，您就已经理清了思路。威廉·尤里称其为“为游戏起名”。请您不要着急，放慢谈判进程，始终保持清晰的目标。通过反思，您能重新回想起自己真正的目标——用尤里的话说就是：“眼睛始终盯着奖励。”您只能在真正的谈判过程之外为后续的理性谈判及讨论做准备。请您走到象征意义的“阳台”上深吸几口气，在那儿保持距离，重回理性。您有时间梳理自己的诉求，回想一下谈判中始终用来比较的B计划，您还可以在一边降降温，放轻松，神清气爽地重回谈判，继续专注于更高的大目标。

谈判中阻碍我们的并不仅仅是我们自己的情绪，对方的情绪也可能造成麻烦。即使身为朋友的您始终保持冷静，也不意味着您的对手，即敌人能够始终冷静自制。很可能您会惊讶地看到对方如何越来越失控、偏激甚至大喊大叫。当对方攻击您时，他便期待着您的反击和回应。诱惑非常巨大，但请您千万别这么做，即不要做出对方期待的行为，否则对方就会产生“认知性不和谐”——也就是勃然大怒。对方将您视为敌人，相应地，他期待着您的行为符合他对敌人的刻板印象。但与此相对，您却表现得如同朋友一般，您的行为开始赢得他的“好感”。这使得您的敌人更容易清楚地表达观点，而不会被激怒。理想的讨论氛围由此而生。因此，请您积极聆听，表现出您对于敌方观点的专注，只要有可能就表示赞同，并且认同对方的论据。

NEGO-生活的分色工程

■ 河边的邻里之争——先冷静一晚上

五月初的一个周五上午，在施坦贝尔格湖边的阿姆巴赫，楼下的邻居费舍尔先生对着楼上疯狂地喊叫：“请您立刻停止！真是太无耻了。”我正坐在写字台前工作。“什么情况？”我们的保姆玛丽亚问道。持续半个小时，她都在阳台上用新的高压水枪清理整个冬天都露天摆放在花园里的家具。“快停下。水都喷到楼下来了，到处都湿了。这可不行。”“好的，知道了。”玛丽亚惊恐地喊道，并向我求助。我们决定停下清理工作。两天前我用180欧元买下了这支高压水枪，我可不想让玛丽亚像去年那样跪在木地板上擦洗。我的第一反应：不，这可不行。我下楼敲门，并为我给费舍尔先生带来的不快道歉。他真的是气炸了：“我受不了了。波特纳女士，上个周末您去汉堡，您的儿子带着他的朋友们在这里开舞会。我们的花园里都是烟头。这一切都不可接受！”他大发雷霆，几乎是当着我的面便把门给甩上了。

回到二楼后，我写了一封信。

亲爱的费舍尔全家：

首选衷心祝福您喜得贵子。我能想象最初的几周是何等激动人心。我想对于您来说，这段时间一定充满乐趣，却也并非总是轻松。对面的建筑工地尘土飞扬，噪音不断。而楼上的邻居又开始使用高压水枪，这无疑是雪上加霜。很抱歉给您带来了困扰。我们每年会彻底打扫一次阳台，这是房东对我们的要求，希望您能谅解。同时，您每两周修建一次草坪，这对于我们来说也意味着噪音。人们生活在一起，难免会发出动静。我希望大家互相包容。

对我来说，我们能融洽相处，遇到问题能彼此交谈非常重要。此外，我也想就我儿子对您的打搅表示歉意，也请您多多理解一个16岁的男孩。这是我们住到这儿后第一次发生这种情况。

此致

敬礼！

尤塔·波特纳

又及，您也可随时借用我们的高压水枪。

我把信放在邻居的家门口，同时还放上了意为补偿的一瓶红酒。

周六下午17点，门铃响了。我的面前站着穿戴时髦的费舍尔夫妇。他们的手中拿着一盆蛋糕。“波特纳女士，我想再次为我昨天的表现道歉。其实我并不是一个如此咋呼的人。今天是我们儿子的洗礼日，亲朋好友都会到来。所以我们之前特地做了大扫除，包括窗户。因此，看到它们又被弄脏自然非常生气。大家当然可以清理阳台，只是希望您能事先告知，我们可以放下遮阳棚。”

这一例子告诉我们，压力之下人们会冲动行事，很快便会出口伤人。匆忙之下就会用到诸如楼下的“小市民”或者楼上的“暴徒”之类老套话语。还没真正说上话，双方就会产生嫌隙，而非更加接近。为了在谈判中开诚布公地谈论真正的动机，亲近与交流是不可或缺的因素。遇到此类情况，我并没有煽风点火，或威胁着搬出律师，而是以直升机视角首先审视正确的步骤，并写下了这封信。通过双方的道歉，两边的不快都得以驱散，费舍尔先生和我感受到了彼此间的相互谅解。

如果您想结束谈判，而您的敌人则冥顽不化，您该怎么办？“针锋相对的立场背后除了相互矛盾的诉求，也同样存在共同互惠的利益。”威廉·尤里如是说。[1]我们倾向于认为敌对的立场必然导致敌对的利益，既然我们出于自己

[1] Fisher, Roger/Ury, William/Patton, Bruce：*Das Harvard-Konzept. Die unschlagbare Methode für beste Verhandlungsergebnisse*, 25., überarb.Aufl.,Campus Verlag, Frankfurt a.M.2015,S.79.

的利益进行防卫，对方一定会出于他们的利益进行攻击。然而，一项深入研究表明，在许多谈判中，共同或互惠的基本利益远远多于相悖的利益。

想要在艰难的讨论与谈判中寻得解决方案，必须改变语境。与其拒绝对方的立场——通常有过之而无不及，不如把注意力放到同一相互矛盾的利益上。“是的，问题很难解决。我们能做什么？您有什么想法吗？”通过询问对方的动机和建议，以此专注于问题的解决是非常重要的。通过这种方式，也可以将对方的立场放入一个全新的语境之中。如果寻找新语境的尝试成功，大家就可以直接谈论问题。请您试着将谈判重心从问题本身转移到谈判进行的方式方法上。“我们已经兜了二十分钟的圈子。我们该怎么做才能继续下去？您有什么建议？实际情况是什么？”针对这一情况的谈判工具是“重设框架”。

所谓重设框架，即重新阐释的艺术。善于重新阐释的人可以通过沟通使情景以另一种视角，即在另一种框架中出现，以使谈判者能更加轻松地应对局面。通过重新阐释，眼前的情况或事件被赋予了另一种意义或思想。重设框架的一位大师是印度独立运动的领袖莫罕达斯・甘地。

他以非暴力抵抗、文明反对及绝食抗议结束了英国对印度的殖民统治。如果您想了解重设框架的应用之道，可以看理查德・阿滕伯勒1982年拍摄的电影《甘地》[1]。本只是去解决一场法律争端的甘地在南非遭遇了种族隔离。他致力于为生活在南非的印度人伸张权利，并发明了非暴力抵抗的原则。在电影的一幕中，印度人爆发了一场混乱的骚动，他们高声宣扬，为了贯彻自己的权利已做好了杀人或被杀的准备。甘地站在他的追随者面前，说出了下述话语：“我钦佩你们的勇气！”紧接着他开始呼吁人们放弃武力。甘地并没有评判暴怒的印度人的态度，而是改变了框架，积极评价他们的行动力。在多次非暴力抗议后，南非政府最终屈服，修改了歧视印度人的部分法律。

NEGO小贴士

如果您的敌人毫不让步，请建立金色桥梁，而非施加压力。

[1] Vgl.https：//de.wikipedia.org/wiki/Gandhi_（Film）.

即使您成功驾驭了“跨越争议”的前三个障碍，即您的情绪、对方的情绪和对方的固执，客观上不再存在阻碍您寻找解决方案的原因，想要在朋友—敌人式谈判中达成共识仍可能面临失败。谈判即将结束时，您的谈判对手可能感觉措手不及。如果方案来得太快，对方会觉得赞同这样一个出乎意料的建议有损颜面。因此尤里建议建立一座“金色桥梁”，使对方的赞同尽可能轻松。与其催促对方尽快结束会谈，不如适当后撤，让对方迈出越过“金色大桥”的最后一步。要想建立这样一座桥梁，不仅仅包括给予对方的诱惑性建议。首先最为重要的是让对方参与到决策过程中来。即使决议由一方草拟，最终的方案也应当是“我们”的决定。请您越过金钱这类敌方的明显诉求，加入认可和自主等其他利益。请您注意，您的方案必须保全双方的颜面，并且可以对于偏离最初立场做出有理有节的解释。金色桥梁必须使谈判双方都能将最终方案作为己方的胜利进行展示。

Berühmte Verhandelnde

■ 亨利·基辛格——谈判中的朋友

“为了谈判取得进展，需要一块双方展现均衡实力的领域。”亨利·基辛格如是说。

基辛格生于1923年，1969年至1973年担任国家安全顾问，1973年至1977年出任美国国务卿。1973年，他因为与北越签署停战及撤军协议获得了当年的诺贝尔和平奖。退出政坛后，他接受了华盛顿乔治敦大学国际外交学院的教授职位。

在出访与美国关系紧张的国家时，他的谈判技巧得到了淋漓尽致的展现。1971年，他两次秘密到访中华人民共和国，与当时的总理周恩来进行会谈，这才使得日后尼克松访华及中美关系明显改善成为可能。在剑拔弩张的美苏关系上，基辛格也取得了巨大成就。他前往莫斯科，在那里为军备限制协定铺路。此外，他还是战略性军备限制谈判的美方代表，推动了《第一轮限制战略武器谈判协定》和限制战略导弹的《反弹道导弹条约》的签署。除了投身于改善与中国及苏联的关系，他还成功斡旋于美越关系，并为越战的终结做出了巨大贡献。

约翰·F.肯尼迪曾说：“我们无法与那些声称我的就是我的，而你的则需谈判的人谈判。”如果朋友建立了金色大桥，而敌人却仍无意跨越，那么很可能绝大多数谈判中的自然反应是再加把劲，竭尽所能要得出个说法。通过从精心营造的“解决问题的氛围”重回“权力游戏”，也许能强硬地做出一个决定，但长期来看是在拿双方的关系冒险。与其强迫对方屈服，您不妨再试着让他明白真正重要的价值。您可以问问对方，如果拒绝解决问题，后果是什么，以此让他意识到说“不”的代价。请您在不挑衅对方的前提下展示您的最佳备选方案，让对方看到您接受其他可能性的意愿。即使您已“胜券在握”，仍应继续谈判，为对手创造更多的可能性。请再次确认您与谈判对手的关系，并保留他最终选择拒绝的权力。

“跨越争议”的五步战略很大程度上基于自我克制与情绪管理。为此，谈判中的朋友应当如外交官般沟通：他认真倾听，而非自说自话，提出问题而非给予答案，跨越分歧而非施加压力。即使强调个人立场的诱惑再大，也能依然如故。这一战略指出了一条实现目标的间接之路。如果我们不直面迎击对方的反抗，而是绕道而行，对方会措手不及。这样做营造了认知不和谐。此刻，我们的目的并非改变对方的立场，而是改变环境与语境。这样一来，敌人也能成为朋友。在您所建立的氛围中，最重要的并非相互说服，而是寻找共同解决方案。

Denk-
zeit

请您花几分钟时间，回忆一下您是否遭遇过谈判中的合作障碍。

- 我方的反应
- 对方的情绪
- 对方的立场
- 对方的不满
- 对方的权力

未来您会有何改变？

2. 设置界限——不要被利用

“跨越争议”的原则赋予您许多赢得敌人合作的有效工具。在有些谈判中，对方似乎愿意合作，可当您松了一口气时却发现对方不断要求您做出妥协。谈判者需要考虑的问题是，设置清晰界限的合适时机是什么？下面我们就这一问题来看一个例子。

NEGO-生活的分色工程

■ 半途而废——巨大的朋友陷阱

亲爱的谈判教练：

我在埃彭多夫已经住了半年了。孩子们和我都已适应了这里的生活。他们周末会固定和尼尔斯见面，这让我很高兴。我认为继续和他保持联系对女孩们很重要。他对两人都非常好，帮她们做作业，还想带她们去度假。老实说我很满足。如今我的愿望非常老套，但确实困扰着我。那就是接送问题。谁来接送孩子们？我们两家间的距离开车行驶大约20分钟，如果坐公共交通就得转两次车，因此需要一小时。除此之外没得选择。一开始还很好。我们交替接送。但不知不觉中情况就变了，现在几乎是我一人承担了这一任务。

尼尔斯非常善于寻找借口。有时他下班晚了，有时又刚刚出了几天差，再接送就太累了。要么就是反正我去做瑜伽的路上会经过他家，或者我的车更适合孩子们携带自行车。最近的一次谈话中，他说因为本来就总是我开车，所以可以由我接送。看到我生气了，他又说我应当感恩，正是因为他带孩子，我才有留给自己的自由时间。如果我不愿这么做，那孩子们周末就只能和我一起待在埃彭多夫了。

亲爱的谈判教练，我该如何设置界限，同时不会激起尼尔斯的反感？还是说我应该就这么一直接送下去？

致以衷心的问候！

内尔

亲爱的内尔：

你当然可以一直接送下去。但是这样尼尔斯会得到什么教训呢？他的“蚕食战术”大获成功，以后在其他层面也会如出一辙地表现。也许他会渐渐不管孩子们的作业，或者临时取消度假。

你可以好好考虑一下你认为的公平，并告诉尼尔斯你的想法。如，你决定接送一次隔一次，并以不容谈判的姿态沟通这一原则，那么尼尔斯就知道了。当然也可能发生最糟糕的情况，即女孩们真的每隔一周才被接送。重要的是你在执行过程中始终如一。否则一切规则都于事无补。有时那背后隐藏着权力的游戏：测试人们可以忍让的界限，直到对方给出信号。

一切由你主张！

你的谈判教练

在“为什么总是我接送孩子”这个例子中，内尔描述了她设置界限和贯彻始终的障碍。许多谈判者都面临这样的困境。有趣的是，比起男性，有更多女性曾向我提出过类似问题。难道谈判也是男女有别吗？

匹兹堡卡内基梅隆大学的教授琳达·巴布科克的研究“为什么女性不提

问”[1]致力于解答为何女性在谈判中明显比男性更少提出要求这一问题。原因在于许多女性面对谈判时的态度。如果询问女性在谈判时的感觉，她们给出的回答总会令人疑惑地联想起看牙：“但愿谈判很快结束。”“我可不觉得有趣，我全程都很紧张。”或者“我试着避免伤害自己或他人。”人们能从她们的外在表现中察觉出这种内在态度。女性们倾向于使用低姿态的肢体语言，并以此不断发出强调不安的信号。而那些为数不多不输男性且使用强势肢体语言的女性，无论是男人还是女人都会避免与她们合作。那么，女性到底该如何最巧妙地使用肢体语言呢？如果女性能自觉地根据不同情况灵活切换高低姿态，就能在谈判中取得专业表现。遇到权力相当的对手，她们选择高姿态肢体语言，以此得到对方的平等对待；而若是想要为争端降温，她们则会有针对性地降低姿态，换上外交辞令。

当男性与女性在谈判中相遇会怎样？男性着眼盈利，女性则追求和谐。在一场有机杀虫剂的价格之战中，男性稳步获得了3000欧元的盈利，而女性只有2500欧元。男性谈判时使用什么策略？男性成功的关键在于他们始终不忘为公司争取最佳价格的目标。他们以盈利为导向，灵活应对并削弱对方论点，同时绝不忘记自己的目标。与之相对，女性倾向于非常客观地展示论据，但很容易被带离原有目标。她们几乎总是风平浪静地驶向无足轻重的小目标。和平、和谐地与谈判对手告别是她们的最大心愿，毕竟她们笃信：人生难免再相逢。她们缺乏坚持立场的自信，很快就会妥协。但是，如果女性可以更多地发起进攻，忍受争端，不要那么快倒下，我们完全可以做得更好。这一谈判弱点在薪资纠葛中表现得最为明显。女性难道不该为自己挣得少负起责任吗？有一部分女性真的是太好说话了。总体来看，提出加薪的女性数量不及男性的五分之一。女性因糟糕的谈判结果感到灰心丧气，同时开始怀疑自己的能力。这会慢慢吞噬她们的自信。与此同时，另一些女性，哪怕只是很小一部分，则为了贯彻自己的想法而坚强不屈地奋斗着。但很快，不受欢迎的蠢婆娘的名声就会按在她们身上被传播四方。

---

[1] Vgl.https：//www.youtube.com/watch?v=3Rum1YRLDKs und http：//www.womendontask.com.

男性在谈判桌上感觉更为舒适吗？许多男性将谈判视为游戏，他们喜欢竞争，一离开谈判桌便会立刻比较各自取得的结果。一次不成并没什么关系。一场游戏的结束是下一场游戏的开始。男性尊重同性的强硬谈判者，将其视为地位相当的对手，哪怕谈判失败也能立刻无缝衔接到下一场。对于男性来说，谈判往往是衡量男性力量的一种变形。

那么，如果女性施展自己的温柔魅力会怎样呢——这能带来成功吗？绝少有女性能有意识地利用自己的女性武器。她们生怕被降格为“金发蠢货”。此外，谈判往往需要绝对的集中精力，因此调情亦找不到施展拳脚的空间。不过，人们还是从有些男性身上注意到了一个有趣的现象：当坐在一位充满魅力的女性谈判者对面时，他们会更为礼貌，也不会像面对同性谈判者时仿若斗鸡般激进。

女性的优势到底在哪里呢？女性对于谈判的准备更为全面，不过于在意地位之争。她们的谈判更注重事实，且更愿意试着理解对方。想要凭这一切在价格谈判中快速赢得胜利当然远远不够。但若遇到建立联系、降低争端或长期加深合作关系这类情况，女性就能施展自己的长处了。谈判不是与生俱来的天赋。哈佛大学[1]和霍亨海姆大学[2]的研究都证明了谈判训练与谈判经验的重要性。接受过良好培训的女性如果能在原有能力之上添加一些新技能，就能取得不亚于，甚至高于男性同仁的成就。在下面的例子中，一位博士毕业的女性化学家想要学着应对谈判对手傲慢无礼、歧视女性的态度。

---

[1] Vgl. http：//www.pon.harvard.edu/daily/leadership-skills-daily/womenand-negotiation-permission-to-skip-the-chit-chat/.

[2] Vgl.dazu auch http：//www.spiegel.de/lebenundlernen/job/geschlechterwettbewerb-maenner-verhandeln-haerter-a-400581.html.

NEGO-生活的分色工程

巨大的沟渠——女性怎样面对大男子主义者

亲爱的谈判教练：

我叫阿丽亚娜，今年34岁，化学博士，目前是一家化学企业的主管。这是一个一如既往由男性主导的行业。绝大多数我的男性同事和客户都对我尊重有加，但是托比亚斯是个例外。他是我们的长期外包服务供应商，也是合作合同的谈判对象。但是，托比亚斯拒绝与身为化学家的我讨论其服务的技术细节。事实是，他总是越过我与我的上司或同事谈判，而他们远不如我更了解我所负责领域的生产状况。我认为托比亚斯是个“老派的沙文主义者”。我的老板虽然认同我的观点，却因为两公司的长期成功合作而不得不敬他三分。我怎样才能让这个难搞的谈判对手认真对待我？

亲爱的阿丽亚娜：

与托比亚斯的交往进展不顺，而且显然损害了您作为部门主管的权威。对于公司来说，总得麻烦您的上司而降低了效率，未能充分以目标为导向。在检索时，我看到了西蒙斯管理学院的德博拉·M.科尔布教授关于“如何应付难以相处之人”[1]的研究。其结果也许能帮助您分析您的处境。

您有三个独立又相互关联的机会。请您与：

① 托比亚斯；

② 您的同事；

[1] Vgl.http：//www.sportsconflict.org/wp-content/uploads/2014/02/Dealing_With_Difficult_People.pdf.

③ 您的上司进行谈判。

您的准备——请搞清楚托比亚斯对公司的服务多大程度上满足了您公司的需求。有没有其他相类似的服务供应商？如果有与全新的、更具吸引力的供应商合作的可能，将大大增强您的自信与谈判立场，即使您并没有真的想替换掉他。

如何应对托比亚斯？让我们来看看您在托比亚斯面前如何表现最为合适。研究结果显示，当我们因为性别及/或种族背景陷入纷争时，我们尤其倾向于认为自己的行为正确，而对方行为错误。而这里真正错误的是“问题”本身！即使您和您的上司都认为托比亚斯是沙文主义者，我也不确定他自己是否这么认为。请您认真考虑一下，托比亚斯有什么理由不和您谈判。也许是因为您的专业知识让他感到您很难以“大局”为重？也许托比亚斯根本没意识到他的行为有何不妥？这一类推断可以让您与托比亚斯进行一次有建设性的讨论，为大家将来更好的合作构建框架。

如何应对您的同事？请不要忘了您的同事们——他们是您在这一局面中的潜在同盟。我曾观察过许多成功女性，她们在面临类似问题时会寻求可靠同事的帮助。您可以请求您的男性同事们不断“提醒”托比亚斯与您谈判，而不是您的上司或同事。这将强化您的角色，并促使托比亚斯反省并质疑自己的行为。

如何应对您的上司？请您认识到，这不仅仅是您的问题，而是整个机构的问题。如果您的技术能力没有得到足够的认可，请与您的上司就这一状况进行沟通，并要求其给予明确且具体的帮助。您可以请他安排一次与托比亚斯的见面，并在会面时正式任命您为直接的全权谈判对象。或者您也可以请您的上司再次提醒您的同事们不要与托比亚斯谈判，而是交接给您。

如果托比亚斯真的是一个“老派的沙文主义者”又该怎么办呢？很可能您无法改变他与女性谈判的方式，但上述策略至少可以改变他在您面前的行为方式。比如，您可以在环环相扣的谈判中揭露一个巨大问题并夸大其影响，使得形势更具前摄性和创造力。

一切由您主张！

您的谈判教练

3. 以极其弱势的地位谈判[1]

让我们祝愿身为女性的内尔与阿丽亚娜能享受谈判的乐趣，始终保有设置停止信号的权力。只有这样她们才能设置界限，亮明底线。当您处于朋友——敌人式谈判中时，定义红线在许多情况下益处良多。对方很聪明，知道您有兴趣合作，于是不断试探您的底线。您越依赖敌人，就越难定义红线。而对方的态度越“敌对”，就越容易将不对等的权力优势纳为己用。

我的客户在谈判辅导及训练中最常问我的问题之一是：波特纳女士，您介绍的策略是符合逻辑的，许多场合中它们都为我提供了巨大的支持；但如果对方占尽优势，而我们的地位极其低下，这时又该怎么做呢？例如，我们的产品没有什么特色，而对方又有众多潜在供应商，又或者对方是市场垄断者，因此我们别无选择？一位汽车行业的供应商这样说道：“我们的客户简单明了地告诉我们必须降低报价。如果不这么做，他们就和我们的竞争商合作。事实是我们的客户真的有可能与其他供应商洽谈，并从他们那里得到想要的东西。唯一重要的就是价格。我们还有谈判的可能吗？”另一位客户讲述道：“我被卷入了一场法律纠纷。起因很可笑，但如果长期纠缠其中，我可能会破产。而对方是拥有庞大法务部门的巨头公司。”

---

[1] Malhotra, Deepak/Bazerman, Max H.: *Negotiation Genius*, Bantam,New York 2007, S.236 ff.

也许您也曾有过掉入陷阱的感受。朋友—敌人式谈判恰恰是这样一种处境。我的观察显示，许多谈判者在这一情况下会陷入恐慌，要么中断谈判，要么举手投降。但同时也有不少谈判者在出师不利的情况下取得了事先不曾预计的结果。在这种貌似毫无出路的情境中获得成功的秘方是什么？诚然，这世上并不存在能成功掌控所有情景的妙方，但您仍拥有超越最初想象的可能性。

很重要的一点是，不要让对方觉得您没有最佳替代方案。我们经常认为对方知道我们别无选择，但这绝对不能发生。我们来看下面的例子。我的同事塞巴斯蒂安常年来为一家保险公司提供培训。这一重要客户占据了他80%的营业额。当客户陷入危机并决定通过内部人事完成大部分培训时，塞巴斯蒂安慌了。他马上要当爸爸了，他的妻子是歌唱演员，没有能力用自己的薪水支持起这个年轻的家庭。他曾考虑降低自己的日薪，但事实是他抬高了报价——原因是现在培训日少了，而他事先已经拒绝了其他客户。不过，他的酬金增加了15%，多少弥补了缺失的收入。

NEGO小贴士

我们经常认为只有我们处于劣势。其实有时对方也这么想。您可以通过对方的劣势来弥补您自己的劣势。

我的一位教练同事卡洛与他的朋友在美国建立了一家软件公司。几年后卡洛因为家庭原因决定回到德国。为了重整旗鼓，他需要流动资金。他想把自己的一半公司份额卖给他的合作伙伴杰夫。他知道杰夫一定会对这一处境物尽其用，却找不到其他感兴趣的人。与之相对，杰夫一方也忧心忡忡，他的全部身家都压在了软件公司上，此外他早有打算为公司制定一个新的战略方向，但至今仍未能实现。卡洛和杰夫意识到双方都勉强有一个最佳替代方案，这使得他们最终得以找到一个令双方都感到满意的折衷方案。

日用品生产商尤其喜欢哀叹：“我们的客户发起了网上竞价。我们在网上输入价格，而对方独自决定是否与我们合作。”如果您与竞争者除了价格别无差别，那么价格就真的是唯一区分你们的因素。这种情况下，往往只有非常、非常细微的谈判空间，有时甚至完全没有。既然您的产品与其他人并无两样，您的客户为什么非得选择您呢？最后自然是最便宜的人获得青睐。换成是您一样会这么做，不是吗？值得欣慰的是，现实中您往往总能寻到与竞争对手的不同之处。也许您声誉良好、选址更佳，拥有更好的质量管理、更强大的品牌、更高的质量、更快的反应速度、更优秀的员工、更高效的产能、能够承担物流服务，等等。这是您个人的附加价值！这是您志在必得，而竞争对手所无法给予的优势。以此您便可以抬高身价。关键问题是，我该怎样与客户交谈并引导他们认识到价格以外的其他论据？

到底是提供最低价格，并因此剔除所有额外价值，还是抬高价格，但是提供附加价值？许多谈判者为此烦恼不已。最终他们总得二者选其一。

NEGO小贴士

请您同时给出多个选择。这样客户可以自行决定想要的东西。到底是价格至上，抑或他能认识到附件的价值？降价幅度只需确保您进入下一轮即可。

不久前，我们收到了一家物流公司的咨询：客户服务部门的130名员工需要进行培训。就给我们的信息来看，第一步是网上竞价，初步筛选。许多公司第一步会进行竞价，尤其是竞争者众多，需要减少选项时，凭借在这一行二十年的经验，我们给出了经计算确保入选的报价。第二步是针对三家培训机构的进一步筛选。我们受邀进行销售演说，这是我们提供多选项提案的机会。在第三阶段我们输给了一个竞争者。对方最终以低于最佳提案报价的打包合同价胜出。真是愚蠢。

我最喜欢的客户之一是一家生产刷子的家族企业。他们的刷子在建筑市场上销售。但是从制造商到建筑市场的渠道中有一个中间商——欧洲采购（Eurobuy）。欧洲采购是一家专注于为建筑市场采购货品的机构。它如同一道无法穿越的高墙树立在制造商与客户之间。唯一重要的便是价格。价格压得越低，欧洲采购从建筑市场链获得的奖金就越高。

通常情况下，介绍人和中间商是客户与供应商间的巨大壁垒。对此，您有两种施加影响的选择。

第一，永远直接给客户发一份报价副本。我曾听说有些供应商在先前被拒的情况下又起死回生，这往往是因为几周后客户发现他们更想要提供额外价值的服务。

第二，请您与中间商协商，争取获得机会与客户进行补充谈判，以便修改要求。

任何时候都不要忘了维护客户关系。在谈判间隙，您是否也与客户紧密联系？是的，也许您会说，圣诞节我寄去了卡片，如果我知道客户过生日，也会给他打个电话。不，我们说的不是这些。请您利用谈判之外双方都毫无压力的时间向客户宣讲最新创意、趋势以及产品。客户们对此会多加珍惜，且翘首以盼。这是未来合作的前期谈判。

根据不同情况，有时您甚至可以透露您的谈判筹码。之前我曾提到的与德国国际合作机构（GIZ）共同开展的国际经理人项目就是一个很好的例子。每年来自17个国家约25位公司经理会多次来到德国，每次逗留一个月，在此缔结商业合作关系。该项目的目标是促进对外经济。经理们来自阿塞拜疆、墨西哥、越南、格鲁吉亚、蒙古等国，在德国逗留期间，他们将学习“如何与德国商业伙伴做生意”。我的课程是如何与德国人谈判。但事实上，我从他们身上也学到了很多。能与来自不同文化的人们共同工作，这极大地丰富了我的经验宝藏。

多年前我们讨论我的日薪时，对方很快便敞开心扉：“我们无法支付自由经济市场的价格。”但他们的坦诚令我欣赏，而且慕尼黑的德国工商总会团队真的非常友善热情。现在我们已经合作了许多年。价格不是决定性的关键因素。

NEGO-
技巧

■ **特殊情况——竞拍**

身处竞拍之中，作为卖方的您如何才能做到游刃有余？

·请您试着展示出您拥有而其他竞争者无可比拟的一技之长。

·请您试着找到真正的决策者以及您的赢面。也许您就是受偏爱的那个供应商。

·请精确计算，了解您的“底线”。永远不要突破底线。

·请您事先分析您的劣势，并准备好驳斥反对意见的论据。

·请派出经验最为丰富的谈判者，坚信一切都会迎刃而解。销售您的产品与服务，明确无误地强调它们的用处。无论对您还是买家，竞拍都不是轻松的活儿。一般不会超过二至三轮。可在竞拍接近尾声时安排一些让买家始料不及的让步。

4. 什么时候应当中止谈判

许多时候，中止谈判是理智之选。让我们一起来看看哪些情况属于此类，以及其成因。

Berühmte Verhandelnde

■ 何塞・伊格纳西奥・洛佩斯——以“沃尔夫斯堡的扼杀者”著称的敌人

欧宝、通用及大众汽车公司的经理兼采购总监何塞・伊格纳西奥・洛佩斯注定将作为极端强硬谈判者的知名代表被载入史册。即使在离开大众公司的20年后，当人们谈论起他时，许多采购者仍心怀敬畏，而许多供应商则吓得不敢呼吸。

1993年，费迪南德・皮耶希将洛佩斯及其一众最亲密的同事从通用公司带到了沃尔夫斯堡的大众汽车公司总部。事实上，洛佩斯确实以其出众的谈判策略大幅降低了此时已危机四伏的公司的生产成本。[1]

[1] Vgl.https：//de.wikipedia.org/wiki/Jos%C3%A9_Ignacio_L%C3%B3pez_de_Arriort%C3%Baa.

洛佩斯迫使供应商做出了前所未有的让步。尤其是他事先确定了未来五年逐年递减的采购价格，这也给他的公司带来了不可估量的损失：其绝不妥协的谈判风格造成的结果是，一些采购零件的质量大幅下降——人们甚至以此命名这一意料之外的谈判结果，即洛佩斯效应。

至今，采购商中仍有一些老顽固继续神话着洛佩斯。但最终，他给公司带来的利益远不及损失。极端竞争性的谈判方式虽能带来短期成功，长期看来却弊大于利，洛佩斯的案例可谓是近代史上的最好例证。如果可能，许多供应者定会选择退出谈判。因为无法维持经济运转，他们中的许多人最终在洛佩斯时代宣告破产。

“洛佩斯效应”这一概念多年后仍广为流传，但更多是因其负面意义：它是便宜但质量堪忧的零件的代名词。在汽车生产环节被简化的安装工序日后必将导致高昂的维修费用。如，高尔夫四代将报警继电器移到了仪表盘的报警闪光开关里，导致继电器发生故障时必须更换整个报警闪光装置。

如果您有兴趣了解洛佩斯对其“战士”——他这么称呼最为亲密的同事——做出的规矩，就请阅读下列信息。我搜索了很久才找到它们：我甚至感觉这一策略仍然是采购商们不愿公开的秘密武器。

NEGO-技巧

■ 洛佩斯在通用汽车公司供应端的改善及成本最优化项目中的采购战略

（1）总体战略

洛佩斯要求他的采购员立刻贯彻降价策略。此外他还提示道，通用汽车公司在欧洲的三分之二盈利是通过供货方降价所实现的。他只挑选那些能够提供大幅优惠（18%到40%）的供应商并通过长期合同保证价格固定不变。

（2）战术安排

为了实现这些理念，他在每个单位都培养了一批高素质、高学历的采购“克隆人”。他的员工们为每一车型都设计了供应商的大幅度降价方案。他们在全球发布需求，以此寻找最低单位报价。在真正开始谈判前，采购员们就已对有意向的供应商从里至外了如指掌。

（3）空洞的承诺

他公开视日本汽车制造商为共同敌人。作为奖励，他向供应商们承诺夸大其词的增长前景以及未来的大批量订单。“请您尽早降价，与前景最为光明的厂家合作，这才是大家的‘削减成本项目’。”他如此要求道。

（4）签署合同前

采购商的最高目标是签署长期合同，此时他们总是忽略一个事实，即供货方的某些成本是无法控制的。

（5）结束

快要结束时，采购员出人意料地决定一个短期打包价，甚至深更半夜仍在为价格和条件讨价还价。此时他们总是表现得仿佛时间异常紧迫，但事实上却极尽拖延之能事；指令是：“请您尽可能压迫供货商再做妥协，然后再和他们签下合同。”

（6）引领被选中的供应商

如何管理供应商也有清晰的指导方针：

·让供应商熟悉我们的内部成员。

·请确保供应商的最高管理团队全心投入，让他们承担中层干部永远无法触及的责任。

·每位供应商都应就其想要卖给我们的产品提供详细的报价及盈利结构信息。

·如果供应商坚持抬高价格，请不要相信任何原材料价格指数，请要求其披露成本构成。

·为了获得关于成本与竞争的真实信息，请您与供应商的具体经手人员建立亲密伙伴关系。

·请您做好在压力之下间接地虚张声势或编造谎言的准备。

·为了让供应商感到不安，请您不断召集紧急会议，并持续要求他们给出新信息。

·为了让供应商焦虑地等待，请始终让他们处于时间压力之下……同时拖延您的决定。[1]

[1] Quelle：Hanan, Mack：*Sales Shock! The End of Selling Products–The Rise of CoManaging Customers*, AMACOM, New York 1996, S. 24—26; ü bersetzung von Jutta Portner.

CHAPTER 6

第六章

敌人遇朋友

FEIND

TRIFFT FREUND

这张照片是克里斯·雷默尔在一家生物技术公司的实验室里拍摄的。人们自下而上观察着眼前的一切，交错的脚手架阻碍了看清白色椅子的视线。这一画面反映了竞争性的谈判者在面对合作性的谈判对手时高高在上的姿态。

本章主要论述敌人—朋友式谈判。当秉持竞争态度的谈判者遇到积极合作的对手，看起来似乎索取者可以高枕无忧了。只要对方仍愿意给予，“索取者”就能得到他想要的。为了确保获得更大块的蛋糕，人们无所不用其极。竞争性谈判者通常是非常聪明的操纵者，他们深谙自己的哈佛理念的力量，使用警告和威胁作为策略，且不惜玩弄花招。

1. 聪明操纵

许多专业谈判者不仅熟知谈判技巧，也是其专业领域的杰出专家。在谈判训练伊始的期待值调研中，我要做的一项例行公事便是打开某一特定盒子的盖子：装有肮脏诡计的盒子。这一主题笼罩着模糊不明的气息：人们从美国电影或那些喜欢炫耀如何将对手逼得毫无还手之力的自以为是的老古董们那儿获取意见，最终一知半解，半信半疑。对于这些故事的反应往往是敬意与崇拜以及愤怒与怀疑的独特结合。

在一家大型汽车企业的采购员中常年悄悄流传着一个部门经理的故事。故事的主人公出生于屠夫家庭，五短身材，个性激进而坚定。每当前去与供应商谈判时，他都会带着一枚牛鼻环。最开始他把鼻环藏在裤子口袋里，之后便一言不发地把它放在谈判桌上，时不时拿在手里，用一只手慢慢把玩。农民们用这种牛鼻环来更好地驯服公牛，因为鼻子是非常敏感的地带。一旦公牛开始抗拒，立刻就会被采取强制措施。农民以此让公牛感觉到谁才拥有决定权。如果供应商们没有领会部门经理的意思，他就会拿起鼻环，借此告诉供应商们：一旦他们不遵守协议，他也会用鼻环硬把他们拖到那里。我不知道这个故事是不是编造的，但无论如何它塑造了一段神话。它向我们展示了神话的诞生。真理借助神话得以传递，但这一真理内容却因为只是口口相传而很难得到验证。

为了对抗神话的产生，一些专家专门致力于研究这一主题。他们中最著名的一位是美国人切斯特·L.卡拉斯。他的基本观点是——谈判即战争。在这场战争中，强者获胜，弱者失败。强者有权使用手中所有的武器。在大学修完工程学后，他着手研究如何进行谈判这一主题并获得博士学位。他拥有航天工业领域的诸多经验，曾是一家大型美国公司的销售与采购部主管，主导过多次极为复杂的谈判。之后，他成为霍华德·休斯的顾问。他知道自己在说什么。在他的某本著作的《前言》中他写道："商人们想知道谈判桌上什么是有用的，为什么有用以及怎样保护自己。为了回答这一真实的需求，我特地撰写此书，以此满足实践者们希望提高谈判效率的心愿。"[1]该书以字母顺序罗列了卡拉斯在实践中遇到的大约200条诡计。卡拉斯的著作集中出版于20世纪60年代末至70年代初，即冷战的高峰期。

谢天谢地，自那以来，人们对于谈判的基本理解发生了巨大的转变。比起阴谋诡计，合作性的关系以及双方的公平交往得到了越来越强有力的贯彻，并成为当今谈判风格的主宰。尽管如此，了解这些计谋仍十分必要。

NEGO小贴士

当您了解某一诡计后，也可能会遇到它。如果您做好了承担后果的准备，便可以有意识地使用这一诡计，必要时也知道该如何抵抗。但是诡计永远，真的是永远只能带来应激反应，通常对于谈判者的关系也不会有任何积极的帮助。

那些喜欢耍花招的人，其目的首先不是希望取得建设性的结果，而是为自己争取利益。当您想要使用诡计时，请务必想清楚这一点。

克里斯蒂亚诺·罗纳尔多、里奥·梅西及内马尔的共同点是什么？三人都是杰出的技术性足球球员，且善耍花招；不仅善于一对一地运球前进，而且精通数不胜数的足球诡计和花招。他们每个人都是独一无二的。每个人都练就出了独特的风格和个人技术。但仅凭这一点还远远不够。他们都是团队合作者。只有与另外十名队友及制定策略的教练齐心协力才能获胜。

[1] Karrass, Chester L.: *Give and Take. The Complete Guide to Negotiating Strategies and Tactics*, Ty Crowell Co,New York 1974.

2. 充分利用谈判势力

谈判结果很大程度上取决于谈判实力。在对自己的谈判实力进行评估后，我们会得到一些预测。这些预测影响着我们的行为，而我们的行为则影响着最终结果。

最理想的状态是在谈判前就评估您与谈判各方之间的实力制衡。坐上谈判桌后才仓促考虑对方的实力，往往为时已晚。如果准备充分，您则可以借双方间的实力关系为自己争得利益。

借助实力就仿佛借助风力，带给我们的感受总是先于眼见。

谈判实力到底是什么？它是一种迫使对方做出退让的能力。这意味着，如果我的谈判实力占上风，就能借此获得想要的东西；如果我在谈判实力上处于弱势，将不得不让步，仅能满足于所能获得的点滴。

这听上去有点像“不全则无”。好在事实并非如此简单。我们可以改变、转移并克服谈判实力。

谈判实力来源各有不同，让我们来看看下面这个例子。

NEGO-生活的分色工程

■ 谈判势力来源[1]

法定权力（legitimate power）

这可能是谈判中最常见的权力。董事会、部门经理、上级或团队首领拥有决策权。当谈判陷入死胡同时，人们往往喜欢把决策权“向上转移”。

专业权力（expert power）

拥有特殊知识及专业技能的谈判者会从上司或同事处获得授权。第三方也可因为专业知识而获得权力，如作为法律专家出现的律师等。

魅力权力（referent power）

谈判者本人魅力四射，自信满满地登场。他们走进房间，周身环绕着权威的气场。这些人往往既充满魅力，又冷酷无情，使得人们很难评价。反复无常也是其魅力的一部分。

奖励权力（reward power）

包括物质与非物质赠予。当然，只有能吸引对方的才称得上奖励。绝大多数人都认为涨薪或升职是一种奖励。

惩戒权力（coercive power）

这一谈判权力的来源基于权力者有能力对对方产生伤害。如上司可以将叛逆的员工调离至不受欢迎的岗位。

有强权者，自然就有无能者。只有当对方接受权力来源时，权力才真正有效。谈判实力是非常主观的，它产生于您的大脑中。因为谈判至少需要两个头脑，因此总是至少有两种对于谈判实力的不同理解。

[1] Vgl.Kennedy, Gavin：*Negotiation, Module 10, Edinburgh Business School/Heriot-Watt University*, Edinburgh 2002.

3. 警告与威胁战术

克劳斯・瓦格纳梦想着自己的房子。他租住在一处老公寓里，感觉每个月支付如此高昂的房租是一种浪费。克劳斯拥有一份不可免职的工作合同，收入不菲。看到公司附近建起了一块迷人的新住宅区，他想道，这么多人都能买得起房子，我为什么不行呢？他决定先去主办银行申请住房贷款，同时咨询其他多家银行。在对比了所有报价后，克劳斯惊讶地发现，在其余条件相同的前提下，另一家信用机构的产品便宜1.5%。尽管如此，他还是首先与主办银行的贷款顾问约了见面时间。

谈话在十分友好的气氛中开始。克劳斯递上了竞争对手的报价，银行顾问则进行了一场专业的客户谈话，表示会鉴于这一报价与他的上司探讨可能的让利空间，然而他已能确定不可能达到竞争对手的条件。克劳斯在谈话结束时暗示他将把自己及妻子的所有账户全部转移到另一家银行。这是他对银行的警告。

乍看之下，警告与威胁之间很难区分。[1]两者都指向谈判失败后可能出现的负面结果。但是它们有一个重要区别。警告友好而确定。它宣告了可能到来的某种负面结果。谈判者事先表示，如果对方不满足其提出的要求或条件，就可能产生危险，但对方仍有制止或降低这一损失的可能性。警告揭示

---

[1] Vgl.Schranner, Matthias, *Verhandeln im Grenzbereich. Strategie und Taktiken für schwierige Fäle*, Econ Verlag, München 2001,S.175 ff.

了可能发生的后果及存在的选择可能，从而将某一潜在失败的结果具体化。人们以尊重且中立的口吻提出警告，以此告知谈判对手可能的替代方案，并请对方在其伸张自己权利的警告之下做出决定。

威胁是警告的坏姐姐。威胁指的是对谈判对手明确提出某一结果。谈判者宣称已经做好伤害对方的准备，接下来是否执行威胁内容已不再受对方的影响。人们往往食指上指，情绪激动地发出威胁。与警告不同，威胁是主观而充满敌意的。谈判对手会觉得被威逼到了角落，被迫做出某种行为。他们感到紧张而局促，甚至遭到了不公对待，对威胁者产生激烈情绪。想要离开角落，只有一条路可选，即直面威胁的方向。矛盾升级在所难免，愤怒与复仇欲主宰了气氛，谈判最终往往不欢而散。

笨拙的威胁最开始往往得不到认真对待。一家建筑互助信贷社话务中心负责处理客户投诉的员工讲述道，他们总是面对同样的威胁：“如果您不帮助我们，我们就去找媒体。”“我和老板关系很好，如果您不客气点，我就去找董事会。”“我丈夫是律师，您知道这对您意味着什么……”

为了令人信服，不要轻易威胁，除非您准备好在对方缺乏合作态度时执行威胁内容。美国第36任总统林登·B.约翰逊曾建议道：“如果您无法亲自把对方送下地狱，就永远不要用这话来威胁他。”

让报警信号灯及时闪烁绝对是一种行之有效的方法。报警信号灯的作用是指明潜在危险，为参与者争取面对危险并关闭危险源的时间。在谈判中，您可以高效地运用如下警告：让对方自己说出结果。您可以问：您认为如果我们无法达成一致会有何结果？您认为如果未能达成一致，我们会做些什么？如果您是我，您有何建议？

发出警告后，请您确保对方开始想象其带来的后果。请您开启一场脑海中的电影。您可以提出一些“现实验证”问题：如果……真的有帮助吗？您真的准备好承担后果了吗？您考虑过如果……意味着什么吗？

不要用警告换取微小的让步，而是省着用在真正重要的点上。请永远将它作为您的最后武器，切勿在谈判伊始便发出警告。永远不要彻底关上门，只有这样才能保证您和您的谈判对手的体面退路。

有一些谈判者认为必须通过威胁强调自己的主导地位，这种根深蒂固的想法对他们来说就仿佛面包涂黄油一般理所当然。“如果您不马上离开，我就叫警察了！”一位汽车司机如此谩骂一位堵住了高速公路休息站出口的卡车司机。事实是，这位卡车司机正在用胶带固定损坏的尾灯，他这么做是为了保证之后行车的安全。了解真相后，汽车司机感到十分羞愧，立即下车帮忙。威胁往往是一种未经思考的情绪反应，许多人马上便会深受其害。

您该如何专业地面对威胁？第一次听到威胁时请您选择忽略，并把话题引回正题。如果对方再次重申威胁，那么请您认真对待，请无论何时都要保持冷静。请试着找出威胁背后的内容：“您指的……是什么意思？您能说得再清楚些吗？”请您表明您理解对方为何发怒，然后重回主题。一位在一家新开的餐厅找不到座位的客人也许会骂道：“今天要是吃不上，永远也不会再来了。”“我们的座位都订满了，您现在很生气，我们能理解。”餐厅主管可以这么回应。“我们很愿意为您约一个下周的用餐时间。”您又回到正题上，并以此显示了您有限的权威。“您这家破店要是不能迁就我的要求，我就马上去网上订购。”新电视的潜在客户勃然大怒。“我很愿意给您让利，可是只有商店管理层才能做此决定。”导购员放松地回答道。这种情况下，矛盾并不总是能够得到平息。如果某一威胁过于极端，那么建议被威胁者起身走人。离开是中止谈判的明确信号。人们一旦这么做，意味着他在这种情况和语气之下不愿继续谈判。这是最后的选择，其效果十分极端。谈判往往就此破裂。

4. 真正的魔法——谈判诡计

了解并使用诡计好处虽多，但绝不会造就优秀的谈判者。如果缺少更高的目标、契合的策略及谈判团队的共同协作，仅凭诡计很难走远。

我刚刚结束与我最重要的客户之一的年度谈判。我为他提供谈判培训已经十年有余，每两三年我们会重新商议我的日薪。我提出进行会谈，并收到了与我对接的采购员的电话。接下来您会读到这场谈判中采购员（敌人）如何在供应商（朋友）面前耍弄一系列的阴谋诡计。

NEGO-
生活的分色工程

■ 尤塔的薪资——价格谈判的十个诡计

采购员：“您好，波特纳女士，我们并不相识，但您为我们做过谈判培训。我是托比·纽曼，您的专职采购员。我的一些同事也曾参加过您的讨论课。今天我想与您谈一下明年的委托。我们计划开设十场为期两天的培训。我回头会把合同发给您，您只需签名即可。”

停顿

J. P.：“很高兴认识您。希望很快能在我的培训上见到您。今年大家计划十场培训，这听起来很不错。下面让我们来谈谈日薪。”

采购员："波特纳女士，日薪维持不变。"

停顿

J. P. ："纽曼先生，正因如此我们需要好好谈谈。上次调整日薪还是两年前了。"

采购员："您知道，我们公司现在经营不佳。经济不景气，我们的订单也日益减少……您一定从新闻里知道，我们甚至不得不裁减生产线上的员工。我们也没有提高其他培训者的薪资。我们必须节流，这是老板的指示。"

停顿

J. P. ："是啊，大家也受到经济不景气的影响，我真抱歉。正因如此，大家的采购和销售的谈判能力才格外重要。我希望日薪调整到 X 欧元。"

采购员（惊叫）：X 欧元！波特纳女士！您想毁了我们吗？这实在太多了。"

J. P. ："好吧。我非常珍惜我们长年的合作。贵公司是我的重要客户。我可以让步到 Y 欧元。"

接着是一阵讨价还价。最终我们达成了双方都能接受的协议。谈话结束时，采购员说道："波特纳女士，下次您来XY时，别忘了来我们这儿喝杯咖啡。与您谈判真是一桩乐事。"

下面让我们用放大镜更仔细地看看谈话中用到的诡计。

诡计1　不套近乎。

"您好，波特纳女士，我们并不相识。"潜台词：您没有必要为了建立良好气氛而与我寒暄。

诡计2　我知道你，你不知道我。

"您为我们做过谈判培训。我的一些同事也曾参加过您的讨论课。"潜台词：我知道身为谈判教练的您的种种诡计。我们的实力旗鼓相当。威严就此树立。

诡计3　减少谈判目标。

谈判目标缩减到只剩培训天数，而调整薪资这个"烫手山芋"则被撇在一边。"我想与您谈一下明年的委托。我们计划开设十场为期两天的培训。我回头会把合同发给您。"

诡计4　快速总结成词，结束谈判。

"波特纳女士，日薪维持不变。"

诡计5 打苦情牌。

“您知道，我们的公司现在经营不佳。经济不景气，我们的订单也日益减少……您一定从新闻里知道我们甚至不得不削减生产线上的员工。” 潜台词：我们期待您与我们患难与共。

诡计6 摆事实。

“我们也没有提高其他培训者的薪资。” 潜台词：所有人一视同仁，对此没有谈判的必要。

诡计7 有限的权力。

“我们必须节流，这是老板的指示。” 潜台词：我心有余而力不足，最终决定权在上头，您继续接受这一点。

诡计8 通过大声怒吼进行恐吓，刻意表现愤怒。

采购员惊叫：“ X 欧元！波特纳女士！”潜台词：您侮辱了我的人格，这太出乎意料了。

诡计9 夸张。

“波特纳女士！您想毁了我们吗？这实在太多了。” 潜台词：我们合作了这么多年，您居然提出这么恬不知耻的要求。

诡计10 停顿，沉默是强有力的武器。

潜台词：当我沉默时，你会因为无法忍受沉默而开始说话。

与此同时，这位采购员犯了两个错误！

错误1

“这实在太多了。”这意味着少一些是可能的！最后结果也是如此。

错误2

“波特纳女士，下次您来 XY 时，别忘了来我们这儿喝杯咖啡。与您谈判真是一桩乐事。”这只是一场游戏，一场谈判游戏。谈判就是来玩儿的。这么一来，下次年度谈话我还会认真对待他的论点吗？

这一例子告诉我们，当您在谈判中遇到除了耍花招什么都不会的谈判对手时是何种情景。很早以前，这位谈判者就树立了其谈判信条——“每位销售者都是善于操控，爱使花招之人”——而他也总是以其人之道还治其人之身。如果这段对话发生在我的职业生涯伊始，这位采购员很有可能大获成功。

·我很可能一开始就马上接受这一过时的合约，因为我没有自信能将谈话坚持到底。

·我可能会认为基于合作姿态，我应当共同承担公司的艰难状况，等公司转危为安再调整薪资。

·我可能会认为，既然其他培训者的日薪都维持原状，那么我也只能如此。

·我可能会认为老板的指示必须严格执行。

·我可能在采购员尖叫后认为自己的要求确实过分，并羞愧地撤回要求。

·我可能无法忍受停顿，为了消除沉默而选择屈服。

如果对方提出不恰当的报价，或者您受到不公正的责备或攻击，最好的方法是保持沉默，一语不发。一般来说，沉默让人不适，人们往往因此而胡言乱语。忍受沉默展现出您正在思索而非应对。局面由您掌控。

身为谈判者，我们常常陷入两难。一方面要花招有悖我们的合作态度，另一方面它们就如同使我们生病的细菌与病毒一般难以抵挡。诡计之于谈判就仿佛伤风咳嗽之于冬天，它们生来存在。一家大型化妆品公司的销售部经理这样说道："90%的谈判是基于合作态度的。在这些谈判中，与客户共同成长并建立战略伙伴关系是最高目标。无论是我们的大客户经理，还是我们的地区或部门主管都接受过合作谈判的培训，他们深知与商业伙伴的长期合作对于公司的重要意义。然而，每年度部门经理都要与采购主管就金额进行谈判。届时一切用事实说话。唯一的重点就是金钱，只有金钱。这是战争。只有此时我们才会圈地而战。"

使用操控性的阴谋诡计，其危险在于，当我们感到在谈判中被欺骗、隐瞒或捉弄的时候，我们本能地倾向于对对方以牙还牙。使用诡计的谈判者喜欢强调自己的迫不得已，只因对方先行操控之能事，而他只是出于自我保护。这么说轻松简单。他们将自己视为受害者，将对手视为凶手，仿佛已置身于一场敌人—朋友博弈。所有喜欢操控的谈判者都是在利用对方。重要的是自己不要掉入这一陷阱，要始终意识到将敌人—朋友式谈判的责任推脱在别人身上是非常廉价的借口。唯有我们自己才能对自己的所作所为负责。先入为主或歪曲事实都会阻碍人们理解并寻找融洽的解决方案。

5. 前期诡计、中期诡计及后期诡计——贯彻始终的赌博

为了理解诡计的效果，有必要理顺谈判的过程。不同阶段有各不相同的适应诡计。

NEGO-技巧

■ 成为谈判魔术师：谈判诡计之魔盒

爱丁堡商学院的加文·肯尼迪[1]认为谈判诡计总体上可以分为三类。

（1）谈判伊始的前期诡计——开始权力游戏

如您所知，在谈判伊始的序曲阶段便会确定谈判气氛。许多充满敌意的谈判者会抢占主导先机。所谓主导，即是指：我说得对，我有更多权力，我主导谈判，我贯彻始终。如果你接受我的主导，

[1] Kennedy, Gavin：*Negotiation, Module 9, Edinburgh Business School /Heriot-Watt University*, Edinburgh 2002.

承认自己的弱势地位，那么最终我将会获得胜利。此时，其隐藏的态度再度显现，即对方是我的敌人，敌人就是用来战胜的。典型的主导式行为形式多样，在前期诡计中时有出现。

（2）谈判进行时的中期诡计——始终保持警惕

谈判进行时，人们为了切分蛋糕而唇枪舌剑。此刻使用诡计可以影响人们对于单个谈判者的认知。其背后的态度是，我可以让你信服自己毫无或只有少得可怜的权利。为了蒙蔽对方，此时人们会使用数量繁多的中期诡计，从细小温柔、不易察觉的略施手腕到游走于法律边缘的重型武器——即真正的“肮脏手段”。

（3）接近尾声时的后期诡计——胜利就在眼前，但还有一个惊喜

在谈判接近终点的结束阶段，最重要的是做出最终决定。此时我们常常会遇到迫使对方做出决断，并为己方争取最后利益的后期诡计。其中一些众所周知且几乎百发百中，而另一些则鲜为人知。

魔术师在大众面前敢于表演戏法之前，都要在魔术师学校苦修多年。身为谈判者亦是如此。只有真正胸有成竹，方可使用诡计。

充满敌意的谈判者在自己使用花招的同时也应当熟谙硬币的另一面，知道如何见招拆招。首当其冲的要点是理解对方的目的及其背后的意图。最大的问题始终是，应该直截了当地指出诡计，并试图消弭它的负面影响呢，还是冒险任诡计发展，为了赢得竞争不惜“血溅谈判场”。如果我们正面提及，就有可能冒犯到对方，使双方关系陷入危险。谁愿意被当面拆穿呢？公开揭露诡计所造成的面子问题不容低估。如果选择将计就计，那我们自己必须也精通此道，否则最终必将付出高昂的代价。

此外，还有另一个不容忽视的风险。有些谈判者疑心深重，将对手的每一步行动都设想为阴谋诡计，哪怕那其实是事实而非花招。有时人们深陷过去的经历无法自拔，以至于强加给对方根本不存在的意图。这种无中生有的恶意揣测对双方都将产生无可弥补的影响。

如果您的谈判对手将自己定位为敌人，那么最好的办法是中和他的诡计。这意味着识别诡计，在不直接揭露的前提下采取措施——高雅地调转方

向，让对方的诡计扑个空，甚至从中让自己获益。为此，您必须保持专注，在谈判期间一方面就事实进行磋商，另一方面始终——注意，是始终就刚才发生的一切加以分析。当人们了解诡计的运作方式，就如同魔术师在另一群魔术师前变魔术，自然不会有那么多的迷惑和惊叹。若计谋被看穿，其效果便不复存在。

谈判伊始的前期诡计——开始权力游戏

人们往往先入为主地认为权力是负面的，这是错误的想法。智慧且具备责任心地行使权力对于组织的多样性意义重大。无权力，无领导。当权力与事业心有机结合，就能积极有效地推动工作。但若为一己之私使用权力，则是滥用职权。参与这场权力游戏的谈判者们是谁呢？一类是喜欢追逐权力的人。他们的自我价值感来源于成功，从这些成功中他们获取认可。为此，最为有效的工具之一便是控制：控制局势、控制他人、控制谈判。为了施加控制，人们需要拥有支配地位。

第二类有控制局面需求的人是为嫉妒所牵制的人。他们很难对对方产生好感。对方的胜利首先意味着己方的失败。他们的自我价值感极低，不愿承认对方的成功。他们在对方的成功中照出了自己的失败。

权力游戏往往在谈判开始前便已展开。我的一位客户邀请我进行预先会谈。对于共同项目的规划在其办公室展开。在他的办公桌后挂着一副巨型绘画，画上的狮子正在撕裂它的猎物。就他所言，这是他在非洲大草原上亲自摄下的绝佳照片。我很少这么快陷入“狮子的洞穴”，这真是一场处心积虑的权力展示。此外，销售经理也一定对采购人员在谈判前惯用的威胁恐吓套路深有体会。伸张主导权的目的永远在于吓唬对方，让我们感到自己比实际更为渺小，双方并不处于同一层面。

一位南德某连锁商店的采购员描述了与供应商第一次接触的情景：“我们知道我们的供货商是从鲁尔区驱车远道而来。首先，我们假装忘了预定会议室。我们为此道歉，在漫长的走廊里一间接一间地推开门，确认是否能找到房间。最终我们用了一间无窗的小房间，也没有提供任何饮料。在时间紧迫的暗示下，我们开始了谈判。”权力的套路往往非常微妙，不易察觉，也正因如此，它们才能作用于对方的潜意识中。它们决定了我们的认知以及对对方的感受。

在与一家生物科技公司的副总裁共进午餐时，他非常优雅地透露自己曾在一位诺贝尔奖获得者指导下获得博士学位，拥有诸多专利。他的公司被一家大型企业收购后，自己领域的员工迅速翻了四番，不少重要项目获得了董事会的赞赏，令人叹为观止。真的，当他还在滔滔不绝地谈起大小职务，乃至吹嘘他在体育赛事上的个人成就时，我只剩目瞪口呆的份儿。当然，他有游艇！太棒了，权力游戏全面打响。所有这些信息都让我深刻认识到，坐在我对面的人十分看重光彩照人的自我介绍，他已就自己的偏好及我在谈判中可能面对的局面给出了重要指示，而我也可以为此做好充分准备。

前期诡计1 提出先决条件

敌方谈判者在真正开始谈判前就敲敲打打，以此贯彻既成事实的条件，如独家委托协议、意向书等。有时先决条件并非诡计，而只是为了帮助敌方谈判者提前避免过去曾遭遇的惨痛经历。

NEGO小贴士

请不要忘了，先决条件也可谈判！

前期诡计2 操控日程

一家生产烟囱式烤箱的德国厂家与一家专注酒店建造的俄罗斯巨头公司谈判。后者计划在多家西伯利亚酒店的所有房间安装高品质的德国烟囱。对于这家中型规模的家族企业来说，这是千载难逢的订单。为此，经营着公司的父子二人专程飞往俄罗斯。在此之前，双方已安排好日程。人们首先要了解确切的需求，然后再决定德国公司能够提供的产品并协商价格。然而，当父子到达莫斯科后，俄方临时调整了日程。首先谈判整体预算，然后再确定具体细节。被巨大金额蒙蔽了双眼的两人很快同意了预算，但之后却遗憾地发现他们将为此支付高昂的代价。他们无法基于具体数字再冷静地计算利润，成为了“操控日程”的牺牲品。如此看来，即使尚未真正谈判，敌方谈判者就已经对谈判顺序施加了影响。因此请注意，当谈判日程发生变化时，双方都有提出反对的权力。

前期诡计3　这不容谈判

与先决条件类似，还有一些谈判者会事先宣称某些内容“不容谈判”。我的一位客户在合同谈判前给他的供应商寄去了一本标准合同。其中小字部分写道，其公司不承担任何差旅费用，这是公司政策，不容协商。这是敌方谈判者的一招妙棋。供应商是默默接受条件还是提出反对？一切取决于他的谈判权力。这一合作对他有多重要？他做好吞下苦果的准备了吗？如果他有其他选择，那么提出反对，将这一点一同纳入谈判内容还是十分值得一试的。

一家造纸机生产商的项目经理曾谈起一场与某家来自韩国的多元化企业的艰难谈判。当时有一份关于造纸机生产、运输及调试的合同。德国公司依据任务设计书提供了机器，履行了合同条件，却接到了韩国方的投诉。他们的竞争者从这家德国公司的竞争者处购得了一台能印刷高质量纸张的造纸机，并以此获得了竞争优势。这家韩国企业要求德方对他们的造纸机进行免费升级，并提出将会追购两台造纸机。德方则坚持声称这“不容谈判”，因为他们已如约履行了合同。谈判最终以灾难性的结果结束。德方企业失去了一位可能为他们打开亚洲市场的重要客户，而韩国公司则从他们的竞争对手处订购了另外两台机器。

在全球，人们对于合同的意义及其约束力的理解差异巨大。如果这家德国公司了解这一点，并认识到自己与客户相比处于谈判权力弱势，那么结局定会大不相同。因此，某一内容是否真的“不容谈判”取决于其对整体结果的影响。根据不同的重要性，它甚至可能成为“谈判终结者”。如果您已意识到这点却无法克服这一障碍，那么提前中断谈判可能是明智之举。

谈判进行时的中期诡计——始终保持警惕

梅林、甘道夫、米拉库利克斯或邓布利多——大家一定知道这些著名的魔法师。身为谈判者（或魔术表演的观众），我们吃惊、怀疑、大笑，有时甚至害怕眼前发生的一切。在谈判进行中，敌方谈判者的手频繁伸向谈判诡计盒，这也是整个谈判过程中诡计最为集中的时刻。请您记住，对于对手来说，过早使用的诡计无异于一次警告，这会让他们迅速看穿您的游戏规则，今后更为谨慎地应对您的提议或要求。

NEGO-
技巧

■谈判专家的谈判诡计

敌方谈判者往往坐拥巨大的诡计盒，为了在谈判中尽可能争取己方利益，减少付出，他们很愿意时不时打开盒盖。常见的诡计[1]有：

(1)既成事实——一开始就形成板上钉钉的事实

(2)稻草生火——虚张声势

(3)目标(bogey)——“抱歉，我只有这么多”

(4)多少钱？——请您不停问：“这个多少钱？”

(5)要么接受，要么离开——毫无还价余地

(6)从高到低——颠倒的竞价

(7)退缩——“这么多？您一定是疯了！”

(8)腊肠策略——一小片接一小片

(9)硬碰硬——“这您也得让着我！”

(10)拍马屁——小甜头仿佛大让步

(11)好人、坏人——糖与鞭子齐下

(12)小恩小惠——积少成多

中期诡计1　既成事实——一开始就形成板上钉钉的事实

“既成事实(Fait accompli)”是一条来自于法语的短语，指已经确定的事实。如敌方谈判者可以以下列话语开始谈判：“这是我最初也是最终的方案。”这听上去非常粗暴，对方听了会不禁自问：既然没有谈判的余地，又何必邀我来此。此方法的著名代表是通用汽车公司前副总裁勒穆尔·鲍威尔。

[1] Nach Karrass, Chester L.: *In Business As In Life–You Don't Get What You Deserve, You Get What You Negotiate*, Stanford Street Press, Beverly Hills 1996, S.203 ff.

在薪资谈判中，鲍威尔通常提出他认为公平的数字，然后便不再改变。在他看来，就工资讨价还价只是浪费时间，还不如直截了当，一锤定音。直到谈判结束，他都始终坚持最初的方案。最终他成为毫不退让谈判风格的典范并被载入史册。鲍威尔以其“既成事实”的诡计究竟取得多少成功不得而知，但鲍威尔策略导致谈判破裂率屡创新高是不争的事实。原因显而易见：谈判对手过于强硬，人们认识到虽然自己做好了妥协的准备，但对方却毫无让步的打算。这很快便会引发沮丧与气恼的情绪。[1]

中期诡计2　稻草生火——虚张声势

起身前往薪资谈判场的工会代表是虚张声势的大师。例如2015年，德国火车司机工会与德国铁路公司上演了一场为期数周、令德国火车旅行者屏息观望的大战。即使市场并不景气，工会代表仍提出他们一早就明白不可能全部实现的要求。他们要求提高养老保险，增加安全、夜班、周末及节假日津贴，减少周工作时间，延长带薪假期，改善工作条件。历史证明，随着时间的推移，一部分要求消失了，煽风点火燃起的稻草熄灭，真正的核心要求被摆在桌面上。通常是保障工作岗位及薪资相关要求。虚张声势地提出要求是为了强调自己为对方“牺牲良多”——人们知道这么做日后能为自己获取真正有价值的利益。

大多数时候，对方并不知道敌方谈判者真正在乎的是什么。压制住虚张声势的要求能给他们带来高度的满足感。他们以胜利者的身份归来，可以在自己的组织中吹嘘。“你们看，这些都是我们从他们那儿抢来的，这可让他们大伤元气！”随着稻草火焰渐渐熄灭，谈判的复杂度也逐步清除，人们感到越来越接近最终的统一。

中期诡计3　目标——“抱歉，我只有这么多。”

请您想象一下，您刚刚造好房子。毫无疑问整个过程不但令人心力交瘁，而且花费高昂。但总的来说还是完成了。现在还缺什么？缺一个花园。您的孩子们总不能用建筑垃圾造沙堡吧。您的账户大幅缩水，现在只剩4.5万

[1] Vgl.auch Portner, Jutta：*Besser verhandeln. Das Trainingsbuch*, 4. Aufl.,GABAL Verlag, Offenbach 2015,S.161.

欧元。您开始咨询铺设花园的报价。最便宜的报价在5万欧元左右。现在是您使用目标策略的大好机会。英语中的“Bogey”意指目标，可能是真实的，也可能是虚假的。对于您的花园建造商来说，什么是“目标”呢？您简明扼要地说：“您的报价太高了，我们承受不起。”——接着名为“目标”的谈判诡计便可上场：“我们很想请您为我们铺设花园。但是我们只有4.5万欧元的预算。”花园设计师会开诚布公地与您计算成本，大家可以一同考虑在搭建篱笆时是否用更便宜的山毛榉取代樱桃木。作为买家，您从中获益良多：您将会了解花园铺设的一些成本计算。您可以得偿所愿，同时又避免了经济上的过多支出：您以更经济实惠的价格为孩子们铺设了一座花园。而灵活地提供了量身定制服务的卖家也赢得了一位客户，建立了良好的客户关系。

中期诡计4　多少钱？——请您不停地问：“这个多少钱？”

在20世纪60年代，许多德国人开着装满行李的大众甲壳虫汽车驶往美丽的意大利。就像第一次笨拙地尝试可怕的长面条一般，德国人同样学习着如何在市场上讨价还价，以便给家中的爱人带回某样假期的回忆。无论是威尼斯闪亮的贡多拉，还是送给祖母的比萨小斜塔，都得问问“Quanto costa？”（意大利语：多少钱？）。但说来容易做来难。人们为何不愿询问价格是有因可循的。有些人觉得，一旦他们询价，就意味着发出了明确的购买意向，而对方说的价格也一定高于商品真正的价值。另一些人则希望避免讨价还价，这让他们感到不适。他们不愿让卖家觉得他们认为他的货品物非所值。但这些原因都不符合健康的商业意识。

NEGO小贴士

请大胆地询价吧。关键是获得清晰的信息，而不是成为单边剥削的牺牲品。

请您想象一下，您搬进了新家，决定请木工在走廊打一个嵌入式柜子。对方报价4000欧元，您认为这似乎合情合理，便接受了。在此期间，您发现浴室还需要一个架子，于是便请木工一并打造，您认为反正只需支付一笔工费。但当您收到账单时，不禁大吃一惊。这位木工为浴室架子开价1000欧元，与庞大的嵌入柜相比，这显然过高了。因为看似公平的第一次报价，您并没有询问小架子的价格。您隐隐觉得总价明显应该低很多。现在问题来了。要么您不声不响地把账单付了，要么就得再度谈判，而这总是尴尬而艰难的。敌方谈判者始终会及时追问：这个多少钱?

中期诡计5　要么接受，要么离开——毫无还价余地

如果敌方谈判者在一场看似进展顺利的谈判中突然使出“要么接受，要么离开”这一诡计，会令朋友——谈判者感到措手不及，难以接受。不久前，我的一对建筑师朋友向我讲述了他与一位慕尼黑南部的建筑富商的交往经历。下面请您看看“要么接受，要么离开”在实际生活中的应用。

NEGO-生活的分色工程

替我造房子——“要么接受，要么离开”的实际应用

下列例子告诉我们，建筑商通过强硬要求可以获得怎样的成功。

艾拉和莫里茨两位建筑师的专业方向是在已有房屋上加盖建筑。这种建筑方式的费用往往比新建房屋更高，因为他们必须保证这类建筑与已有建筑的过渡必须安全无误，同时建筑期间还必须注意扰民问题。

在事业刚刚起步之时，他们接到了一项能在今后提供优秀资质证明、使他们在建筑师领域扬名立万的项目。项目是在一幢20世纪20年代的房屋上加盖一圈以玻璃为主、带落地房门的露台。为此，两人付出了巨大的心血和热情，并交出了一份极具魅力的设计。他们精心计算，最终提出25万欧元的预算，并深知他们在这一项目上并无多大的盈利空间。一开始，建筑商邀请艾拉和莫里茨上门会谈。两人带着计划书，精心准备了一番，只为展示他们以公平价格提供的一个非常有趣的设计。建筑商兴致盎然地听取了汇报，盛赞他们的想法，同时还增加了一些愿望。下一次见面时，他们已把建筑商的想法融入了设计中，于是后者很快进入正题。他又考虑了一下，整个项目太贵了。他愿意为改造支付10万欧元，说到底那只是加盖，并非推倒重建。他强硬的原话是："请大家把预算做到10万欧元，不行就走人。"

艾拉和莫里茨惊呆了。这完全出乎两人的意料。他们想再讨论一下修改方案，但是那位建筑商毫不动摇。他们有一周时间考虑，除此以外无可谈判。

艾拉和莫里茨重申了他们的设计，做出了一些小改动，七天后打电话给建筑商，以充满歉意的口吻说道，必要的最低支出是15万欧元。对方的回答仿佛脱膛的子弹："太多了。10万欧元。要么大家就这么做，要么就放手走人。"几天后艾拉和莫里茨投降了。他们以11万欧元出售了自己的服务。两人有两个孩子，得支付办公室的租金和两个员工的薪水，更何况在慕尼黑，年轻建筑师本来就很难获得委托。建筑商咬牙切齿地接受了11万欧元的报价。艾拉和莫里茨一心扑在项目的实施上，通过周末加班加点，乃至委托实习生完成一部分工作，总算从中获得了微小的利润。

几年后，在我们共聚一堂、品酒闲聊之时，他们说这位建筑商后来又向其他客户推荐了他们，他们也因此获得了不少非常有吸引力的后续委托。关键是这一切终有回报。当然他们也说，那位建筑商从一开始就对他们的能力深信不疑。在那之后他也承认，他曾看过两人的一些获奖设计，那时他就知道除了这两个建筑师，谁也无法实现他的加盖想法。如果当时艾拉和莫里茨坚持到底，也许就会拿到25万欧元。每次这位建筑商玩弄"要么接受，要么离开"的把戏时都充满风险。只是这次他如愿以偿。

如果当时艾拉和莫里茨觉得建筑商的沟通方式难以建立信任互助的合作基础，并因此选择退缩，一切又会是何种模样？这位建筑商之后又委托艾拉和莫里茨加盖另一处别墅的新楼，当时两人的事业已飞黄腾达，他支付了全额报价。而他不知道的是，他其实比其他客户支付得更多。

中期诡计6　从高到低——颠倒的竞价

我父亲去年决定买一辆新车，最终他选择了奥迪A5。他首先在慕尼黑的两家车行了解了当地奥迪A5的普遍行情，发现以他的配置需求（如真皮座椅及挂车结合器等），报价大约在6万欧元左右。对于一辆车来说可算不少钱。此时他决定打电话从高到低询价。他给一家位于英戈尔施塔特的车行打电话，告诉对方另一家车行报价6万，并问对方报价。“5.9万”，对方很快回复。我父亲表示感谢，接着给另一家位于奥格斯堡的车行打电话。同样地，他告知对方有车行开价5.8万，不知他是否能再便宜些。当他挂上电话时，已能笃定用5.7万买下该车。下一家位于施塔恩贝尔格的车行愿以5.6万欧元出售。他又打了两个电话，并未得到更多的优惠。没有再过多谈判，我父亲于施塔恩贝尔格买下了一辆奥迪A5。两小时的电话省下4000欧元，他的辛劳终得回报。

颠倒竞价是商家可能面临的最为严苛的谈判诡计之一。如今许多大型企业，尤其是那些从多家生产商处购买所谓商品的专线采购员惯用这一伎俩。通常来说，这些产品或服务都有可取代性，而采购员的目的是使竞争中的供应商相互比价。现在通行的一种方式是所谓的在线竞价，厂商们通过网络平台发布报价。另一种自高向低报价的形式是同时邀请多家厂商，把他们安排在不同房间，在15到20分钟的谈判中征求越来越低的报价。一般来说，供应商都知道他们的竞争对手就坐在隔壁房间，这对他们来说是巨大的压力。自高向低竞价的谈判内容通常是价格、质量、运输及付款条件。

若企业视客户与供应商之间的长期关系为核心价值，则大多会出于道德原因在其官方政策里选择放弃自上而下的竞拍。毕竟竞拍始终伴随着购买的风险。被逼得无路可退的供应商不仅感到气恼，日后的售后服务也不会十分热情。遇到需要详细解决的问题，供应商很可能会找回他们之前认为被克扣的部分。

数月前，我搬了一次家。为了比价，我咨询了三家搬家公司。如同物流公司惯常的做法一般，我们约定了上门勘查旧屋的时间，以便计算需要搬运的物件数量和大小。三家公司都知道我还在考虑其他报价，因此每家代表都竭尽所能向我保证他们的优势。通过这一过程，我对搬家公司的服务有了大量了解，并最终定下了合适的方案。我们办公室有非常重的USM—Haller柜子，但我之前不知道需要特殊工具才能拆卸它们。是第一家搬运公司让我意识到了这一点。第二家公司愿意提供在同一天安装所有灯具的额外服务，这样一来我们就不至于置身于一片漆黑中，这是不错的提议。第三家公司则承诺当天拆移尽可能多的箱子，并带走使用过的搬场箱和包装材料。正因为能在这一我本陌生的领域了解到如此众多的信息，所以我得以签订优惠协议，并轻松无忧地搬家。购买者是竞价的最大受益人，最终决定权赋予他巨大的力量。

中期诡计7 退缩——“这么多？您一定是疯了！”

如果您看过并喜爱特里·琼斯1979年执导的电影《布莱恩的一生》，一定对其美妙的片尾曲“永远看到生活的光明面”（*always look on the bright side of life*）以及片中英国式的黑色幽默印象深刻。毫不掩饰的直率、刻意的轻描淡写以及间离效果使得电影的票房一路飙红。电影中所展现的幽默时至今日仍有先驱意义，而著名的“讨价还价”场景则堪称集市交易宝典。尤其是“退缩”这一招——即响亮明确地提出抗议。如果您不了解这部电影，也可以随时在油管（youtube）上观看这一场景。[1]

您听说过波尔克豪森吗？这是上巴伐利亚老厄廷区的一座小城，位于德奥边境的萨尔察赫河畔。波尔克豪森因其美丽绝伦的老城以及据称是欧洲第一、长达1051米的城堡而闻名于世。我的一位客户在波尔克豪森开设了生产工厂，我常常因为培训而去那儿。对于我来说，这意味着许多天的夜宿酒店及在波尔克豪森的漫长逗留。热爱烹饪的我凭借着良好的直觉很快发现了一家十分好逛的家居用品商店，我喜欢在那儿翻阅食谱，购买那些能为我的一大家子带来幸福的锅碗瓢盆。在过去的几年里，我陆续在店里花了不少欧元。有一天下午，除了我以外，店里还来了一对醉心于“德国制造”家用品的中国夫妇。他们在我前面付款，使我得以见证了一场真正的集市还价。这个中国人最终为每一件货品都争取到了可观的折扣。您能想象常年来始终支付标签价的我当时的感受吗？

仅凭一次出色的退缩并不足以保证优惠的价格，但它总能帮助您获得做出更好决策所需要的信息。原因在于对方会试图驳斥您的反对意见，并举证证明价格的合理性。为了成功砍价，您应当：

·让时间成为对您有利的因素。漫长的谈判之后，只要能达成某种一致，谈判者往往便已谢天谢地，此时便存在更大的让步空间。请您谨慎地指出缺陷，并以此佐证您的反对意见。请弱化您所想要获得的价值，同时夸大

[1] Vgl.https：//www.youtube.com/watch?v=R1s_5toNsrs.

您希望出售的价值。您可以以幽默的方式试探一下您能以此走得多远。

·掌控谈判舞蹈。第一次报价大概低于您心理价位的三分之一。双方彼此过招，一开始幅度颇大，慢慢越来越小。当报价的差距趋近于最小时，您就可以考虑做出决定了。最后请您再讨要一个与价格无关的让步。因为对方不想因此影响结果，所以一般此时您多能如愿。

·签订打包协议，以此拓展谈判内容。请您尽可能获取更多的市场报价。例如，假如您想在中国的轻纺市场购买便宜的牛仔裤，那么您可以先问问当地人，他们为此支付的价格。

NEGO小贴士

退缩往往在谈判日的开始与结束之时获得最好结果。

跳蚤市场上经验不足的商贩缺乏比较机会，因此会在一早就摆上便宜价格。落市前您能在商贩那儿获得相当可观的折扣，因为后者不想再把那堆破烂带回家。商业谈判同样如此。在谈判伊始尚无过往经验时，谈判对手会将您的报价视为标准。许多商家在季末会清理库存，于是您可以在夏季、冬季及季中打折中淘到真正的便宜货。如果报价不符合您的预期，您可以友好地中断谈判，预示走人。有些商家会追上前来，接受您的价格。

中期诡计8　腊肠策略——一小片接一小片

曾任欧盟特派员、现为欧盟委员会主席的让－克劳德·容克曾这样描述腊肠策略：“我们做出并公布某个决定，等一段时间看看，最终会发生什么。如果没有大吵大嚷，没有奋起反抗，大多数人甚至根本不知道我们做了什么决定，那么我们就再进一步。一点点来，直到再无退路。”[1]腊肠策略由切萨拉米香肠的比喻而来。如果整条香肠缺了一片，几乎没有人会注意。但是一段时间后萨拉米香肠变短了，紧接着就被吃完了。虽然只是一小片接着一小片，但最终人们会吃得饱饱的。

[1] Zit.nach：Dirk Koch：*Die Brüsseler Republik*, in：Der Spiegel, 52/1999,S.136.

我的一位学生是一家布鲁塞尔大公司的说客。他代表其行业和公司的利益与欧盟会谈，希望慢慢影响立法，做出有利于公司利益的修改。他所进行的谈判极其复杂。他自然最希望一次性实现所有要求，然而欧盟官员的石磨转得缓慢。他们不给他整段香肠，但大多数人都愿意做出微小的让步，满足他的一小部分要求。长期来看，他慢慢赢得了微小的让步，离目标越来越近。显然，坚韧与执着是他的优势。

中期诡计9　硬碰硬——“这您也得让着我！”

“硬碰硬”是敌对谈判者惯用且喜爱的谈判伎俩，采购者以此要求供应商做出单方面的让步。价格谈判中最经常出现“硬碰硬”。“其他都谈妥了，”采购员说，“但是您必须在价格上给我优惠。”当然，在遇到合同条件，送货期限及支付条件时也同样可以使用“硬碰硬”策略。如果供应商被要求“必须包含5%的现金折扣”时，总得有人咬牙切齿地说“好”。当谈判快结束时，没有人愿意从头再来。“硬碰硬”屡试不爽的原因在于，许多供应商从多年经验中学到只有价格才是关键，而对方赤裸裸的要求让他们感到不安。他们害怕失去订单，为了能继续留在游戏中而做出妥协。对于敌方谈判者来说，这种局面再舒服不过，人们几乎不需要多费口舌。对于采购员来说，风险在于供应商敏锐地感到“硬碰硬”已成为了常规策略。如果您是供应商，您会怎么做？没错，您会从一开始就抬高报价，提供低质量的商品或降低服务质量。专业的供应商能预判这一诡计，并事先就寻找补偿。如此看来，采购者不应将“硬碰硬”纳为常规方法，否则很快就会失去效力。

NEGO-技巧

■ “价格太高了，您必须让步。”

为了帮助您专业地应付对方的强硬态度，我们以朋友—谈判者的视角给您一些实用的建议。当您听到“价格太高了，您还能做得更好”或者“运输条件太差了！肯定还有空间”或者“您这支付条件——不可能！我们得再谈谈”时，该怎么做呢？

·不做任何没有理由的让步。

·放慢速度，不要过快回应对方。请再次展示您能提供的价值与用处。

·请始终记住，最终的购买决定并不仅仅取决于价格。整体方案才最重要。

·永远不要无谓地妥协，请要求对方同样做出让步。

·精心准备，实际地评估对方。如果您保持强硬，真的会一败涂地吗？许多采购商虽然想要很多，但得不到也并不会怎样。

对于缺乏经验的谈判者来说，“硬碰硬”是一种极其艰难的谈判策略，正因如此，敌对谈判者才会屡试不爽。身为朋友型谈判者，您可以在谈判时带上一位“老江湖”，看看他如何掌控局面。请您始终保持自信，坐姿端正，目光坚定。如果遇到迷局，可以延期再做决定。

中期诡计10　拍马屁——小甜头仿佛大让步

下面是一个运用马屁策略成功拿下游艇买家的故事。

马里奥几年前买了一艘游艇。他曾是一个拥有重组家庭、日理万机的经理，感到是时候潇洒一下了。他的宏伟愿望是：出海呼吸新鲜空气，感受海风吹拂鼻梁。马里奥没有什么出海经验，对游艇也不甚了解。他买了《游艇》杂志，发现斯洛文尼亚的伊佐拉有一桩不错的买卖。在春天的一个周末，他驱车前往伊佐拉，回来时已是骄傲的游艇拥有者了。他的妻子震惊地发现他花6万欧元买了一艘20年船龄的游艇。马里奥自豪地说起他的谈判：他还掉了2万欧元，甚至还继承了原来的停船位；虽然一年得付6000欧元的租金，但那可是第一排；如今大家可以整装待发，共同出海潇洒了；还有一些安全岛之类的附加配件，卖家也没有额外收费；以如此低廉的价格出售如此漂亮的游艇，卖家可是悲痛欲绝。

几年后，马里奥清醒地说道，他为了游艇的修缮和维护又投入了3万欧元，那里有许多空船位，而且全是第一排，他的妻儿觉得出海很无聊，前往伊佐拉的车程也比想象中要长，开车去那里度周末并不值当。他也从未开船经过克罗地亚多彩的海岸，因为船过海关要上关税。那时克罗地亚还未加入欧盟。因此，他总是开船过海去往卡奥勒，经过加油站，然后停靠在某处意大利的旅游胜地。现在他下定决心出售游艇，却找不到卖家。他只好任其生锈，但这又得花不少钱。这一切到底是怎么回事？拍马屁策略成功生效。每个人都有梦想，只要最终感到能成为赢家，每个人都愿意谈判。有时我们会因此买下一些根本不需要的东西。我们为满足自我需求的愿望所困。我们想拥有良好的感觉。聪明的敌方谈判者深知这一点。一位经验丰富、常年为大众汽车公司进行重要谈判的谈判专家如是说：“每做出一点小让步，就要表现得仿佛吃了大亏。”

NEGO-技巧

■ “哄他开心！”——帮助对方满足心愿

当如下情况发生时，谈判者会感到心满意足：

——得到其他人想要的东西；

——价格低于预期（采购时）；

——价格高于预期（销售时）；

——为某物据理力争或出乎意料地取得额外收获；

——他人表扬或羡慕由他达成的协议；

——发现对方犯了一个有利于自己的错误。

中期诡计11　好人、坏人——糖与鞭子齐下

“好人、坏人”是我们从电影中学到的一项谈判诡计。受审的嫌犯拒绝交出同犯。他为什么要和警察合作呢？为了打破沉默，两位警察以团队形式登场。坏警察对嫌犯极尽侮辱，把他逼到墙角，破口大骂，甚至用刺眼的灯光直射嫌犯或剥夺他吃饭、睡觉和休息的权力。一段时间后，坏警察离开，好警察走进房间。好警察尊重地对待嫌犯，表现得亲切友好，善解人意。他给嫌犯一些喝的，甚至香烟。相应地，嫌犯敞开心扉，透露了两人——好警

察与坏警察都想知道的信息。这一谈判技巧也被称为“糖醋法”或“白脸红脸法”。通过下面这一案例，您将了解商业谈判中的“好人、坏人”策略。

NEGO-生活的分色工程

■ 好人、坏人——汉堡的糖与鞭子

尊敬的谈判教练：

我叫拉尔斯，是一家位于汉堡的大型咨询公司的老总。我们委托一家公司为我们制定一份大客户经理的发展计划。我们要联系的人是Mind&More咨询公司的法萨尔·萨耶德。对于这位年轻的创业者来说，能赢得我们这样的客户是千载难逢的体验。而对于我们来说，这也是与一位虽欠缺经验，却拥有创新想法的咨询者签订便宜合同的绝佳机会。我们知道法萨尔为此投入了大量时间与精力。他来到汉堡后，我们首先让助理通知他稍等片刻，管理层的先生们有时间便会召见他。半小时后他有些不安地问我们是否忘记了他。我们的助理卡琳娜把他带到了配置有最为先进的呈现技术的大会议室，并请他准备一下接下来的展示。我们又让他干等了15分钟，然后我才和我的合作伙伴阿尔图一起走进房间。“很遗憾我们只有15分钟时间。因此我们会提尽可能多的问题，以便对您有最为准确的印象。您没有意见吧？”能看得出他完全不同意，尽管如此他还是说：“是的，当然。”暗地里，他一定飞快计算着一事无成飞回慕尼黑，下周再继续回来的成本。

接着我们就轮流如出膛的子弹般提问，先是与项目相关，然后涉及他个人。他擅长什么，最大的优势是什么，哪些领域则是他的弱项。不多不少15分钟后我的伙伴看了看表，结束了谈话。我们冷静地告诉萨耶德先生，在接下来的一周他会得到消息。十天后我们通知他，总的来说他表现得不错，但我们还有一些问题，请他再来一次汉堡。

在接下来的一周，我亲自准时在门口迎接他，并友好地就上次过于简短的照面道歉。我把萨耶德先生请到一间舒适的小会议室。紧接着，我们的第二位老板阿尔图便出现了。他生气地看向萨耶德，问他今天来干什么。我解释说萨耶德先生从慕尼黑赶来向我们解释一些尚不清晰的问题。阿尔图马上被惹恼了似的摇了摇头，没好气地说竞争对手的提案已经摆上议事日程了，接着便转身离开了房间。我再一次为合作伙伴不友好的行为致歉，并强调如果他能在日薪上再稍稍让步，我个人很愿意雇用他。为了获得订单，他把薪资降低了20%。我们拍板成交。

讨论会开始后，我们请人事处的一位员工一同参加，记录流程及理念。第二年，我们自己的人事专员便已能组织相应培训。“好人、坏人”策略暂时大获成功。下一次还能奏效吗？

致以友好的问候。

拉尔斯

亲爱的拉尔斯：

是的，这是“好人、坏人”策略的经典案例。从敌对视角来看，它显然收效甚佳。至少其短期好处无可争议。然而法萨尔·萨耶德也为此支付了高昂的学费，对他而言，第二次同样的诡计将不再奏效。他会始终记得无论是“好人”还是“坏人”，两人战线相同，需求相同。现在他识别了这一诡计，日后会精心准备，不再做出超越底线的妥协。他甚至会考虑是否真有必要与只想竞争、不关心合作的客户共事。其实，在第一次见面的“听证会”上，他已流露出了一些信号。当然，决定权在于他和他的最佳替代方案。如果可能，他一定会远离此类合作。如此看来，“好人、坏人”策略对于弱势的谈判对手能取得短期收益，但长期来看，在那些强势的、有其他具备吸引力的选择的谈判对手身上可能就无济于事了。

一切由您掌握！

您的谈判教练

在谈判中，有时哪怕“坏人”不出现，“好人、坏人”使俩也一样奏效。在我曾参加的一些谈判中，敌方谈判者友好地指出除非继续修改，否则他们的老板永远不可能签署这样的合同。另一些根本不现身的“坏人”可能是您的银行、会记、律师、客户、工会或您的妻子。您扮演那个想要拍板成交的角色，可惜……有更高级别的人存在。有时“坏人”甚至不需要是真人，它也可以是法律法规、委员会、电脑程序或行为方式。

中期诡计12 小恩小惠——积少成多

所谓小恩小惠，是指谈判者在谈判进行、结束时，甚至在谈判后履行协议之时为了让对方感觉良好而给出的一点小甜头，或者为了不值一提的好处而捞取的小便宜。我的妹妹就是一个爱占小便宜的人。每次我们一起购物时，她总是试着说服营业员给一点小礼品。如果她买套装，就会要求赠送相应的丝袜；如果是给她的丈夫买西装，则不会忘了讨要配套的领带。当然，都是免费的。如果她的丈夫在场，一定会躲到旁边的架子后面。这让他觉得十分尴尬。美发时要求头皮按摩，美容时则是正在享用的面膜的试用装。虽然未必百发百中，但大多时候她都能得偿所愿。是的，概率甚至相当高。讨要小恩小惠是很有效的。汽车销售经理们手里都有大量赠品，但是只有当客户要求时，他们才会拿出来赠送。不发声，就什么也没有。有些购买者刚等卖家准备好合同就开口讨要冬季脚垫、夏用轮胎、高品质的轮毂模型、利息折扣、附加服务、满油取车或免费送车上门等。您不可能免费获得以上所有东西，但一两件总不在话下。

购买者从销售者处获得小恩小惠，反之亦然。小便宜无处不在，随处可见。小恩小惠是众所周知的谈判诡计。因此谈判者一开始就会计划哪些小恩小惠可以填满胃口，然后在谈判中当作小甜头赠送给对方。小恩小惠也可发生在谈判结束后，例如，购买者要求延长支付期限，或之后提出特殊的送货时间或支付条件，索要额外文件及证明，要求共享相关信息或几乎无关痛痒的质量提高以及额外的咨询与培训。销售者也不甘示弱，他们延迟发货、要求收货前结清款项、超额或不足额发货、质量飘忽不定、未如约定般提供服务、增收额外费用……小恩小惠也存在风险。如果情况不断加剧，就不得不重新谈判，这不但耗费时间与金钱，如果超出对方所能承受的界限，也会损害双方的信任感。清晰准确的协议与合同能最小化谈判后索要小恩小惠的情况。

Denk-
zeit

请您思考片刻，您是否已在谈判中遇到过上述诡计？您曾有意识地使用过它们吗？结果如何？

- 既成事实——一开始就形成板上钉钉的事实
- 稻草生火——虚张声势
- 目标——“抱歉，我只有这么多”
- 多少钱？——请您不停地问：“这个多少钱？”
- 要么接受，要么离开——毫无还价余地
- 从高到低——颠倒的竞价
- 退缩——“这么多？您一定是疯了！”
- 腊肠策略——一小片接一小片
- 硬碰硬——“这您也得让着我！”
- 拍马屁——小甜头仿佛大让步
- 好人、坏人——糖与鞭子齐下
- 小恩小惠——积少成多

结束前不久的后期诡计——胜利就在眼前，但还有一个惊喜

谈判结束前的诡计意在在签署合同前再次施加压力，为己方争取单边利益。朋友型谈判者怀有巨大的期待：收拾行李，带着尚可接受的结果回家。如此看来，此时是谈判的关键时刻。谈判者为了避免影响谈判的整体成果，做好了最后让步的准备。深知此点的敌对谈判者定会加以利用。

后期诡计1　“颤抖的签字笔”

盖文·肯尼迪如此称呼这一诡计：双方进行了数小时索取与给予的谈判，最终来到了双方都能接受的结果。最后一刻还有一个追加要求。

弗洛里安是维也纳一家剧院的市场部经理。剧院生意蒸蒸日上，近年来

维也纳开始以音乐剧之城而闻名。剧院计划与一家酒店合作，让音乐剧观众们预订打包服务，由该酒店接待他们住宿。作为该项目的发起人和创意者，弗洛里安干劲十足。他的老板，即剧院的创始人兼艺术总监提奥承诺让弗洛里安参与分红，但双方很难找到彼此都能接受的方案。弗洛里安虽然为此付出了工作时间，却没有可以投资的预算。最终他们约定年盈利的2%作为分红。提奥手握签字笔，做好了签订合同的准备。“终于，”弗洛里安想着，“我终于有了保障。”提奥知道，准备工作持续了两年，弗洛里安没日没夜地为项目付出着。“稍等片刻”， 提奥把签字笔放在了一边。“你知道，我想让第一次婚姻所生的三个孩子有个良好的开始。2个点太多了。如果你接受1.5%的分红以及让我的大儿子担任市场部副总监的提议，我就签字。”弗洛里安同意了。提奥的后期诡计“颤抖的签字笔”大获成功。

后期诡计2　“好的——但是”策略

我们继续看弗洛里安。这件事的中心人物是谈判高手罗丝维塔。 剧院搬进了新办公室。分配员工办公空间的任务落在了弗洛里安头上。他把自己的五个员工请到了谈判桌上，大家达成了一致协议。会议结束时，其他四名员工已经离开了房间，而会计还有一些问题则留了下来。罗丝维塔，58岁，已在剧院工作了15年。她工作卖力，掌握着剧院所有的账目。想要寻找取代她的人并非易事。老板卡尔很喜欢她乃至护着她。“弗洛”，她说，“我去地下室没关系”——问题核心是最大房间的归属——“但是那里的灯光必须改善。我要LED灯，否则我没法集中精神。”“好的，罗丝维塔，我们会解决的。”弗洛里安说道。“谢谢。但还有一个问题。地下室的空气太差了，我需要一台空调，不然我会生病的。”弗洛里安第二次表示同意。“但还有第三点：地毯必须撤走！”就他所知，罗丝维塔养了一条狗，还时不时带来公司。据说是卡尔同意的。有时这狗还会拉肚子。真麻烦，弗洛里安想着，并第三次表示同意。这则今天在家庭聚会上讲述的故事向我们展示了“好的，但是”策略如何运转。如果罗丝维塔在谈判期间提出她的要求，人们就会将其作为一揽子计划加以谈判，最终一定能想出一个相应的解决方案。

后期诡计3　“现在或永不”策略

用“现在或永不”诡计结束谈判对于对方意味着巨大的压力。人们往往将其称为“走人”策略。有一些预示着这一诡计的前兆——最后期限。时间是施加压力的工具，难题在于很难正确评判期限只是为了人为施压，还是千真万确如此。如果您想表现出您随时准备中断谈判，那您可以以此提高您的威力。如果对方想方设法拒绝您提出的期限，您就知道还能榨出一点儿东西来。请您想象，您是一家IT公司的专家，您想要加薪。过去的两年里人们始终对您的诉求敷衍了事。“如果今年再不加薪，我就辞职。”这是明确的宣言：要么加薪，要么走人。也许加薪幅度超出您想象，但也有可能您的上司就势说：“好的，那您就辞职吧！”

如果我们使用“现在或永不”策略，就要做好一旦失败就得承受后果的准备。此时几乎没有退路，否则您将会成为巨大的笑柄。请务必慎重使用“现在或永不”诡计。总的来说，这其实是示弱的标志，毕竟一走了之人人都会。有时整件事会因此显得非常幼稚。您越频繁地使用这一诡计，人们就越不把您当回事。

对于那些被迫直面这一诡计的人，我建议有意识地选择忽略。诡计背后往往隐藏着情感的过度反应，用不了多久攻击者就会后悔不已。选择视而不见可以防止矛盾进一步升级。相应地，您可以询问对方为何制定这一期限，如果未能按期完成有何后果等。

后期诡计4　折中策略

假设您想卖钢琴。您在ebay广告上为您这家“Neugebau”厂家1926年生产的旧钢琴挂牌600欧元。有位有意向者前来咨询，钢琴完全符合他的想象。大家约定了查看时间，对方报价400欧元。您正在犹豫，这时对方说：“如果您同意，那我们就取个中间价吧。”乍看之下这似乎公正公平，简直像是场及时雨。双方各退一步，皆大欢喜。但风险恰恰在此。之所以提出这样的建议，意味着意向者已经同意承担一半的差价。如果您是聪明的谈判者，就能从中获得更多的利益。这是单边的，没有任何条件约束，方便易行。“您愿意支付500欧真是太好了，您看550欧怎么样？”对方同意了。最终您覆盖了四分之三的谈判缺口。对于敌对谈判者而言，这显然是毫无争议的优势。换句话说，这是无需做出相应妥协的妥协。

叙利亚内战是敌人—朋友式谈判失去控制的绝佳案例。也许阿萨德本想安邦治国，却为了控制局势而过于强硬地打压了民众的诉求。这一压力引发了反作用力，于是国内暴力愈发升级，直至局面无法收拾。叙利亚问题有可能解决吗？难民潮的涌入还能不能停止？一个男人处于血腥战争的中心——它就是巴沙尔·阿萨德。尽管他的政府对内战负有重大责任，但人们仍期待与阿萨德进行谈判。2011年年初，叙利亚内战爆发时，所有专家一致认为阿萨德倒台只是个时间问题。

但阿萨德知道，任何替代他的方案都是毁灭性的。他明白自己在一些高层官员心中受到抵触，也深知这些官员的另一选项，即与“伊斯兰国”（IS）谈判会更为糟糕。这样一来，他就利用了对方糟糕的替代方案来让形势有利于自己。结果，想要建立非宗教激进主义的叙利亚反对派的尝试遭遇惨败，叙利亚的土地上找不到可以替代阿萨德的谈判对手。

阿萨德只有一个愿望，即保证其在叙利亚境内的权力。为了确保其政治生涯与人身安全，他甚至愿意做出领土让步。与之相对，IS想要的更多，他们想要彻底推翻当前局势。无论是西方世界还是俄罗斯都不想看到此种情况发生。比起IS，盟军们的利益与阿萨德更为相近。从谈判技巧来看，阿萨德正是利用了这一点，通过盟军提升了自己的权力与影响。

Berühmte Verhandelnde

知名谈判者——巴沙尔·阿萨德[1]

巴沙尔·阿萨德生于1965年，曾就读于一所非教会的世俗化法语—阿拉伯语中学。中学结业考试后，他在大马士革大学学习医学。1994年初，其兄长因事故去世，阿萨德接替了他的位置，成为1970年起便担任身为叙利亚总统的父亲的接班人。在接受军事训练之余，父亲一步步引导阿萨德走上政治道路。担任叙利亚信息技术部部长时，阿萨德推动了祖国的科技发展。

2006年6月，阿萨德被推选为阿拉伯社会复兴党总书记。

[1] Quelle：http：//www.whoswho.de/bio/baschar-al-assad.html.

2000年7月，阿萨德获得最多选票，当选为总统，任期七年。2001年9·11恐怖袭击后，阿萨德一开始站在西方反恐阵营之列，支持后来对阿富汗塔利班政权发起的军事打击。然而，在美国准备对伊拉克动武之时，阿萨德越发向反战主义者倾斜，希望通过和平方式解决与伊拉克的争端。在2003年3月美英联军武装打击伊拉克后，阿萨德更为强烈地谴责未经联合国授权的侵略战争。

2007年，阿萨德再次当选总统，获得又一个七年的执政期。

阿萨德自当选总统伊始，就着手进行政治和经济改革。这些改革被誉为“大马士革之春”。

请您在日后的谈判中仔细观察对方的行为。如果您自觉选择敌人—朋友式谈判模式，且对未来的长期合作毫无兴趣，可以有节制地略施小技。切记不要过分。您知道，人生充满着狭路相逢。当您贬低您的谈判对手时，也不要忘了这一点。在第七章中，您将对敌人—敌人式谈判有所了解。届时，保全颜面的意义尤为重大。

CHAPTER 7

第七章

敌人遇敌人

FEIND

TRIFFT FEIND

此时白色椅子更加接近，已经超越了健康的距离。请您想象自己坐在其中一张椅子上。充满攻击性的气氛很快弥漫开来。也许人们马上会为了位置而大打出手。敌人—敌人式谈判中的谈判者不惜一切代价抢夺主导权，哪怕牺牲对方的利益。这会造成伤害，导致结果失去控制。

“我是否定一切的灵魂！
我便是真理；世间诞生的一切，
都值得毁灭。
因此最好，寸草不生。
你们的罪孽，毁灭，一切恶行，
便都归我所有。”

——梅菲斯特对浮士德说

“如今我了解了你高贵的义务！
你无法毁灭伟大
便从小处开始。”

——浮士德对梅菲斯特说

敌人—敌人式谈判的最大沟通特征是先入为主的破坏性风格。为了找到彼此都能接受的解决方案，必须进行建设性的谈话。而破坏性谈判的效果恰恰相反。人们远离可接受的决定，甚至试着伤害对方。“从小处开始。”浮士德对梅菲斯特说——但这可是来真的。如果我们想研究敌人—敌人式谈判，当然可以参见那些真正的恶人。如阿道夫·希特勒、贝尼托·墨索里尼之类的独裁者，然后分析他们的谈判风格。导致5500万人民丧生的阿道夫·希特勒在暴君的残忍数据榜上遥遥领先。身为统治者，他迫使整个社会经历了十多年的劫难。在为撰写本书搜集资料时，我发现了一个可怕的纸牌游戏——暴君四重奏。游戏内容是比较暴君的执政时长、致死人数以及个人财产。真正令我吃惊的是，暴君四重奏已经出到了第三代，每一代32张卡片，也就是说总计将近100位暴君。现在您会说，是的，这些暴君确实存在，但是我们可不是在和变态的暴君谈判。您说的没错。但不要忘了，所有这些统治者背后都曾聚集着数以百万计的支持者。在我们反应过来之前，就已经被鼓动了——事无巨细。如今，我们生活在民主社会，可以自由发表意见，捍卫权利，但有时我们也会忘了这一切对民众有多么宝贵。

尽管如此，人性仍有黑暗一面。这在有的谈判者身上表现得更为明显，有些则不易察觉，甚至并不存在。即使小处也不乏恶魔，如家庭暴力或滥用职权。妄自尊大的纳粹式领导使得员工与他合作时感到痛不欲生。而一个暴君式的父亲则可能常年在反锁的房门后折磨妻儿的肉体。有时我们会被恶人迷得神魂颠倒，因为我们觉得长期称王者必有过人之处。他们大多善于不动声色地操控他人——这保证了其在金融或政治世界中的成功。那里推行强者为王的法则，没有人愿意提及被牺牲者，他们只是弱者或失败者。我们对此袖手旁观，沉默不语。何为宽容他人的观点与行为？当今盛行的理解便是不要多管闲事，哪怕那是不道德的行为或观点。但请您牢记：勇气胜于一切。请大胆插手干预。丑陋的谈判时有发生，甚至因为当权者在权力被剥夺时会奋起反抗，肮脏谈判发生的概率还相当高。最开始面对谎言与欺骗时，人们一定感到非常不适，甚至常常失去理性。此时，学会在谈判中保留或重夺掌控权便尤为重要。接下来，您将会了解这一谈判的特征以及如何排除万难继续谈判。双方保留颜面地沟通是您施加影响、避免成为傀儡的唯一选择。

Lese-futter

*请参阅玛丽－费朗斯·伊里戈扬《卑劣的面具》，慕尼黑袖珍书出版社2015年第16版。

16版！该书在法兰克福激起了激烈而持久的公开讨论。伊里戈扬是医生兼心理分析师，她鼓励人们勇敢反抗私人与职业生活中的侵犯者。借助日常生活中心理暴力的诸多事例，她唤起了人们对于这一主题的关注。她强调谈判者应当相信自己的感知，学会自我保护。非常值得推荐。

1. 当谈判变得肮脏

双赢双收——听上去不错。如果每一位谈判者都明白合作对双方有益无害，此外还能保证长期成功，为什么人们还不断选择竞争型的谈判风格呢？

NEGO-技巧

■敌人为何不愿合作

就人们为何不愿合作这一问题，哈佛大学的威廉·尤里给出了如下回答[1]：

- 谈判者害怕合作；
- 谈判者不知该怎样合作；
- 谈判者认为合作对自己没有直接好处；
- 谈判者知道自己处于优势。

[1] William Ury, *Getting Past No. Negotiating your Way from Confrontation to Cooperation*, Bantam, New York, 1993.

谈判者害怕合作

尤其是那些认为“谈判成功”意味着态度强硬、不依不饶的谈判者担心合作会导致失败。这些人通常害怕达不到外界的期待。出于对臆想中的失败的恐惧，他们坚持强硬的谈判风格。

谈判者不知该怎样合作

如果从来没见过合作谈判，您又怎能天生就会呢？如果从来没有人告诉您，您又如何知道利益是立场背后的推手呢？如果您之前总是经历更为强势的一方主宰谈判结果，又怎会想要共同寻求解决方案呢？如果您的信条是“谈判意味着战胜对方”，又谈何合作谈判呢？

谈判者认为合作对自己没有直接好处

从幼儿园起，我们就在自己的小社会里树立了强者多赢的概念。运动会上，得分最多者获得荣誉证书，其他人只有参与证书。智力竞答中，得分最高者获胜。最好的钢琴手可以演奏三角钢琴。我们无时无刻不被灌输要坚持、要竞争、要成为更好的人。难怪人们听到教练在谈判训练中强调合作的好处会觉得不可思议。

谈判者知道自己处于优势

既然我占尽主动，又为何要与他人合作呢？许多谈判中，谈判者根本没考虑过合作，因为他们一早就知道自己比对手拥有更多权力，最终定能主宰谈判。相反，谈判对手除了低眉顺眼别无选择。

谈判者不合作的原因不一而足——但所有敌人—敌人式谈判的共同点是破坏性的沟通。让我们先来看一个敌人—敌人式谈判的案例，从中感受此种沟通的氛围和特征。

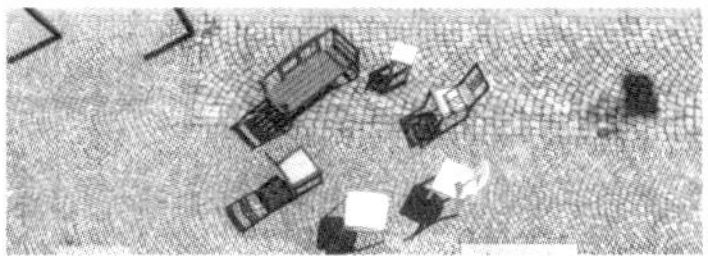

NEGO-
生活的分色工程

商品测评基金会——与强势对手谈判

亲爱的谈判教练：

我们是一家位于德国南部的家族企业，致力于生产纯天然化妆品。我们最畅销的商品之一是可以刺激毛发生长的山松洗发水。四年前，这一洗发水开始上市。两家超市连锁巨头都将其纳入销售。这一洗发水至今占据我们销售额的30%。

在德国商品测评基金会的一次测试中，我们的洗发水只得了4分。如果洗发水得分低于2分，就将被从销售清单中除名。

这个糟糕的分数是这么来的：商品测评基金会分别就质量与商标进行评分。我们的质量分是2分，但是在商标方面，也就是洗发水包装上的文字，我们的山松洗发水只得了5分。到底是怎么回事？标签上写着：适量使用，至少可洗30次。但试验者们不停洗头15次后，瓶子就空了。这被认为是误导消费者，因此我们得了5分！真是太不像话了。更要命的是，商品测评基金会有一项规则，最后的总分只能比最低分高一分。这就是为何我们得了4分的原因。

在与商家的第一轮谈判中，人们威胁要把我们除名。这对于我们来说无疑是毁灭性的。结果只是基于错误的理解，这有失公正。测试者的洗发水使用量是推荐用量的两倍。在产品上市前，我们公司内部的研发部门就已经做了相关测试。30次绰绰有余。因此我们决定抗议商品评测基金会的评分。我们的律师已经起草了一份文书，威胁将给予商品测评基金会临时禁令。同时我们也请求与基金会见面澄清事实。在谈判准备阶段，我们希望获得您的帮助。

致以诚挚的问候！

舒伯特公司

亲爱的舒伯特公司：

我兴致盎然地读了大家的情况描述。我能想象现在情况有多艰难。我非常愿意为大家提供帮助。

商品测试基金会自诩消费者的代言人，旨在保护消费者的利益。他们认为自己的测试结果明白无误，而大家则对事件有不同的理解。大家现在请律师质疑测试结果，这是很有意义的一招。但是我不认为威胁基金会是明智之举。这里的重点是谈判实力。商品评测基金会声誉良好，众所周知，他们一定拥有一支由经验丰富的律师组成的法务团队。许多对产品测评结果有异议的生产商都会发起法律诉讼。如果您是基金会，您会怎么做？也许您的态度会是：让他们去告吧，我们的律师都能搞定。而对于舒伯特家族企业来说，这很可能意味着年复一年的法律鏖战以及巨大的经济损失。

我建议您：将律师函作为警告使用。同时您可在谈判中做如下表现：感谢商品测评基金会的结果。请您强调，您非常敬重旨在保护消费者权益的基金会。您可以指出，为消费者提供多样化的产品符合消费者保护的宗旨。同时也请您明确说明产品下架会带来的后果。然后您可以考虑一下有哪些解决方案。祝您成功！

一切由您主张！

您的谈判教练

洗发水生产商与商品测评基金会最终在没有发起法律诉讼的前提下取得了保全双方颜面的共识。六个月后，人们进行了追加测试。在此期间，舒伯特公司采用了言词更为明确的新标签。在基金会下一册期刊中，测试结果会与舒伯特公司对于基金会所提宝贵意见的感谢信一同登出。

在上述案例中，舒伯特公司向谈判教练寻求了支持，并因此避免了法律争端。我们总是喜欢把不那么舒服的案子飞快地扔给律师，可是这样一来，您就丧失了主动权，成为专家们的掌中之物。律师们承担起中间人的角色，在许多情况下并非不可取或毫无意义。但我们往往忽略了一点，即律师们正是以此为生，只有维持谈判各方间的敌对氛围，拖延矛盾，他们才能从中获利。此外，他们还让我们神经紧张，甚至彻夜难眠。如果您了解敌人—敌人式谈判沟通的特点，许多时候就能避免求助律师，而是与对方共同协商，达成一致。

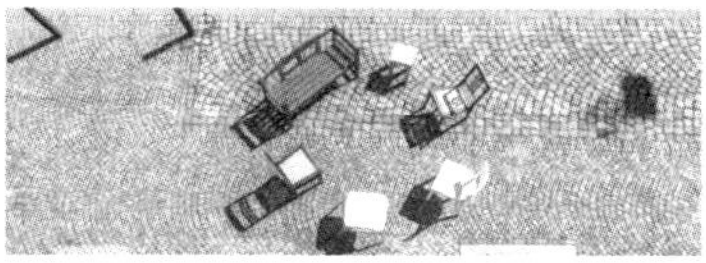

NEGO-生活的分色工程

■ 大柠檬—大问题——认识破坏性沟通的特征

八月中旬，柏林处在盛夏中，人们饥渴难耐。柏林的消费者们在他们常去的DrinkIt饮料超市询问有机柠檬汽水“大柠檬”。从超市经理处人们得知，饮料生产商Water&More（W&M）公司目前不再供应该款汽水。顾客们生气地来到对面超市，在那里买到了大柠檬——很可能还有覆盖一周需求的其他饮料。对于DrinkIt饮料超市来说，这无疑是当头一棒，他们的营业额下滑，利润也随之减少。管理层最大的担忧是可能会永久失去一些客户。因为从去年起，DrinkIt的市场部开始了一场大型的广告运营，通过传单、报纸及招贴广告宣传他们的商品，其中也有著名的大柠檬。两位老板都大发雷霆，却对这种有损销售的局面无能为力。

事件背景是这样的。W&M公司一贯以甘蔗等可持续原材料为基础生产可回收的环保塑料瓶，即所谓的EcoBottle。但塑料瓶供应商的员工举行了罢工。没有瓶子，W&M公司就没法灌装有机汽水。罢工已经持续了24周。一周周过去，DrinkIt只等来一次次的空头支票。W&M公司正苦苦寻找塑料瓶的替代生产商，却因为不愿失去环保生产商的声名而无论如何不愿改用传统的PET瓶。

现在DrinkIt的损失已高达9万欧元。因此DrinkIt的采购总监斯蒂芬·穆勒希望与W&M公司进行面谈，斥责造成他们在竞争激烈的饮料市场销量下滑的不负责任行为，并对已损失盈利提出适当赔偿。而W&M公司则委托年轻律师罗伯特·施赖伯尔为代表出面应对。作为入行不久的新手，他虽对一些经济赔偿要求有所耳闻，但自己从未处理过此种情况。

同一天，斯蒂芬·穆勒收到年轻律师的邮件，信中写道，在与W&M公司的管理层商量后，他们激动而直接地拒绝了DrinkIt的要求。在受困于不可抗力的前提下，支付赔偿是不合常理的，毕竟W&M公司自己也是环保塑料瓶生产商罢工的受害者。追索权应该仅仅针对生产厂商的管理层，是他们没管好自己的员工。对此W&M公司真的爱莫能助。紧接着斯蒂芬·穆勒拿起电话，给罗伯托·施赖伯尔打了过去。谈话进行得并不顺利，矛盾进一步升级。下面我们来读读事后斯蒂芬和罗伯特分别如何向上司汇报。

尊敬的领导们：

如约简短汇报我与W&M公司的会谈结果：真是灾难性的会谈。W&M公司的律师施赖伯尔先生从一开始便没有听我说话。他所做的一切都仿佛在嘲笑我们的建议。我们的要求被一群白日做梦的人给践踏了！W&M公司方拒绝承担一切责任，因为他们的服务无可挑剔。接着他还说，以为像W&M这样的大公司会理会DrinkIt这种无足轻重的客户的要求，我应该为自己有这种想法感到羞愧。在8家规模相当的客户中，我们每季度的销售数字是最糟糕的。比起盈利，像我们这种小客户只会带来麻烦。 他问我有没有听说过“不可抗力”，不但在我面前逐字拼读，还施舍般地给我扫描了一份文件，上面用小学水平的措辞解释了这一概念。他认为我应该直接去找“包装与运输工会”的那群白痴，他们才是正确的谈判对象。反正纠正我们管理上的错误不是他的工作。他谴责我试图牺牲他们来美化我们的结果，宣称行业内没有任何先例支持我们的举动，而W&M公司也没有兴趣开创先河。如果他们屈服于每一个无能客户的哭诉，就永远不可能获得今天的成就。最后他直接拒绝就此话题继续谈判。他最后的话是，如果打官司，就让我们看看谁的命更长。然后我就挂断了电话。

此致

敬礼！

DrinkIt有限责任公司采购总监斯蒂芬·穆勒

与此同时，罗伯特·施赖伯尔给W&M公司的管理层写了如下邮件：

嗨，老板们，很抱歉使用这样的表述——我刚和DrinkIt的白痴们结束谈话。简直是彻头彻尾地不要脸！让我和你们说说：穆勒从不听我说话。他对我们深思熟虑的担忧置之不理，拒绝承担一星半点的责任。他说W&M公司就这么毁了饮料市场的赢利还想轻松过关？怎么能有这么不要脸的想法。他说由我们的产品带来的损失比赢利更大，还问我有没有听说过间接损失和违约赔偿，甚至还想给我发一份写着白痴解释的传真。他还说想让DrinkIt为我们与供应商的合作失败买单，这门儿都没有。他甚至说我们的低效比所有其他供应商的缺货总和更加糟糕，说他知道我们的盈利能力在所有饮料生产商中排名垫底，现在正苦苦挣扎避免被竞争对手抢去生意；如果我们不同意赔偿，他们就不再进我们的货；如果他们总是默默分担无能供应商的重担，就不会取得今天的地位。穆勒严肃地拒绝，哪怕再妥协一毫米。要么我们付钱，要么就等法院的裁决。

祝好！

罗伯特

在这个案例中，哪些行为方式导致矛盾升级，并最终演变为敌人—敌人式局面？罗伯特与斯蒂芬公开争吵，情绪激烈，他们都把造成这一局面的唯一责任与过错推卸给对方。在面对老板时，两人都详细地为形势辩解，并错误地评判对方。罗伯特想要在谈判中避开斯蒂芬，试图通过无关紧要的话题转移视线。双方互相指责、诋毁、推卸责任，他们谩骂对方，取笑对方，表现得尖酸刻薄。罗伯特对斯蒂芬进行人身攻击，不但批评他，还傲慢地管教他。他们互相威胁，公开挑衅。如果单独问他俩谁破坏了谈判，俩人一定会彼此互指。那么，破坏性沟通到底有哪些特征呢？

NEGO-技巧

■ 敌人－敌人式谈判中破坏性沟通的特征1

- 指责、抵赖
- 推卸责任
- 不停打断
- 人身攻击
- 冥顽不化
- 互相屏蔽
- 公然挑衅
- 不实指控
- 互相宣战

指责、抵赖

指责与抵赖的言下之意往往是责任都在对方，包括夸大其词、上纲上线及贴负面标签。

NEGO-生活的分色工程

早餐桌上的争吵——快速演变为指责与抵赖

劳拉和克里斯生活在柏林。劳拉是记者，克里斯几年前开设了自己的建筑设计工作室。因为两人都要工作，所以将他们两岁的女儿米亚送进了托儿所。但今天米亚发烧了，他们必须有一人留在家里。问题是，留谁呢？在早餐桌上，对话如下展开。

劳拉："你不能又丢下我，克里斯。最近三次米亚生病都是我待在家里。"

克里斯："我已经和尊贵的夫人您说了上千次，我们应该找个交换女佣。"

劳拉："你每次都到半夜才回家。否则我早就找了。"

克里斯："真是不可思议，你总是那么不在乎别人的想法。"

劳拉："你又开始不实事求是了。"

克里斯："是谁先开始的？你待在家里。就这么定了。不要说了，结束。反正我挣得比你写那些破玩意儿多。"他起身离开，重重甩上了门。

指责的典型特征是，都是你的错——这是非常负面的信息。"你不能又丢下我。"劳拉说。她试着借此把问题推到克里斯身上。此时，人们不会采用第一视角，不会提及自己的部分。错都是别人的。这直接产生了等级落差，主观的"都是你"信息明确表明对方有错，信息发出者凌驾于他人之上。唯一重要的是谁说得对，至于事实如何，乃至怎样解决则无人关心。对方的反应也直截了当：被攻击者陷入自卫姿态，开始为自己辩护，并试着将权力落差往对自己有利的方向扭转。

夸大其词是谈判者试图加重自身观点意义的伎俩。形势越发戏剧性。“我已经和尊贵的夫人您说了上千次，我们应该找个交换女佣。”克里斯骂道。肯定没有这么多次。夸大其词同样引起迅速反击，对方会立刻表示抗议。

上纲上线是指把一次性的特殊行为曲解为惯常做法。“你总是半夜才回家。”劳拉回击道。好吧，也许有时确实如此！像“从不”“总是”“所有人”“每个人”或者“没有任何人”这类表述是典型的上纲上线的词汇，这往往是长期克制的怒火的标志。我们很容易被上纲上线激怒并迅速还击，谈判因此被极端化，使得彼此理解愈发艰难。

“真是不可思议，你总是那么不在乎别人的想法。”克里斯责备劳拉。为了批评整个人，人们会给对方贴上负面标签。不仅某一行为有待商榷，其为人处世都受到质疑。人们急于自我辩护，并奋起反击，矛盾不断升级。以牙还牙，以眼还眼，责备换来反击。我们太容易在敌人—敌人式谈判中跌入陷阱了。争端愈演愈烈，想脱身谈何容易。双方情绪不断高涨，谁都不愿将胜利拱手让人。

人身攻击

敌人—敌人式谈判中的指责与抵赖导致谈判者相互攻击不足为奇。一方面，有些攻击非常直接：“戏精、人妖、小气鬼、自大狂……”而另一方面，攻击也可以非常隐晦。如，谈判者嘲笑对方的信仰、想法与喜好；把对方撇在一边，视而不见或者让对方公开出丑，甚至在他人面前诋毁抹黑。有时人们只是讽刺地指出对方的弱点，或者轻蔑地暗示。质疑对方的判断力与决断力也比较流行——或借助挖苦与嘲讽公开蔑视。如果我们感觉受到攻击，就会通过辩解或反击捍卫自我。

攻击与指控推动敌人—敌人式谈判中的矛盾不断地螺旋上升，很快谈判者的全部关系与过往也成为攻击对象。情绪先是沸腾，接着失控。人们开始说出清醒时绝不会说的话语。我们总是太把攻击当回事，如果是人身攻击，威力更是倍增。这便是“高压锅效应”。有时伤害是如此巨大，以至于人们无法忘怀，更别说原谅了。即使伤痛不在，伤疤也依然触目。可以确定的是，一旦发生人身攻击，想要达成共识就愈加艰难——真的无一例外。敌人—敌人式谈判中亦会出现针对性攻击，目的是吓唬对方，促使其接受自己的建议。这时不时也能有所斩获。但请您记住，绝大多数时候，自我情绪及攻击程度是非常难以控制的，一不小心就会失控。虽然人们常说，以其人之道还治其人之身，但毕竟不是人人都是硬骨头，能吃得消这一招。

公然挑衅

如果您公然挑衅，就会很快陷入死胡同。谈判者最容易犯的错误之一就是用挑衅开始谈判。因为这一做法，会让本就棘手的情势变得更糟糕，而本已糟糕的情势则变得毫无出路。在心理学上，挑衅即意味着挑战，其目的通常只是为了引起关注。如果您有孩子，一定熟悉这种情况。在二岁到四岁的叛逆期，孩子们会突然大吵大闹，或在地上打滚；在超市也不例外，尤其是在糖果的货架前，直到得到想要的东西，否则就不停歇。谈判者也同样如此。可惜的是，在谈判中这种行为很少能取得预期效果，大多数时候甚至事与愿违。对于对方来说，挑衅无非是在邀请他坚持己见。因而，聪明的父母绝不会用糖果来奖赏孩子的吵闹。挑衅大多伴随着威胁，挑衅者极尽所能地描述对方不接受要求的可怕后果。为了重新稳固权力格局，对方多半会反过来威胁。挑衅的情绪越激烈，双方进一步陷入破坏性沟通漩涡的风险就越大。随着你来往我的速度以及挑衅的强度不断提高，漩涡终将变成龙卷风。

推卸责任

“我两手干净，滴泥不沾。”这可真省事。若成功将责任推到对方身上，就避免了共同承担责任的重负。有时人们也会为了解脱个人的情感压力而寻找过错方，将恐惧、压力、烦恼统统加载给对方，并为此感到如释重负、神清气爽。然而，那些身兼重担的人会作何反应呢？他会甩回包袱。试想，您愿意负担敌人的重担吗？身为影子谈判者，我曾看到过许多花数小时只为争论谁对谁错的谈判。谈判者们就这一主题互相撕咬。推卸责任的典型表现是兜圈子，人们连续不断地交换着相同的论据。

冥顽不化

“就是这样，曾经、现在乃至以后也都是这样。”冥顽不化的人最喜欢板上钉钉，尤其搭配上敲打着桌面的弯曲食指和咄咄逼人的强硬目光。这是敌人不愿再让一寸步的明确信号。谈判的基本原则——灵活性早已被抛到了九霄云外。当谈判遇到冥顽不化的主张时，往往是濒临破裂的最初标志。

不实指控

不实指控是冥顽不化的一种表现形式。至于人们是否刻意针对，并非此时要点。当因为认知的欠缺而导致不确定性凌驾于正确性之上时，就会引起谈判对手的误解，甚至当认知基于谬误时，会令对方大发雷霆。遭遇不实指控后，我们往往会质疑对方的可信度，而且大多数时候不仅针对这一点，而是整个人以及其所有建议的总体可信度都会大打折扣。

不停打断

Denk-
zeit

在谈判中，当对方明显犯错时，是否可以打断对方？
在继续往下阅读前，请您先考虑一下这个问题。

我的许多谈判训练学员都认为：如果对方确实言不符实，人们应当立刻打断他，并尽快纠正其错误。但这样的话，气氛就会十分尴尬。当然，当别人认知发生偏差时应当进行纠正。但真正的问题是，这非得通过打断对方说话才能实现吗？接下来我的第二个问题往往是，在座的学员中有谁愿意说话时被打断。我曾在多次大课上提出过这一问题，至今从未——真的是从未——有人举过手。接着我提出第三个问题：“大家有谁从未打断过别人吗？”这一次，五人举手。这种矛盾从何而来？原因在于我们总是搞混自己的价值和自己的行为。我们不喜欢被打断，却总是在打断别人。要知道，我们的期待也正是他人的愿望：不被打断。“您说的没错，但是，”现在许多聪明的谈判者会说，“通常我也不会打断别人。我只有在对方真的说错时才这么做。这完全是不同的情况。”我并不认同这一观点。偶尔被打断，多数人尚能忍受，但若不断被打断，只怕所有人都会勃然大怒。如果您想要激化敌人—敌人式谈判，那就尽管这么做吧。您不会失望的。在此种情况下，我十分怀疑对方是否还有兴趣了解您的诉求所在。

互相屏蔽

屏蔽是不接受对方建议的信号之一，其特征是简短干脆的拒绝。人们觉得仿佛在和一堵墙对话。完全屏蔽很可能会导致矛盾升级。让我们来看一段颇为夸张的小对话。

汉娜：“我们得谈谈家务问题！我觉得总是我来打扫太不公平了。你至少可以一周打扫一次浴室。”

林努斯：“不，这可不行。到头来你还是会因为自己的洁癖而小题大做。”

汉娜：“那好吧，那我们轮流洗衣服。”

林努斯：“不行，我连洗衣机怎样用都不知道。”

汉娜：“那你至少偶尔去买个菜吧。”

林努斯：“想也别想。我工作压力就够大了。”

汉娜：“我明白了。你滚吧，林努斯。”

互相宣战

一旦宣战，就再无退路。这是矛盾升级的宣言。至今人们仍在商谈结果，而下一步便是将宣言转化为事实：“我全程看着您的卑鄙表演。现在是时候结束了。我们必须此刻此地分道扬镳。”

此时，除非颜面尽失，否则没有回头之路。一旦宣战，必须执行——即使双方将为此付出高昂代价。在谈判最终破裂时，所有人都是输家。即使没有立刻决裂，宣战也会造成巨大损失。如果工会不愿意考虑管理方的意见，并威胁罢工，那么他们就势必要将宣言执行到底。这也是希望在未来获得重视的信号。罢工使得企业损失惨重，最终也将损害员工的利益。最坏的情况下，公司财务可能蒙受重创，支付更高薪资的可能性也随之降低。

现在，您已了解并能辨认出谈话中的敌人—敌人式谈判因素：指责抵赖、人身攻击、公然挑衅、推卸责任、冥顽不化、不实指控、互相打断说话、屏蔽甚至宣战。是的，也许您在想，这些知识对我有什么用呢？您有三种可能性：您可以依样画瓢，坚持敌人—敌人式谈判，以牙还牙，以眼还眼。问题是，这真的是您的本来目的吗？或者您也可以弱化矛盾，试着赢得对方信任。第三种情况下，您也可以随时中断与不敬者的谈判——前提是您有最佳替代方案。我们称这种情况为“一刀两断”。

2. 直面谎言与背叛

Denk-
zeit

（1）您曾在谈判中说谎或欺骗吗？

（2）您曾在谈判中被说谎或被欺骗吗？

在继续往下阅读前，请您先想一想。

当我问我的学员们是否在谈判中撒过谎，绝大多数人都会诚实地点头。而至于是否被欺骗过这个问题，至今我尚未得到过否定回答。在我的追问下，许多谈判者说在他们的工作中，说谎是司空见惯的事。每个人都知道，所有人都在做。这就是谈判游戏的一部分。[1]是的，说得没错。想要在一个满是公开与诚实的世界中谈判是且始终是痴人说梦。谎言和欺骗有许多张面孔：有时您的谈判对手会告诉您一些他明知是错的事；有时人们对您隐瞒信息，让错误的印象引导您步入歧途；有时欺瞒严重到难以承受，接着又有所收敛；有时谎言明目张胆，有时又不易察觉；有时您料事如神，可下次欺骗又再度毫无征兆地席卷而来。

[1] Kennedy, Gavin：*Negotiation, Module 4, Debate in Negotiation, Edinburgh Business School / Heriot-Watt University*, Edinburgh 2002.

NEGO-生活的分色工程

女教师——为什么谎言走不远?

亲爱的谈判教练:

我叫阿丽克萨，今年38岁，是一所综合高中的德语教师。上周我经历了三次可称得上是谈判欺骗的情况。

(1)我给其他学校的一位名叫法比安的男生补课。在一番讨价还价后，我和他母亲一致同意每小时30欧元的价格。“您难道不在意您儿子的升学吗?您想要保质保量，不是吗?”我问她。“30欧元是我的上限，不可能再多了。您知道我是单亲妈妈。”法比安的母亲说道。我并非不满意。虽然没达到我的所有要求，但也就这么回事儿。一天后，我和同事奥托聊天，他正在给同一位学生补习拉丁语。他直截了当地告诉我，他每小时收费40欧元。而且他还是比我早一天定下的。真是差别太大了。

(2)因为我不属于公务员编制，所以每学年结束时都要续签下一年的合同。当我向校委会打听情况时，人们告诉我，目前还未得到文化部的消息，一旦有新信息就会立刻通知我。其实我之前就已经咨询过文化部，并获悉基本方针两周前就已通过官方发布。紧接着，当我在食堂和我的专业课同事闲聊时，我得知她一周前就知道自己被任用了。明天我要去投诉。我可不能让人这么欺负。

(3)今天我们10c班进行一次随堂测验。尤斯图斯手上绑着石膏，信誓旦旦地向我保证，他确实无法写字。他的德语绝对只有5分。下午买东西时我看到那个小家伙用他的小电驴带着女朋友呼啸而过。根本没有石膏的影子!

我只是想知道:为什么人们要说谎?

祝好!

阿丽克萨

亲爱的阿丽克萨：

是的，这就是生活书写的小故事。谈判者说谎有许多原因：

· 为对方好，如："你今天看起来真漂亮！"

· 为了保全他人颜面，如："我是您也会这么做。"

· 为了避免不必要的矛盾，如："我们还没获得文化部的信息。"

· 但是，绝大多数谈判者欺骗对方都是为了自己获利（如法比安母亲为了自己的经济利益，因为害怕成绩差而逃避随堂考试的尤斯图斯）。

有些谈判者虽然想减少花招，更真诚地谈判，却不得不承认，通过欺骗获得的利益是如此诱人，人们很难抵挡它的诱惑。

一切由你主张！

你的谈判教练

怎么做才能降低被欺骗的概率？抵御谎言的最佳方式就是不让对方那么容易实施欺骗。通常人们说话是为了获取己方利益，但与此同时，也有一些阻止我们说谎的力量。其中之一便是对于被当场抓获并最终丧失信誉的恐惧。此外，谈判者还能做些什么呢？[1]让对方知道您是有备而来。在第二章中，我们已经说过了良好的准备对于谈判成功的意义。阿丽克萨可以在最开始就告诉校委会她已经知道了文化部信息，以此防止被搪塞或欺骗。如果您还没有掌握相关信息，那么就表现出您之后会做相关努力。虽然您不知道对方所言究竟是事实还是谎话，但这并不代表您只能束手就擒。您可以让对方知道您也能而且定会获得让自己豁然开朗的信息。阿丽克萨可以让尤斯图斯第二天出示医院的证明。

请不要提出会把对方逼到死角的问题。尤其当您问"为什么"时，您就是在逼迫对方为自己辩护。没有人喜欢这样。如果谈判者不想透露真正的动机，很快就会编织（善意的）谎言。因此，在培训伊始，心理治疗师们就会

---

[1] Vgl.Malhotra, Deepak/Bazerman, Max H.: *Negotiation Genius, Kap. 9: Confronting Lies and Deception*, Bantam, New York 2007.

学习不要在治疗刚开始时提任何“为什么”。如果还没和病人建立信任关系，最好让他待在自己的舒适区内。只有当信任产生，病人才会愿意坦诚地回答问题。问题越咄咄逼人，对方说谎的可能性就越高。阿丽克萨就提了一个让法比安的母亲走投无路的问题：“您难道不在意您儿子的升学吗？您想要保质保量，不是吗？”

我给您的最重要的建议是：请您自己保持坦诚。尤其是在敌人—敌人式谈判中，双方会预设对方说谎、欺骗、耍花招。是的，许多时候确实如此。如果问谈判者为什么还要参与其中，同流合污，答案往往是：“为了保护我们自己，为了防卫。”只要您仍自觉地处于敌人—敌人式模式，您就不能成为第一个缴械投降的人，泄露对自己不利的信息。但若您想改变游戏规则，那么不妨在无关痛痒的地方摊开自己手里的牌。当然，不要一下把所有牌都摊在桌上，每个变化都需循序渐进。

如何识别谎言？答案并不讨人喜欢。即使一些人认为自己能甄别真假，但其实绝大多数谈判者并不能通过分析肢体语言来破解谎言。关于这一主题，有许多有趣的文献。如杰克·纳什尔的《洞若观火：揭露大小谎言的秘密》。然而，在此书伊始他便写道：“如果真这么容易就好了。”而马尔科姆·格莱德维尔在他的畅销书《眨眼》中则宣扬人们应当更多地相信直觉，却无更为具体的建议。 我非常喜欢美国电视剧《别对我说谎》。卡尔·莱特曼医生和他的同事们想要通过评估微表情来找出说谎者。这种面部肌肉群的不经意运动展现了人们真正的、被压抑的情感状态。特别有趣的是，除了（由莱特曼医生讲解的）演员们的面部表情，电视剧还以飞快的顺序展现了真实世界中的名人照片。如就莱温斯基丑闻发表讲话时摸鼻子的克林顿，或为伊拉克战争辩护的乔治·布什。

为什么很难识别谈判中的谎言？谈判错综复杂。谈判者们身处动态变化，对智力和体力要求都很高。也许谈判语言并非您的母语，或随团四处奔走，此时您的大部分注意力都在内容上。您在此刻还能注意到对方瞳孔是否聚拢？我深表怀疑。反正我是做不到。不如专注于内容层面，反而会更为成功。

NEGO-技巧

谈判者如何评判真相

· 请通过不同来源横向验证您得到的信息。向对方提一个您知道答案的问题，以此测试他的行为。

· 保持交谈。您了解得越多，对方就越难记住所有不符事实的信息。这样您可以不断验证您得到的答案。

· 如果对方避免回答您提出的某一个问题，请提高警惕。很可能此处隐瞒了信息。

如果当场抓获对方说谎，应当如何应对呢？首先您感到痛心疾首，也可能是失望、生气、暴怒或者恶心。如果被捕获的对象本就不值信任，很可能会使您对他的印象更为根深蒂固。但若是您盲目相信他人说谎，那么可能您的整个世界都会崩塌。此外，谎言的范围是另一方面。这到底是一个小小的把戏，还是会给合作带来负面结果的真正的欺骗？答案不一而足。请您好好想想，那到底是恶意说谎还是不得已而为之？另外，您也应当将对待真相时的文化差异纳入考量。如果您在一个亚洲集市上，那么是否遵守讨价还价的规则对商人来说可能只是面子问题。从他的价值观来看，这一行为并不会被冠以不道德的骂名。这不过是个小把戏，并无他意。请不要过快下定论，而是结合文化语境评判谎言的意义。您还想继续谈判吗？正如之前所言，您随时可以在敌人—敌人式谈判中有意识地中断谈判。如果信誉是您最为看重的价值，您也可以退而求其次，选择您的最佳备选方案。但若您仍期待结局，且与对方的关系有着长远的意义，您也可以继续谈判。还是说您想要对方直面被您识破的事实？那又该采取何种方式呢？

3. 保留颜面——无时无刻

“保留颜面”的经典定义是不当众出丑或丢脸，即维持自己的良好声誉。此外，还有非常有趣的一点，那便是由佩内洛普·布朗与斯蒂芬·C.列文森基于尔文·戈夫曼的模型发展出的一套理念。在这里，“保留颜面”即指我们的全部形象：我们自己的公开身份。我们以某种方式展现自己，也希望他人以某种方式认识我们。我们通过自己的行为举止唤起对方的共鸣。我们可以自己定义公开形象：通过外貌、生平、行为及态度。这些拼图部件共同组成了一个整体印象，供对方感知与评价。只有当其他人接受时，我们才称得上有了形象。我们可以通过持续的行为加深人们的印象，或是通过改变行为来消除。也就是说，这一形象并非静止不变，而是动态变化着的。因此，保留颜面，并以此维系自己的形象对每一位谈判者都意义重大。互相保留颜面也被称为“面子工作”。推动面子工作的一大要素是礼貌。

基于合作或竞争的基本态度，每位谈判者都有两幅面孔——朋友面孔与敌人面孔。布朗与列文森将其称为渴求合作的“积极”面孔以及渴求自由、个性与主导的“消极”面孔。每一次互动都赋予其全新的定义。由此可见，谈判者可以有意识地摆出朋友或敌人般的面孔。同时，谈判中的双方也始终通过交流与互动审视着对方的面孔。他的所言所行符合对方心目中的形象吗?

让人丢脸，甚至影响形象的可能性不一而足。心理学将其称为有损颜面的行为或FTAs（face threatening acts，可能丢脸的行为）。有损朋友形象，从而建立甚至加固敌人形象的FTAs特征之一便是您在本章第1节中已经了解的破坏性沟通。这种行为会让谈判中很快失去“积极”面孔。我们甚至可以肯定地将其称为经典意义上的丢脸行为。

这对谈判者会产生何种直接影响？首先绝大多数人都会出现情绪起伏：震惊、不满、羞愧、暴怒……接着他们会试着重新“抛光”面子。基于不同态度，他们要么加强敌人—敌人式谈判中的毁灭性行为，以牙还牙，以眼还眼；要么为这次颜面尽失而要求补偿，如道歉等。如果他们是这次丢脸事件的始作俑者，有时也会自行道歉。最后我们可以说，敌人—敌人式谈判中始终潜伏着丢脸的风险，并最终导致持久的形象破灭。

NEGO小贴士

想要确认您是否如经典定义般伤害或被伤害了脸面，您可以在谈判中提出下列问题：“我会把现在的情景告诉我的妻子、丈夫、孩子们、老板……吗？”如果答案是否定的，说明这是有损颜面的。

NEGO-生活的分色工程

■ 永远别用拳头捶桌——避免一棍子打死

亲爱的谈判教练：

我叫马丁，是一家大型德国银行的销售团队主管。在一阵唇枪舌剑之后，对方的一位谈判者用拳头敲着桌子咆哮道：“够了。谈判结束！”见此，我们收起文件，暴怒地冲出了会议室。现在我们该如何面对这一破裂的谈判？

祝好！

马丁

亲爱的马丁：

事情变成这样真是太愚蠢了！这里有一些建议，就是向对方解释一下您离开的原因。陈述时注意保留对方的颜面。您可以理性地论述您的想法。同时，请您礼貌地询问对方中断谈判的原因，注意一定要顾及他们的面子："我们意识到您不愿再继续谈判。可以问一下是何缘由吗？"也许一开始对方会以借口搪塞。这时您可以继续追问。"明白。那么请问您为何有这一担忧/想法……"请您试着发现尚未被满足的利益。在这一过程中，始终保持友好与建设性的态度。如果您想彻底结束谈判，可以说："很遗憾，但是我们不想再谈下去了。我们认为目前没有结合双方不同利益，达到共赢的可能。"虽然谈判中断，但若双方未失颜面，日后多半还能重拾谈判。但若结束时剑拔弩张，则几乎没有可能。

一切由您主张！

您的谈判教练

4. 直面非理性

谈判者强烈希望相信理性的力量，并始终以清晰的头脑进行谈判。然而，许多谈判者在实际生活中的经验却大相径庭。不计其数的谈判现场是混乱一片的。我们的谈判对手大多不值信赖，或充满敌意。坚信人类乃至谈判者是由理性控制的生物是否真是一条出路，目前仍尚不可知。尽管如此，还是可以通过遵循规范性的原则来实现一场理性主导的谈判。遵循理性谈判的建议，将认知落实到谈话中似乎是对谈判及其结果产生积极影响的方法。但是日常生活中，认知往往无法在最终帮助谈判者，而那些知名的模型以及推荐的行为方式也纷纷失灵，这令人们感到深深的沮丧。大多数时候，我们完全低估了人类及其可能反应的多样性以及事件本身的复杂性。

在模型中，人们往往假设对方也会遵循眼前的道路进行理性谈判，会认识并认可剩余价值并想方设法将其转化为谈判所用。可惜这多半只是虔诚的妄想，对方可不总是会如您所愿地进行配合。还有人认为这过于学院派。如果谈判者过久地执着于理性谈判的好心建议，就可能蒙受陷入死胡同的风险。这在敌人—敌人式情境中尤为突出。

在过去的40年间，学界研究了众多谈判。哈佛理念以原则为基础的谈判方式声名远播。许多大型企业几十年来均在其采购及销售人员培训中将维系与供应商及客户的长期合作列为绝对目标，一再强调。许多谈判者扩展了自己的个人谈判能力，而这一方法在实践中也屡试不爽。该原则的正确性与价值毋庸置疑。然而事实却是绝大多数谈判者很容易也乐于陷入旧模式之中。人类并非生来理性，最初总是只有一小群人高举某些特定价值，宣扬共同成长。绩效优先的社会深深影响着我们，以至于对于盈利最大化以及相应的个人利益的信念扎根于我们心中。在第八章中，您将学到如何远离非理性。

NEGO小贴士

请您别忘了：谈判者并不总是理性。一开始您只能接受非理性。日后您对谈判了解得越多，就越能轻松地远离非理性。

意大利前总理西尔维奥·贝卢斯科尼是一位毁誉参半的极端谈判者。他以最为极端的方式无情实践着竞争型的谈判风格。人们要么服从，要么成为敌人。贝卢斯科尼时常以游走于法律边缘的强权形象示人。身为敌人型谈判者，他喜欢奖赏那些支持者——也许是职位，也许是单边利益，总之出手大方。而那些违逆他的谈判对手则被视为谈判敌人。因为缺乏合作意愿，他们往往受到过分制裁。贝卢斯科尼居然能在意大利横行霸道这么多年，着实令人惊恐。而欣慰的是，意大利人民最终还是成功将其送上了审判台。只是这真的是故事的终结吗？让我们拭目以待吧。

Berühmte Verhandelnde

西尔维奥·贝卢斯科尼[1]

诚如印度谚语所言："当人们生活在水中时，与鳄鱼为敌实为下下之策。"您知道贝卢斯科尼的绰号正是"凯门鳄"吗？记者巴斯蒂·安布兰道尔写道："他就像鳄鱼般紧紧咬住政治机器，并以此拖垮它。意大利的政治体系拖沓繁琐，毫无生机，没有人能像贝卢斯科尼这般灵巧地利用它。"[2]

[1] Vgl.https：//de.wikipedia.org/wiki/Silvio_Berlusconi.

[2] Vgl. http：//www.demokratie-goettingen.de/blog/der-kaiman-beist-sichfest.

贝卢斯科尼总共当选过四任总理——在借助议会力量巩固其媒体王国的统治地位后，他才真正步入政坛。此时，贝卢斯科尼的权重已经一目了然：那便是腐败都不可阻挡的政商间的紧密结合。他的执政风格不允许人们对其将媒体与政治力量用于私人利益的意愿产生任何质疑。

众所周知，贝卢斯科尼善于通过与其他元首的友好关系缔结政治互通。他的“朋友们”有美国前总统乔治·W.布什、俄罗斯总统弗拉基米尔·普京，以及直至2011年去世前仍常年执掌利比亚的穆阿迈尔·卡扎菲。2010年春，贝卢斯科尼曾以吻手礼向卡扎菲表达敬意。

面对批评，他则以激烈挑衅及人身攻击加以还击。在接手欧盟委员会轮值主席后，他这样回答德国代表（社会民主党）马丁·舒尔茨的批评：“舒尔茨先生，我在意大利认识一位拍摄纳粹集中营主题电影的制片人。我建议您扮演狱头一角，这简直是为您量身定制的。”

对于违法，甚至出于一己之利颁布法律，贝卢斯科尼并未表现出丝毫犹疑。例如，2003年6月18日，意大利议会顶着反对党抗议者的压力接受了共和国元首免受任何刑罚这一法令。

至于贝卢斯科尼自己，则被指控操控价格、不公平竞争、作伪证、滥用职权、雇黑手党袭击、支持卖淫、贿赂、从事毒品交易、偷税漏税、洗钱、伪造报表、行贿法官及支付贿金等多项罪名。

您已看到，即使在敌人—敌人式谈判中，仍有可能保持一颗清醒头脑，不失颜面地加以应对。印度第一任总理贾瓦哈拉尔·尼赫鲁曾非常实际地发问：“所有战争最终都以谈判结束，那为什么不在一开始就谈判呢？”怎样才能掌控局面、开展谈判？请您接着往下读。

CHAPTER 8

第八章

NEGO策略：合作兼竞争地谈判

DIE NEGO-STRATEGIE

KOOPERATIV UND KOMPETITIV VERHANDELN

在这张图中，白色的椅子孤零零地处在一片广袤的田野中，平原前景里有几块岩石，背景则是高耸的灰暗的山脉。天空乌云密布，似乎正积蓄着阵雨。谈判者在面对对方时也常有这种感觉。也许您已经看到了最初的障碍，也许您预感谈判会风云突变。登山者都知道，山里的天气变化无常，有经验的登山者对任何情况都有充分准备。他的背包里除了防晒霜，还有雨衣，他胸有成竹、灵活地应对外部变化。同样，谈判专家也会对谈判中的天气变化未雨绸缪，NEGO策略是他能适应任何谈判情景的得力工具。

在第三章到第七章中，我们讨论了灵活谈判的四种情况：朋友—朋友式谈判、朋友—敌人式谈判、敌人—朋友式谈判及敌人—敌人式谈判。我们的基本思想是感知隐藏于合作或竞争态度背后的动因。我们假设谈判者要么是合作型的，要么是竞争型的。而在第八章中，我们要改变一下视角，将两种态度结合在同一谈判者或同一场谈判中。我们的出发点不再是非此即彼，而是两者兼具。其背景是，在许多谈判中，您首先创造价值，接着瓜分价值。在最开始，您与谈判对手合作。到谈判后程涉及诸如价格等因素时，您再竞争。NEGO策略正是帮助您在谈判中创造价值，紧接着得到您应得的份额。您将同时学会合作与竞争。NEGO策略基于博弈论。真正的谈判专家吸收了博弈论令人大开眼界的系统运作，这使得他们能够以“以牙还牙”的理念使用NEGO工具箱，进行灵活谈判。为此，有必要夺得谈判的掌控。

1.“我已控制全场”——请您夺得掌控权

如何才能更频繁地使用理性谈判原则？如何与非理性谈判者斡旋？第一步在于仔细观察谈判。观察能帮助人们认清模式。如果您发现了反复出现的模式，不要与之抗争或过快评判，接受与认可是更为有用的做法。“对于心灵与灵魂的偏见，哪怕最杰出、最闪耀的谈判者都深受其害。”迪派克·马尔霍特拉与马克思·H.巴泽尔曼写道，“您也许对人性洞若观火，深知对方何时索取，何时退让。然而，这一直觉并不能阻止您误入歧途。这是可预见的，也必然会发生。不要惊讶，即使是再丰富的谈判经验也无法保护您。当然，谈判经验自有其价值，但若缺乏对于潜在谈判陷阱的深层次认识，就有一脚踩空的危险。”[1]《谈判天才》一书的作者马尔霍特拉与巴泽尔曼甚至认为对于自身谈判经验的自信有时会带来毁灭性的结果。

Lese-
futter

*请参阅迪派克·马尔霍特拉 、马克思·H.巴泽尔曼著《谈判天才》，纽约班坦图书2007年出版。

[1] Malhotra, Deepak/Bazerman, Max H.: *Negotiation Genius*, Bantam,New York 2007,S.139.

《谈判天才》是当时市场上关于谈判的最佳读物之一。以大量心理学研究为基础，结合15年间对于上至轰动一时，下至平凡普通的谈判的细致观察，书中交织着从建立与培养自信到导致竞争谈判矛盾升级的全方位知识。

特别成功的谈判者往往自认攻不可破。这种对于自身不可侵犯性的信仰导致他们在观察、质问乃至纠正自己的行为时越来越懒散。有趣的是，他们经常不加反思就把某一领域的经验引申到其他领域。如，总有一些成功的经理人把与强硬商业对手的谈判规则应用在个人生活中，并惨遭失败。许多谈判者擅长某一特定领域——但这并不意味着放之四海而皆准。大型企业中经验丰富的采购商与供应商谈判时游刃有余，却难以解决自己团队的矛盾。成功的调停者举重若轻地解决着邻里纠纷，却在跳蚤市场的讨价还价中屡尝败绩。

如果谈判经验无法阻止我们陷入旧模式，又该怎么办呢？组织心理学的领先专家玛格丽特·尼阿勒与格里高利·诺斯克拉夫特认为，培养专业性能帮助人们克服成见。[1]经验与专业的区别在于我们通过重复多遍相近的谈判方式来积累经验，但仅凭于此无法带来任何认知。只有通过自省，我们才能获得专业。谈判专家们善于萃取“经验教训”，获得更深层次的理解，并借此演变出一个可广泛应用于谈判的战略模型。这一框架帮助谈判者精心准备，专业地主导谈判，克制自己的软肋。如果谈判者自己产生非理性行为或成见，他们也能谨慎对待。

理性与非理性谈判的区别何在？主要在于我们使用的行为体系。在许多非理性谈判中，我们凭直觉行事，做出快速、自动、不过大脑的情绪化反应。大多数决定都是随性而为。这么做的好处是简单明了。无需过多思考，

[1] Vgl.Neale, Margaret Ann/Northcraft, Gregory B.: *Experience, Expertise and Decision Bias in Negotiation*, in: Sheppard, Blair H./Bazerman, Max H./Lewicki, Roy J.: *Research in Negotiation in Organizations*（Bd. 2），JAI Press, Greenwich 1990.

而是求助于过往经验。降低周围环境的复杂性有利于快速推进谈判。理性谈判中，理智主宰着我们的行为，使我们自觉地做出决策。我们深思熟虑，反复掂量，再三对比，努力基于逻辑进行判断。同时，我们试着置身于情感之外，实事求是地得出结论。先入为主的判断及刻板印象可能引起非理性行为，谈判双方都有可能中招。而在敌人—敌人式谈判中，往往两边都有问题。让我们先来看看我们自己的成见，然后再来探讨对方的成见。

减少己方的成见

有三种减少己方成见的成功方法：使用直升机视角可以帮助您避免无意识的行为模式，从而避免过快做出评判。您也可以类比相似谈判，从中得出教训，或者纳入第三方建议，以此获得全新视角。

使用直升机视角　触发非理性行为的因素多种多样：时间、压力、疲劳、过分要求等。压力之下的人们更倾向于凭直觉行事。当然，不少情况下，人们就该听从直觉。如，在果蔬市场上与摊贩讨价还价时就应当速战速决；在走廊上遇到想向我们展示想法的同事时，我们也会快速决定是否继续聆听；当我们的儿子出人意料地请我们帮他一起做家庭作业时，我们也会毫不犹豫地做出决定。这些都没有问题，而且也该如此。然而，遇到真正重要的决定时，您则应当自觉判断。这首先意味着放慢速度。请您在大脑中靠边一步，在反应前首先好好思考一番。此时，想象直升机的画面总是非常有益。直升机围绕事件转圈飞行，保证了人们纵览全局的视野。为了避免做出过快行动甚至犯下错误，与谈判事件保持距离是十分必要的。

Denk-zeit

请学会区分谈判情景。什么情况下可以凭直觉谈判？什么情况下务必采取直升机视角？

请花几分钟时间思考一下。

请养成习惯在每日、每周及每月计划中定义需要进行针对性直升机视角观察的谈判。也许是商讨高昂预算，也许是做出影响深远的战略决策，也许是多方参与、事实复杂或是对手难缠，也许是历史纠葛漫长，也许是面对重要客户或供应商，也许是谈判者高度不安。总之，多半是意义重大的谈判。

NEGO小贴士

请列举一张直升机谈判清单！这一飞行计划将帮助您决定谈判的正确时间点。此外，您还可以事先进行预先谈判、缔结同盟、诸方游说、获取意见领袖的支持。

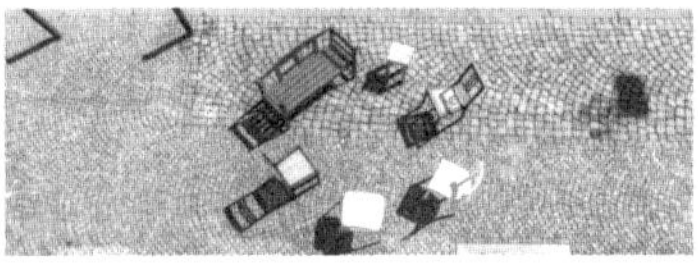

NEGO-生活的分色工程

点石成金——来自布鲁塞尔的支持

不久前，X公司成功开发了生产燃料乙醇的有趣方法。然而，他们想要上市的想法却遭遇了重创。谈判领导非常感性，对这一创新方法极尽褒奖，却很快发现市场尚未做好准备。无论是农民协会，还是矿物油公司都没有表现出巨大兴趣。比起加大粮食种植投资，农民们更在意获得欧盟用于促进甜菜种植的补助金。他们认为废弃的稻草就可以用作燃料乙醇的基本原料。矿物油公司最开始也犹疑不决，他们更坚持继续使用石油，而非更为昂贵的燃料乙醇。在彻底分析了谈判的失败经验后，公司决定雇用一位说客。后者在布鲁塞尔多个委员会中游说，为推进使用更多乙醇取代传统燃料的立法起着非常积极的作用。相应法规出台后，潜在客户的兴趣大大提升。

长期规划重要谈判的另一大好处是，您可以设定一个日程安排，借此厘清思路，将复杂的事实各个击破。在时间压力出现前，您就应该心平气和地思考并消除对方可能的不同意见。您可以事先分析障碍、演练各项战术、计划进攻与防守策略。如此一来，您便可以邀请真正的谈判专家们有备无患地齐聚谈判桌前。

此外，将内容众多的谈判分割成一目了然的区块也是屡试不爽的一招。您无需在唯一的一场马拉松式谈判中搞定所有要点。这往往令所有参与者筋疲力尽。更何况在一段时间的高度集中后，谈判者的注意力必然有所退化，这增加了犯错的风险。有时，某些议程中还会出现您完全没想到或不甚了解的新信息。将谈判分割成多个阶段可以保证您落实策略，在心中决定接下来的行为方式。

类比相似谈判，从中得出教训　想要在未来更自觉地理性谈判，第二步是正视错误，吸取教训。比起成功，失败更让人成长。想必我们所有人都有过这样的经验。在培训师事业起步阶段，我曾与一位合作三年的客户就从未调整过的日薪进行谈判。在一次研讨会期间，我在自动咖啡机前找到对方，要求工作结束后一起聊聊。我以通货膨胀佐证，陈述了要求加薪的愿望。我提出提高15%的薪资。我的谈判对手大笑起来，往后靠了靠，很快敲打了几下键盘，然后把显示屏转向我，上面写着近三年的通货膨胀只有4.2%。好吧，这对我很不利。这次失败给予我的经验教训比所有成功的薪资谈判的总和还要多。

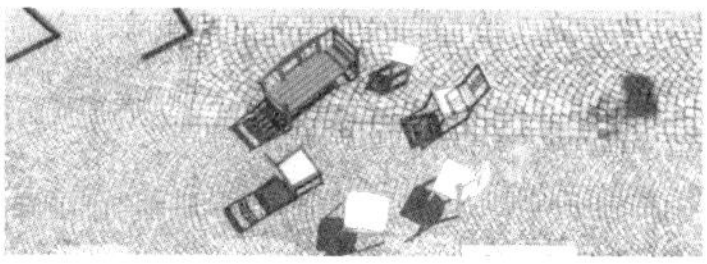

NEGO-生活的分色工程

■ 尤利亚失败了——如何才能吃一堑长一智

亲爱的谈判教练：

我叫尤利亚，在一家大型制药公司负责“内部交流”。我的同事丹尼斯递交辞呈了。他分管不少项目，去年我还送他参加了领导力培训，以期提高他乏善可陈的领导技能。他一开始很高兴，把这解读为他很快就能成为团队领导了——但这并非我的本意，我也在一次澄清谈话中告诉了他。自从这次谈话后，丹尼斯变得特别消极。他觉得被愚弄了，认为自己在公司再无出头之日。这也是他辞职的根本原因。遗憾的是，他现在在同事间散布消极情绪，并为了一己之利向人事部门、同事和企业委员会传播不实信息。为此，我与人事专员进行了谈话。我想说服他立刻免除丹尼斯的所有相关工作。结果，谈话毫无收获。我们的人事部认为即使是绩效低下者也值得奖励，这有示范性作用，可以激励那些想要离开公司的消极怠工者，并最终获得回报。

我觉得我们的人事专员弗兰克很不喜欢我。我热爱生活，他却有些斯多葛式的作派。我们在过往中已有多次冲突。他有一次怪我总是太晚才想起求助人事部。因为丹尼斯，整支团队的气氛都受到影响，甚至影响到了内部沟通的绩效，因此我的老板站在我一边，他也希望尽快摆脱丹尼斯。现在我该怎么做？如果需要，我可以更详细地向您描述一下我们的这位人事专员。一年前我遇到过类似情况，弗兰克和我就未能达成一致，最后只能请出我们的老板来解决争端。

尤利亚

亲爱的尤利亚：

非常感谢您如此详细的情况描述。这是一次可以让您受益匪浅的“失败”谈判。

请您好好想一想，上次遭遇类似情况是什么时候？请您一定要警惕，不要太纠结于现有状态，并把谈判失败的原因都归结于对手的某些特定性格。也许造成目前进退两难的局面是因为您策略失误，或者只是单纯的运气不佳。如果您真的想知道您个人对于当前情况是否负有责任，就应当更深入地研究一下可供对比的谈判。您说您去年经历过类似情况。如果身为谈判者的您能自己获得新的认知，这比任何其他方式都有用得多。只有这样，您才能将这一认知应用到今后的谈判中。那些教授人们如何在未来情境中表现的平淡指示，往往溃败于实践转换中。要知道人类的行为是很难预见的。我支持您找到正确的方法，从已有经验中获得真正有用的认知。

一切由您主张！

您的谈判教练

想要通过类比获得更高的认知，修补让我们反复陷入直觉谈判的行为模式，不能局限于分析某一情景。请您寻找不同情况中的共性。有哪些明显的相似点和不同点？您能从中学到什么经验教训？另外，书面记录认知也很有帮助。如果您是团队作战，那么一定要获取队员们的反馈。脱颖而出的谈判专家们都有在谈判后撰写“情况报告”的习惯。请在后期整理时专注于影响谈判结构与过程的基本原则，而不要过多在意某一特定情景的特殊情况。

纳入第三方建议，以此获得全新视角　我们已经说过，谈判者们倾向于高估自己的能力。因此，他们通常也拥有扭曲的判断力。为什么人们总是高估自己，却喜欢拿着放大镜审视别人的成就，很快就批评连声呢？这种双重标准的矛盾从何而来？美国心理学家丹尼尔·卡内曼和丹·罗瓦罗认为，出现这一现象的原因在于人们决策时会戴上两副不同“眼镜”[1]：“知情者镜片”，即近视眼镜——以及“局外者镜片”，即远视眼镜。当谈判者自己被谈判结局深深触动时，他们会使用“知情者镜片”。谈判者陷得越深，越为情况所困，就越习惯求助于近视眼镜。情感距离越远，人们就越多使用远视眼镜。很遗憾，“知情者镜片”往往模糊不明，无法让人看得清楚，而“局外者镜片”则能保证更清晰的视野。

心理学将对于自我的模糊认识归结于自我中心[2]。积极展现自身与自身行为是人类的一种强烈需求。2005年美国《新闻·世界报道》的一份研究对自我中心进行了阐释。[3]研究参与者需要回答两个问题：

（1）“如果有人起诉您，而您赢得了官司，对方是否应当承担诉讼费用？”——85%的受访者给出了肯定回答。

（2）“如果有人起诉您且赢得了官司，您是否会承担诉讼费用？”——44%的被访者选择肯定回答。

被访者对于两种情况下的回答所给出的理由都是公平的。而所谓公平，

---

[1] Kahneman, Daniel /Lovallo, Dan：*Timid Choices and Bold Forecasts: A Cognitive Perspective on Risk Taking, Management Science*, 1993,Bd. 39,S.17 —31.

[2] Vgl.Malhotra, Deepak /Bazerman, Max H.：*Negotiation Genius*, Bantam,New York 2007,S.129.

[3] U.S. *News & World Report*, 30.01.2005, S.52.

则基于个人理解。每个人都选择了能让自己看起来体面一些的价值体系。如果对方输了官司，并因此“有罪”，那么决定的原因在于那些理亏的人自作自受，应承担诉讼费用。而如果己方有错，谈判者则认为分担诉讼费用是公平之举，毕竟一方负担所有费用是有失公允的。

真相服务于人们的良好形象。于是我们歪曲认知，倾向于寻找服务于我们对错观的论据，想方设法抹黑对方。没有任何人能幸免于自我中心的风险以及随之而来的对于现实的错误认知。想要摆脱这一危险，或至少批判性地审视自己的观点，戴上“局外者镜片”，即远视眼镜——是很聪明的一个办法。在谈判中，纳入与主题毫无瓜葛的第三方视角绝对令人受益匪浅。[1]这些心无偏袒的第三方可以是外部咨询师、公司内部专家或（态度客观的）好朋友。如果身边没有这样的人，也可以自己进入第三者的视角，自问道：如果我是……我会怎么做？这至少是那些异常成功的谈判者总能避免成见、认识自我局限并借由更高认知应用全新行为方式的一种办法。只有这样，人们才能避免总是重复同样的错误，长久地克服陈旧模式。

当对方抱有成见

在敌人—敌人式谈判中，对手的偏见往往会影响甚至阻碍双方达成满意共识。您该如何专业地应对对手先入为主的成见？对此，有四种屡试不爽的方法。您可以考虑对方成见的后果，帮助对方减少成见，检验对方的信息以及引入后效契约。

考虑对方成见的后果 成见很快就会发展为阻碍，因此请您思考成见的后果并寻求替代方案。下面就是一个另辟蹊径的案例。

---

[1] Vgl.Malhotra, Deepak/Bazerman, Max H.: *Negotiation Genius*, Bantam,New York 2007, S.147ff.

NEGO-生活的分色工程

■ 索菲亚决不肯输给姐姐——隐藏计划

姐妹花尤利亚和索菲亚三年前在柏林创立了初创公司CallYourLunch。公司的理念是：那些没有公司食堂的员工在柏林众多餐厅挑选午餐，然后由CallYourLunch公司提供送餐服务。尤利亚和索菲亚与一些餐厅签订了合同，且建立了相当稳定的物流服务。她们的理念大获成功，两人投入大量时间与精力的公司发展得欣欣向荣。现在，出于个人原因，两姐妹决定出售公司。尤利亚认识了一个美国人，想和他一起搬去硅谷生活。她以50万欧元的价格把自己的份额卖给了马克思，后者一直以来都负责CallYourLunch公司的销售工作。总的来说，索菲亚对此并无异议，但因为相处不佳，她不想和马克思一起继续运营公司。幸好FoodToOrder公司的斯蒂芬愿意收购她的份额。这是一家和他们相交甚好的公司，原先专注于晚餐预定，如今也想开始建立午餐业务。然而，价格谈判举步维艰。索菲亚坚定不移地要求得到50万欧元，无论如何不肯让步。斯蒂芬私下也很了解两姐妹，他深知两人间始终存在着显而易见的竞争气氛。根据斯蒂芬的分析，公司大约价值80万欧元，因此他不打算支付40万欧元以上的费用。在几次艰难的谈判后，两者最终达成共识，斯蒂芬支付50万欧元，而索菲亚则以20万欧元加盟FoodToOrder公司。斯蒂芬向索菲亚承诺了绩效分红。如果公司运转顺利，索菲亚将得到一笔后续奖金，如果业绩不佳，则一起承担亏损。此外，索菲亚以相对低廉的基本工资出任销售总监一职。

在上述案例中，是什么推动斯蒂芬做出这一决定呢？他深知索菲亚绝对会咬住价格不放，她是否愿意出售公司取决于是否得到与姐姐一模一样的回报。她不想在尤利亚面前成为那个贱卖的人。而在其他方面她则相当灵活。如果斯蒂芬没有考虑到这些，交易终将失败。

帮助对方减少成见 请您回想一下，谈判者是否在紧迫的时间或巨大压力之下做出非理性举动。此时，谈判破裂的风险也随之提升。因此请您给对方足够时间平心静气地做好准备。许多谈判者觉得如果对方准备不足，自己就占据优势。这其实是错误的观点。给那些准备不足的人创造充分时间，鼓励他们更全面地准备才是您的最佳选择。

斯蒂芬给索菲亚写了一封邮件。邮件中他提出了请她参股FoodToOrder公司的建议。此外，他还提议索菲亚以绩效奖金的模式受雇于公司。他给她几天时间考虑，然后再继续谈判。

检验对方的信息 谈判者倾向于自视过高，这同样适用于他们的报价或要求。请您收集能够反驳这些过高估计的事实，并作为信息开诚布公。

斯蒂芬可以依据财务分析明确告诉尤利亚，她的公司不可能值100万欧元。此外，柏林还有一些初创公司也开始触及送餐领域，因此必须修正公司未来的盈利前景。通过索菲亚加盟FoodToOrder公司，他获得了一针经济强心剂，即更多投资于客户开发的资本。同时，实践经验丰富的索菲亚也将成为公司必不可缺的专家。

引入后效契约 与其说服对方认识到自己对于当下情况与未来发展估计失误，您不如通过灵活合同来满足对方的期待。这么做皆大欢喜。如果成功，他能获得自己的预期回报；如果失败，大家分担损失。这样一来，您也同时最小化了自身风险。这种形式的合同被称为“后效契约”。

斯蒂芬和索菲亚决定签署一份“后效契约”。如果公司发展顺利，斯蒂芬有义务支付索菲亚一定份额的分红。与之相对，如果公司运转不顺，索菲亚也准备好共同承担损失。

2. 战争与和平

许多谈判策略都围绕着竞争展开，即朋友—敌人式谈判，敌人—朋友式谈判以及敌人—敌人式谈判。企业家式的思路是，为了取得成功而提倡竞争，很少有人质疑这一点。与之相对，接纳合作等可行的其他策略则往往被视而不见。每个人都带着与生俱来的生存本能来到世界，于是我们可以说，竞争行为一定是基因自带的某种求生策略。然而，事实证明，激烈的竞争是一种人类后天形成的现象。“竞争是人类天性不可避免的结果”“竞争促进人们争取顶尖表现，提高了生产力。”“竞争力可以历练性格，使人们越来越自信。”类似上述这些广受推崇的信条并不能得到经验的证明。

乍看之下，合作似乎是竞争的反义词。合作可能基于自愿或被迫的初衷。最开始，合作被视为友好交往的基础，此时合作不是个别现象，也并非发自内心，而更多是合适条件下的产物。企业想要高速发展，必须依赖于中低阶层的合作。没有合作，就不会产生更高的综合性。这种情况在企业中比比皆是：专业人士、技术工人、团队成员——只有所有人一起，才能创造高效的团队合作，产出商品或服务。只有员工们随时做好参与合作的准备，一切才有可能。

NEGO策略依赖于“竞合关系”（Coopetition）。这一概念从何而来？专攻网络软件的美国高科技公司Novells的创始人兼首席执行官雷蒙·诺尔达是将这一知识与双重性有针对性地应用到商业中的先驱。而“竞合关系”这个词也正是由他提出——这是把英语中的合作（cooperation）和竞争（competition）捏合在一起的创新词汇。通过一本重要的出版物，这一概念为更广泛的受众所熟知，即亚当·布兰登伯格和巴里·内勒布福1996年出版的、旨在以战略制定的视角研究竞合关系的著作《竞合关系：在合作中竞争——商业成功的博弈论》。我们将竞合关系的基本思路运用到谈判之中，试着检验一下这些知识可用于何处。NEGO策略即从中而来。

布兰登伯格和内勒布福将合作与竞争的动态共存称为“竞合关系”。他们指出了一条这两种初看之下相互矛盾的概念如何同时促进商业成功的创新之路。在商业领域，我们借助合作开拓市场，即烘烤蛋糕；利用竞争分割市场，即拿到自己的那块蛋糕。太强硬的竞争往往导致两败俱伤的情形，最坏情况下甚至可能彻底摧毁市场。在蛋糕之争中，市场灰飞烟灭，参与者自然一无所获。

航空业是一个很好的例子。易捷航空、瑞安航空、伏林航空及威兹航空等欧洲廉价航空公司正抢夺着汉莎航空这类知名企业的客户。面对这一局面，航空母舰汉莎尚能硬扛，而一些小型的地方性航空公司则几近致命。

Lese-
futter

*请参阅拜瑞·J.内勒巴夫、亚当·M.布兰登伯格著《竞合关系：在合作中竞争——商业成功的博弈论》，埃施伯恩里克出版社2013年第5版。

亚当·布兰登伯格是纽约大学斯特恩商学院“博弈论与商业策略”专业的教授。他是世界公认的博弈论领域的领先专家之一。拜瑞·内勒巴夫是耶鲁商学院的管理学教授，同时也是《博弈论入门》一书的联合作者。布兰登伯格和内勒布福为众多大型金融企业提供策略发展咨询。

该书在美国大获成功。遗憾的是，其德国版翻译却未能引起大众共鸣。如果您想深入研究这一主题，我建议您阅读原版。

一家总部在博登湖畔弗里德里希港的小型航空公司Intersky不得不在2015年申请破产。欧洲的几十家航空公司也纷纷步其后尘。竞争短期内虽然保证了低廉的价格，但中期来看，飞行只会越发昂贵。若放眼长期，即使连享誉全球的法航荷航集团也无法以这种倾销价格维持公司盈利。早在20世纪90年代，许多航空公司就因此在几年内入不敷出，赤字高悬。长期来说，极端竞争必然弊大于利。

为了让您对合作与竞争的共存有最初的印象，我邀请您和我一起进行思维漫步：您去过威尼斯或者佛罗伦萨吗？或者任意一座南欧小城？请与我一同来到城市广场。现在是下午六点，暖洋洋的阳光洒落下来。在广场中心也许矗立着一座涌射的喷泉。喷泉四周是不计其数的披萨店、小饭馆、咖啡馆、酒吧和餐厅。当地居民与游客们放松地坐着，品尝着傍晚的意式咖啡或红酒。走街串巷的小贩们兜售着明信片和纪念品。也许街边还站着一位擦鞋匠，而报贩则扯着嗓子叫卖最新出版的报纸。这么多提供相似服务的商家怎样才能在如此狭窄的空间内存活下来？乍一看，人们可能觉得在已经有众多餐厅的地方开一家餐厅不是个好注意，但其实恰恰是充裕的美食选择吸引着顾客。如果脑海中没有特定的用餐计划，客人们很可能当场随机决定。众多的选择可能将顾客们吸引至此，餐厅就能从中得利。同时，为了吸引客人进自己的餐厅，人们也相互竞争。这是竞合的完美案例。布兰登伯格与内勒布福将生意比作博弈。当然，这里指的并非是非得决出输赢的象棋或扑克，而是可以同时存在多位赢家的博弈。这一想法有何创新之处？

创新点：补充思考

竞合的基本理念之一是补充。所谓产品或服务的“补充”，指的是所有能让本体看来更具吸引力的额外产品或额外服务。意大利城市广场上的纪念品和冰淇淋小商贩、烛光晚餐时的玫瑰卖家或向咖啡馆顾客兜售日报的报贩都是很好的例子。正因如此，薯片才会配番茄酱、咖啡配小饼干、电子相机配彩色打印机。让我们进一步看看何为补充。

补充与本体天生关系密切。车贷需要新车或二手车，而如果金融报价优惠，汽车也会卖得更快。如果没有额外补充，有些商店甚至做不成生意。顾客们左右徘徊，最终会走向提供额外服务的商家。提供补充的商家被称为补充者。企业是开发市场时的补充者，同时也是分割市场时的竞争者。如今，大多航空公司选择结成同盟，从而成为补充者。如汉莎航空、中国国航、瑞士航空、美联航、泰国航空等，都是星空联盟成员。他们为乘客在全方位的全球网络中提供无缝链接。他们的售票与值机窗口、贵宾室以及失物招领处比邻而居，而中转中心则保证了晚点航班的灵活衔接。与此同时，航空公司也在售票或起降时间方面互相竞争。在航空交通中，停机位的分配属于紧缺资源。此时，同一批博弈成员成为了竞争者。

创新点：认清博弈者

布兰登伯格与内勒布福设计了一张图表，视觉化所有博弈者及其相互关系的网络。他们称其为价值网络，它反映了每位博弈者能够创造的价值及其相互影响。NEGO策略使用这一说明来获得对于其他博弈者的清晰认识。

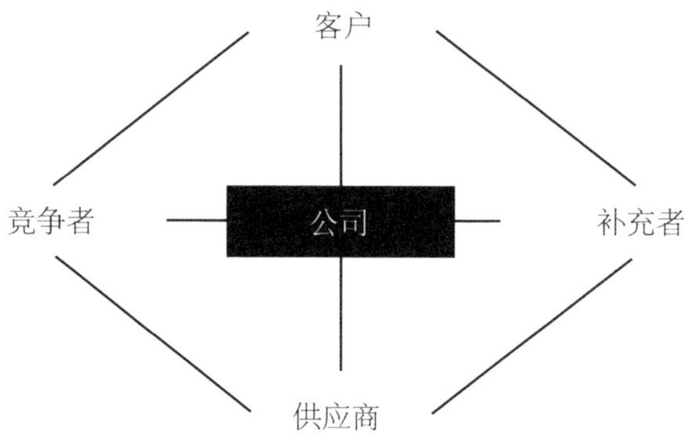

布兰登伯格与内勒布福的价值网

博弈者多种多样：企业、客户、供应商、竞争者及补充者。他们彼此关系交错，而他们扮演的角色则取决于合作或竞争。在垂直层面，客户与供应商为了创造价值选择对称角色。汽车生产商从供应商处购买汽车零件或服务，然后通过中间商把整车卖给终端客户。金钱则反向流动。顾客付钱给公司购买产品，公司则付钱给供应商获得服务。

在水平层面，竞争者与补充者为了创造价值扮演不对称角色。竞争者们努力获得顾客青睐，因此专注于独具一格的特征，如补充。例如，对于某些司机来说，安装了Bose音响（补充）的奥迪车就比没有安装音响的同类型车更具价值。为了寻找补充者，公司的产品研发部门试着进入客户角色，探寻他们的需求。

对于竞争者来说，如果公司客户认为其他公司的产品或服务更有价值，就存在流失该客户的风险。德国最大的连锁超市Rewe和Edeka就是竞争者的典型案例。比如，最近您可以在Rewe的收银台免费取钱，而Edeka的大型超市中有可供寄信的邮政分局。

Denk-
zeit

请为您的下次谈判列一张博弈者清单。

· 谁索取？（客户或潜在客户）
· 谁付出？（供应商或潜在供应商）
· 谁能让您更具吸引力？（补充者或潜在补充者）
· 谁是您的（潜在）竞争者？

请花几分钟时间绘制您的价值网络。

创新点：博弈者清单上的你来我往

当您草拟自己的价值网络时，可能会产生全新的视角。也许您会发现，一方面文字记录的原则降低了复杂性，另一方面也赋予您焕然一新的理念。如此看来，博弈者清单使您同时认清合作与竞争的应力场，可称之为谈判准备的有力工具。

NEGO策略提供了一种创新思维，其目标是首先在谈判中创造价值，同时在紧接着的分配中保留这些价值。这一全新理念尚未在商业世界中广泛传播。在大多数谈判中，我们遇到的还是非此即彼策略。要么追求长期合作，小心翼翼地创新谈判；要么竞争为上，试着速战速决，甚至毫不留情地战胜对方。但是事实上，涉及补充物价格时，您也可以与补充者竞争；或当您想同时与更多客户群商谈时，与竞争者合作。NEGO策略的目标始终是获得对自己有利的结果。毕竟明明烘了蛋糕，一天结束后却饥肠辘辘地回家就太不明智了。

请想象您正在下象棋。这是一种通常被称为策略游戏的竞赛。在走出一步前，好的象棋选手会预设对方的可能走法及自己紧接着的应对招数。在谈判中，您也可以使用工具预测对方的走棋。除了心理学及沟通技巧的经验知识，博弈论也是谈判者的重要工具。

NEGO小贴士

请您借助博弈论预设谈判的策略发展。

3. 博弈论——历史背景

您看过奥斯卡最佳电影《美丽心灵》吗？[1]电影中有一段美丽而启示人心的场景可以作为博弈论的引入。

还是年轻数学系学生的约翰·纳什和三位同学坐在酒馆里，这时门开了，四位漂亮的年轻女士走了进来。其中一位魅力四射的金发女郎尤其吸引大学生们的目光。于是，征服游戏拉开帷幕。通常来说，现在每个人都会试着靠自己的力量抱得美人归，而一位同学也引用了经济学家亚当·斯密的名言："在竞争中，个人的好胜心对公共福祉有益无害。——绅士们，为自己而战吧。"就在四人都摩拳擦掌之际，纳什反驳道："亚当·斯密必须被修正。如果我们都争夺那个金发女郎，只会相互妨碍，夜尽之时将无人如愿，而另外三位褐发女子也早已不见踪影。她们不会愿意成为备选。更好的办法是忽略金发女郎，一开始就和她的朋友们调情。这样我们便皆大欢喜。"

电影导演朗·霍华德展现了天才数学家约翰·纳什令人惊叹的一生。但是酒馆中的调情场景只是为了通俗化地展现博弈论的基本思想虚构而成。约翰·纳什[2]1950年以"非合作博弈"为题获得博士学位。在论文中，他援引了一种博弈者无法通过改变行为来改善自身处境的竞争局面。他对于可能解答的阐释以"纳什平衡"之名在经济学与数学界横空出世，并因此获得1994年的诺贝尔经济学奖。

[1] Vgl. https：//de.wikipedia.org/wiki/A_Beautiful_Mind_－_Genie_und_Wahnsinn .

[2] Vgl. https：//de.wikipedia.org/wiki/John_Forbes_Nash_Jr.

博弈论到底在讲什么？简而言之，它以抽象方式展示了战略思考，这在简化为数学逻辑时最为直观。在决定胜败的策略博弈中，我们必须做出抉择。这一抉择过程就是博弈论的研究对象。博弈论集中讨论三个核心问题：有哪些策略？我怎样才能找到最适合的策略？为了做出正确决定，我该怎么做？

谈判中至少存在两位行为人（谈判者）和一种互动关系（谈判）。此外，还有博弈规则和胜负的战利品（谈判对象）。这就是全部了。任何谈判无外乎这一模式。借助博弈论，您能够更好地理解谈判中战略决定的动态关系。每一个谈判者的每一个决定都会对所有参与者产生影响。博弈论的一个经典且非常著名的例子是所谓的“囚徒困境”。

NEGO-
技巧

■简明扼要的“囚徒困境”

一次强盗袭击事件后，警方逮捕了两名嫌疑人。因为证据不足，检察官在开庭前与两位嫌疑人做了一个交易：如果你供出同犯，就可以作为主要证人而无罪释放，同时你的同犯将面临10年监禁。

如果两人都沉默，那么因为缺乏直接证据，两人都将以非法持有武器的罪名被判处一年监禁。

这两位嫌犯都有两种选择（或称谈判策略）：他可以和检察官合作并承认罪行，或者拒绝合作，保持沉默。问题是两人都不知道对方会做出何种选择。

一旦两人都选择成为证人，供出同犯，那么他们都将被判处五年监禁。这显然并非最佳选择，因为如果他们沉默不语，就只需坐一年牢。这一故事表述了一种最佳个人选择并非集体最佳选择的情况。

为什么嫌犯不选择保持沉默？因为他们不知道对方会怎么做，所以只能试着最小化自己的风险。他们情愿接受五年监禁，也不想冒坐十年牢的风险。

那么究竟有哪些策略？根据博弈论，你可以选择合作（创作价值）或竞争（索求价值）。在第四章到第七章中，我们已经分析了NEGO谈判的四种情况：双方合作（朋友—朋友）、合作与竞争（朋友—敌人）、竞争与合作（敌人—朋友）及双方竞争（敌人—敌人）。

NEGO-技巧

■ 纳什平衡解释了专业谈判者合作与竞争的理由

让我们把可能的结果再次放在一起，会出现下列情形。

·敌人—敌人：因为没人愿意妥协，谈判者只能得出一个糟糕的结果，甚至无功而返。

·敌人—朋友或朋友—敌人：因为期待合作的谈判者为了取得结果而接受要求或做出妥协，通常情况下竞争性谈判者能得偿所愿。

·朋友—朋友：谈判者取得双方满意的结果。

这对于谈判者意味着什么？

·最佳情况：我采取攻势，对方寻求合作——我夺取对方创造的价值。

·次佳情况：我寻求合作，对方亦是如此——双方创造价值，共同分享。

·三等情况：我采取攻势，对方亦是如此——双方索取价值，却少有产出。

·最差情况：对方发起攻势，我则寻求合作——对方夺取我创造的价值。

纳什平衡改变了经济界的策略谈判。那些以理性的博弈论思考的人总是试着将对方的策略一同计算在内。同样，谈判者在做出决定前也应当始终兼顾对方的意图。

NEGO-
技巧

■ **杰出的博弈论**

至今，已有多项博弈论相关研究获得诺贝尔经济学奖。这说明博弈论对于现代经济理论的重大意义得到充分认可。

· 1994 约翰·福布斯·小纳什、约翰·海萨尼及莱因哈特·赛尔顿

· 1996 威廉·维克瑞

· 2005 罗伯特·奥曼及托马斯·谢林

· 2012 埃尔文·罗斯及罗伊德·S.沙普利[1]

约翰·纳什日后供职于秘密研究冷战策略问题的兰德公司。在核竞赛的年月里，博弈论也许也为阻止古巴危机时令全世界屏气敛息的世界核战争做出了应有的贡献。

下面这个汽车行业的有趣案例将告诉您，如何在谈判中运用博弈论知识。

NEGO-
生活的分色工程

■ **1+1>2！通用汽车公司与汇丰银行共同改变博弈[2]**

1992年，通用汽车、福特与克莱斯勒公司均面临重大挑战，陷入同一局

[1] Vgl.https：//de.wikipedia.org/wiki/Spieltheorie.

[2] Vgl.https：//www.youtube.com/watch?v=Te7j2_2Bu_Q：*Coopetition For Coaches: The Synthesis Of Competition And Cooperation.*

面。汽车市场的主导趋势是给予客户现金折扣及中间商折扣。利润越来越低，竞争越来越激烈，这一领域可保证的盈利乏善可陈，而突破重围的压力与日俱增。长期来看，价格倾销若继续发展会对公司造成毁灭性的破坏。想要解决这一困境，需要考虑许多我们在这儿介绍的理念。

通用汽车公司决定与汇丰银行合作，发行带有通用标志的万事达联名信用卡。这一信用卡的拥有者可以享受5%的刷卡折扣，但是仅限于购买通用汽车时。如此一来，汇丰银行就成了通用汽车公司的“补充者”。通过博弈论，人们已经可以预见这一步对于通用公司当时及未来的竞争对手福特或克莱斯勒公司意味着什么，以及他们会如何应对。

因为到那时为止，三家汽车厂商都提供价值2万美元左右的汽车，所以市场完全以客户偏好分配。显然，那些申请通用公司联名信用卡的客户日后也会购买通用汽车，不然他就会浪费只有在购买通用汽车时才能兑现的5%的忠诚度折扣。折扣平均高达1000美元。即使通用汽车将其品牌车型售价提高500美元，新客户仍然兴致不减，毕竟汽车总价还是比竞争者福特和克莱斯勒便宜500美元。而福特和克莱斯勒公司也完全没有感觉到威胁或被迫采取应对措施，反正通用汽车还是贵500美元。但事实上，五个月后，福特公司就和花旗银行合作，为他们的客户开发了一款自己的信用卡忠诚计划。

以此，通用汽车公司通过这一招有效改变了博弈。对于福特和通用公司来说，双输局面如今成了双赢局面。双方都没有降低价格，而是通过忠诚计划绑定了客户。价格战漩涡逆向而转，每家公司都同时获得了更高的利润。汽车厂商抢夺客户的局面被彻底打破，而顾客们则有了换新车的动力：[1]不能白白浪费红利。在那之后，克莱斯勒公司也通过与其他补充者的合作迎头赶上。

这一杰出案例描绘了补充者的作用及其在做大蛋糕过程中的影响力。同

[1] Axelrod, Robert：*Die Evolution der Kooperation*, 7. Aufl., Oldenbourg,M ü nchen 2009.

时，它还展现了博弈论在谈判中的应用以及改变博弈规则带来的好处。大多数人认为比起通过优惠政策吸引而来的新客户，在存量客户处提高价格更为容易。这一例子恰恰背道而驰。

NEGO小贴士

请在谈判准备时仔细考虑您的决定所带来的后果。其他博弈者会如何表现？

下面让我们再来看一个广为人知的例子。一位潜在的大客户正准备与您的竞争对手之一延长即将到期的合同。此时，您收到了他的询价。您会作何反应？也许您很快意识到获得委托的机会低之又低，您的报价甚至可能只是被用来压低竞争对手的价格。但是如果您完全不准备报价，也许就失去了与一位潜在客户做生意的机会。乍看之下，似乎只有准备一个尽可能低的报价才有意义。事实果真如此吗？千锤百炼的谈判专家们都知道，最大的成功不是通过竞争行为，而是通过策略高明的行为获得的。您既可以发出合作信号，又避免为别人做嫁衣。怎样在谈判中做到这一点，请看“以牙还牙”。

4. 以牙还牙——专家们的灵活谈判

所谓“以牙还牙”，字面意思即是“一报还一报”或者“以其人之道还治其人之身”。基于博弈论的“以牙还牙”策略早在20世纪60年代便已初具雏形。这要归功于美国数学家及生物学家阿纳托尔·拉珀波特。政治学家罗伯特·阿克塞尔罗德从中衍生出了决策时的行为规则。在谈判语境中，这意味着——

请友好地开始谈判，以此展示您的合作态度。作为谈判专家，请您一开始采取伙伴策略，公平行事。这时您给对方的信号是，您愿意合作共赢。然后请观察对方的反应。

第二步，请您追随对方的不同做法。如果对方积极合作，您也保持合作。如果对方竞争为上，您就换上攻势。也就说，您的每一步都折射着谈判对手的策略。对方在上一轮怎么做，您就依样画葫芦地复制下来。

如果对方同样摆出合作姿态，那么您就忠于自己的策略。基础就此打下。但若对方罔顾您的合作意愿，依然选择竞争策略，请您采取同样方式，告诉对方您也可以控制这场博弈。这样的话，即使多个回合下来，您也绝不会比对方差得太多。通过这一方式，您可以降低被利用的风险。当然，这么做您也无法获得更多，因为对方在一开始就抢先一步夺取了您的资源。

请您始终保持友好与谅解。请以有理有节的方式告诉对方，您随时愿意重回合作。“以牙还牙”总体来说还是比较友好的策略，至少您的第一步是充满善意的。如果双方都是“以牙还牙”派，谈判就能以合作方式进行下去。

作为引领谈判的主导思想，“以牙还牙” 不仅简单易行，而且格外有效。

这一策略同时展现了您的积极态度和专业水平。“一开始我总是与人为善，但也绝不任人摆布。如果你想竞争，没关系！我也会！”若想重回合作模式，这么说保准没错：“我们很愿意继续，只是竞争对双方都有害无益。你觉得重回合作怎么样？这样我们才能获得更多。”

通过下面这一采访，我们可以了解朋友如何快速变成敌人，以及谈判者该怎么重掌局面。

NEGO-生活的分色工程

■ 先烤蛋糕，再抢蛋糕——“以牙还牙”现场展示

J. P.：“比安卡·贝尔格博士，您创立了‘机械制造业女性协会’。您的出发点是什么？”

B. B.：“如今，制造业中的女性越来越少。这是一个一如既往由男性主导的领域，而我们始终是边缘人。在我的第一份工作中，我就亲身体会到，时至今日，许多人仍认为数学和机械制造是男人的事。我亲眼看到一位女性是如何被排挤出工程师办公室。由此，我萌生了召集机械制造业从业女性的念头。我想告诉世人，我们可以自信地登场，同时展现一份全新的合作理念。一开始协会运转得非常顺利。协会有三名创始人，我们一起组织网络聚会，甚至提供辅导，开展培训项目，真是排山倒海般的共鸣……”

J. P.：“接着发生了什么？”

B. B.：“协会越来越壮大。我们成功了。来自德国、奥地利和瑞士的300名女机械工程师成为我们的会员。然而，另外两位董事会成员越来越想施加影响，并结成同盟。作为第三人，我越发感到被边缘化。每次她们都否定我的建议，两人霸占了分配和组织工作，还背着我说我坏话。她们的目的是慢慢地、但是坚定不移地把我挤出去。”

J. P.：“这可真糟糕。您是如何应对的？”

B. B.：“我首先试着和她们恳谈。但于事无补。我不得不面对她们的指责和不公控诉，如她们称我想伤害协会。一位德高望重，同时也入会已久的同事本一直站在我这一边，可如今她对这一切恨之入骨，并选择了辞职。这样一来，我彻底成了光杆司令。”

J. P.：“您想过放弃吗？”

B. B.：“是的。矛盾耗费了我太多精力，我整夜整夜地睡不着觉。这时，我主管的一处基础设施建设也是状况频出，老是发生一些匪夷所思的事儿。各种阴谋诡计，各种瞒报漏报。协会的其他成员也被牵扯进我们的矛盾，最终分成了两派。矛盾愈演愈烈。同时，我仍想方设法不让董事会的纷争过多地影响协会。”

J. P.：“然后您就决定抗争？”

B. B.：“选择放弃，清理战场，无法收获多年辛苦耕耘的果实，我觉得不是滋味。我始终相信女性拥有并能共享合作的天性。我们创造了更多价值，而且真的发展了许多创新方法。看到我们陷入了本想避免的夺权模式，我深感失望。我和许多人进行了谈话，他们向我提供咨询，坚定了我绝不放弃、奋起抗争的决心。”

J. P.：“但是失败的风险似乎很高。您是第一次孤军作战？”

B. B.：“确实如此。直到最后关头我也不知道结果如何。这是一场真正的犯罪，我也深陷其中。是的，到时我可能进退两难。这就是风险。但是我不想什么都不做。”

J. P.：“最终结果如何？”

B. B.：“我得到了其他成员的有力支持，也积极寻求帮助。我重新组织选举，现在董事会成员变成了5人——这么做既保留了决策力，也能给管理输入更多个性与想法。我的两位对立者辞去了董事会职务。现在回头看，我很清醒我们始终忠于为女性提供以合作为基础的交流平台这一基本理念。即使道阻且长，但对于美好的憧憬是我的动力。我想为谈判者们加油鼓劲，只要初衷是好的，就要勇于斗争！”

J. P.：“非常感谢您接受采访，祝您和您的协会前程似锦。”

您现在知道如何掌握谈判的主导权。谈判专家并不认为自己能免于偏

见，而是接受偏见、刻板印象及先入为主这些会严重影响谈判的因素。谈判并非只有战争或和平，而是相互交织的过渡。在这一章中，我们讨论了竞合关系的基本思想，您也了解了构建谈判过程的博弈论和“以牙还牙”策略。在第九章中，您将了解NEGO策略的工具——PACT。

CHAPTER 9

第九章

PACT——NEGO
策略工具

PACT

DAS WERKZEUG
DER NEGO-STRATEGIE

在上图中，12把空椅子两两相对而立。请您坐下，花时间了解一下能帮助您将NEGO策略贯彻于谈判之中的工具。这一工具叫PACT[1]。——这是英语人（People）、吸引力（Attraction）、合同（Contract）和战术（Tactics）的首字母缩写。有了它们，您可以像谈判专家一般保持灵活。这四种现代高效的工具静静地在工具箱中等待您的召唤。在本书的最后一章中，您将学会如何在未来的谈判中使用它们。

首先，我们先简单看看PACT背后意味着什么。

人 请您搞清楚谈判的共同博弈者及他们各自扮演的角色，厘清谈判角色，思考是否能交换博弈者，甚至引入新的博弈者。

吸引力 涉及谈判对象时，请您创造更多价值。您应当考虑如果对方不愿让步时您的做法。请邀请对方与您共同制造吸引力，即做大蛋糕，然后再设计令对方满意的方案——这样您才能赢得更多谈判权力。

合同 请您认清合同的意义。请您使用比现在多得多的工具用于合同制定。决定规则者主导全局。您应当好好利用补偿手段，您的谈判对手也会因此更加满意。

[1] Frei nach Brandenburger, Adam M./Nalebuff, Barry J.: *Coopetition□Kooperativ konkurrieren–Mit der Spieltheorie zum Geschätserfolg*,5. Aufl., Rieck, Eschborn, 2013,S.111 ff.

战术 您使用哪些战术？谈判者始终是在迷雾中行动。因此在雾团中定位是首要任务。您可以驱散迷雾，保留迷雾，甚至创造新的迷雾。一切由您主张。

为了事无巨细地理解您的处境，请您将PACT的单个元素组合在一起。博弈者、谈判对象、借助规则签订的合同及您的谈判战术应当成为一个有机整体。

让我们更为仔细地来看看每一样工具。

1. 人——找对合适的人

谁是共同博弈者？您可以借助价值网络定义博弈的参与者，系统化地鸟瞰赋予您的全局观。请尽管把价值网络带进谈判。您应当意识到：您戴着许多帽子——请您厘清谈判角色。首先是搞清楚您自己的角色。在前面的几章中，我们已经给您诸多厘清现实的建议（敏感按钮、基本需求、成见、利益等）。然后请您积极面对其他博弈者。您也可以随时加入新的博弈者，如您可以以独家代理的身份介绍新客户加入，以减轻对主要委托人的依赖。您也可以培养新的供应商，避免垄断局面。加入补充者可以提升您的价值，因此始终是比较体面的做法。一般情况下，您不太会把竞争者拉进局中。

同时，您也要考虑自己的团队成员——大多数时候，您并非孤军作战。不要忘了向团队成员进行详细的情况说明。您也可以分配不同角色。[1]也许您还想在谈判中带上一位观察者，以便在休息时听取他的宝贵意见。还有一种选择是移动棋子。“树挪死，人挪活。”说的就是交换博弈者。这就好像象棋中的王、车易位。您可以只是交换位置，也可以把人员全盘替换。这招在团队中的化学反应不对时尤其必要。总的来说，规则便是：博弈者越多，谈判越复杂。请您阅读下面的例子。

---

[1] Portner, Jutta：*Besser verhandeln. Das Trainingsbuch, 4. Aufl.*, GABAL Verlag, Offenbach 2015, S.274 ff.

NEGO-生活的分色工程

■ "闪光灯"犯了傻——怎样成为积极的博弈者

亲爱的谈判教练：

我叫伯恩德，是一位灯具设计师。八年前我创立了自己的小公司"闪光灯"，拥有15名员工。我们专注研发生产设计师灯具，在行业内也获得了一些设计奖项。

昨天，一家大型家具行，也是我最大的竞争对手"light&more"的老主顾给我打来电话，他抱怨"light&more"缺乏信誉，并希望我接下2000盏灯具的订单。这是我们的机会。为了准备合适的产品，我询问了细节，然后承诺客户晚些时间给他回复。最终我们给出了一个无比低廉的报价。

我知道"light&more"和这家家具行已经合作良久，在此期间取得了可观的销售额。因此，我潜意识里总是怀疑他们只是在利用我压低"Light&more"的价格。大家都是这么玩的，不是吗？如果我完全不出报价，不但根本没有机会参与竞争，而且还可能失去未来与这家家具公司的合作机会。

自从我们报价以来已有三周。采购商再也没有消息。昨天我从一位熟人那儿听说"light&more"重新杀了回来，只是报价已明显降低。

当时我还有其他选择吗？难道我们应该继续压低价格？

来自法兰克福的友好问候！

伯恩德

亲爱的伯恩德：

这真是令人气愤的情况。客户收益良多，您却一无所获！绝大多数谈判者似乎天生倾向于无偿报价。请您仔细想想，一份报价所包含的所有显性及隐性成本：您本可以投资在更有意义的事情上的时间，您降低姿态所损失的利润。甚至您迄今为止的客户也会得到风声，并要求相同的条件。此外，新客户也会把这一低廉报价作为标尺。最后，同时也是很重要的一点，您的竞争对手“light&more”日子也不好过。搞不好他会来撬您的客户。

在未来，您应当始终优先考虑：我的报价对客户有多重要？当然，您想要参与博弈的尝试是正确的。但是您有多种支付“博弈门票”的选择：您可以要求对方承担报价成本，或者您可以要求提供交叉销售和追加销售。您还可以请客户说一个他的心理价位，或者争取在家居行管理层面前介绍您的投资组合的机会。

一切由您主张！

您的谈判教练

下面的例子告诉我们，许多时候人们都喜欢把事情复杂化，有时甚至不惜伤害自己：《魔兽世界》中的角色——火车王里诺艾因为网络世界疯转的一段视频[1]而名声大噪。自那以后，这一现象在魔兽圈外也广为人知。视频里，一群战士正激烈讨论着下一决斗的具体攻击策略，此时里诺艾正在找吃的，因此并不在场。他们制定的这项冒险计划恰恰对经济遭遇重创的里诺艾有利。所有成员想要共同进攻，以此打击强大的敌人。他们占据有利时机。当里诺艾回来时，他们立刻伴着“里——诺——艾”的战吼独自掉进了敌人的洞穴。他完全忽略了共同策略。他的同伴们前来救援，但是里诺艾的独自行动摧毁了大家谨慎长远的计划，导致氏族同胞全军覆没。——在谈判中，向所有团队成员准备汇报信息是重中之重。这不仅仅涉及认知层面，更是为了防止有人私自行动。否则您就变成了里诺艾。

[1] Vgl.https：//www.youtube.com/watch?v=mLyOj_QD4a4.

2. 吸引力——性感表现

为了让新郎看起来更具魅力，新娘精心打扮。谁不愿意身边站着万人倾心的伴侣呢？因此，请您试着不断挖掘您的宝藏，创造多余价值。您要相信，有千千万万种可能让您脱颖而出。蛋糕越大，您的份额也越多。

光有一份出色的报价结构往往还不够。想要称霸市场，管理资质、员工动力及专业的客户定位等因素也至关重要。您可以在流程中引入供应商，拓展研发工作，优化您的市场与销售环节。如果您能做到与贸易伙伴共商发展，那么最终价格就不再是唯一论据，而只是论据之一。蛋糕大了，所有谈判伙伴都会满意。当然，想要真正创造更多价值，您必须富有创意。让想法奔涌而出吧。不要指望巧合，而是有目的性地开拓创新。一切都会值回票价。但若对方想要独占蛋糕，您又该怎么做呢？也许您遇上了行业垄断者？所有博弈都会出现垄断者，他们要得到整块蛋糕。垄断者的地位虽令人艳羡，一旦出现敢于要求分割蛋糕的人，其风光也就戛然而止。

NEGO小贴士

如果遇到垄断者，请您加入其他服务商，或者成为您自己的补充者。

您也可以试试“请客吃蛋糕”。这得基于您与谈判对手的良好关系。您竭尽全力提高质量，压低价格？您的竞争者亦是如此。还是请您想办法借助良好关系创造更多价值吧。这就是忠诚度。该怎么做呢？一方面，忠诚度有时完全自发而成。大家共事越久，联系的纽带就越牢固。在您这儿采购过一次的客户自然会有再次光顾的动机。这就是惯性原则。信任产生满意。满意产生信任。请您表达谢意，并开发回馈客户的忠诚计划。另一方面，您也可以“烤制新蛋糕”。这取决于您是否能创造更多价值，并以此赢得谈判势力。不要原地不动，请不断质疑迟缓的系统。不断发展自我，充实自我，跳出条条框框！另外，您还要关注竞争对手的动态，及时吸取好的想法。您与对方的合作越具吸引力，就能赢得越多的谈判势力。

NEGO-生活的分色工程

■ Miles & More——客户忠诚计划使您更具吸引力

航空业经历了许多动荡时刻，时至今日仍在适应着撤销管制后的市场。只提供最低服务的廉价航空宣告了一场前所未有的价格战的开始，以至于那些知名航空公司陷入了争夺乘客的苦战。价格一落千丈，航空公司发现在追求便宜货的过程中，客户毫无忠诚度可言。许多航空公司的应对方式是推出常旅客计划。自20世纪90年代初起，汉莎航空的Miles&More计划鼓励乘客累计已飞里程，达到一定里程数后，他们可以免费预定存量航班，或获得其他奖励。飞行里程数越高，奖励就越高。这是乘客，尤其是商务人士下次飞行再度选择汉莎的一大吸引力。常旅客计划在其他领域也创造了更多价值，包括作为补充者的租车公司、信用卡公司、酒店、箱包生产商，等等。表达“谢意”物超所值。

3. 合同——以规则主导

制定规则者占主导！绝大多数应用于商界的规则是现存的法律、标准或合同条件。我们使用它们，是为了保证协议公平合理，没有人占便宜，也没有人被忽视。规则是白纸黑字写在合同里的。违背规则者，可能面临惩罚，甚至被驱逐出局。通常，我们毫无疑问地接受这些规则，但有时我们的想法也太过天真："规则就是规则。"仿佛它们是与生俱来的一样。这时，应当换上合约思想。其背后的理念并非忽视或铲除规则，而是仔细寻找可以更改的细节。一个规则的小小变动有时可以大大增强您的谈判势力。规则制定是战争的前战。在动蛋糕前，先请您定义分割蛋糕的规则。

我的父亲是个热爱生活的老先生，他和老伴环游世界，充分享受退休时光。在难得一次来看我的时候，他说起自己现在已经习惯延后酒店退房时间。住客们于规定时间在前台排起长队等待退房，他们中大多是行色匆匆、闷闷不乐的商务人士，这一场景令他感到厌恶。自那以后，他总是在临行当天的早上给前台打电话，把退房时间延后一小时。您看，规则是可以重新谈判的。不过别忘了，其他人也可以改变规则，不要想当然地认为您的规则一定畅行无阻。拳头法则是，拥有谈判实力者制定规则。

"只要还没签字，一切都可以改变。"但是一旦合同签订，更改条件就为时已晚。为了保证自己的蛋糕份额，谈判专家们会仔细审核条款，甚至参与条款制定。身经百战的销售商和采购商非常熟悉合同制定的定位螺栓。即使您不在上述领域工作，也可以影响合同做出对您有利的改变。请不要浪费这一机会。

自觉的谈判者拥有诸多合同制定的定位螺栓。在我作为谈判顾问的职业生涯中，我曾与许多经验丰富的采购商共事，并始终为如此之多可以影响合同制定的因素而惊叹。首先，让我们来看看下列表格。

NEGO-技巧

■ 合同：合同制定的定位螺栓[1]

· **最优价格保证** 也称“最惠条款”。通过这一契约约定，供应商保证某一客户享有所有客户中的最低价格。

· **成本分解** 也称“开卷政策”或“成本公开”。为了了解供应商的成本计算，客户要求其公开成本结构。一旦看到了对方的簿记及产品生产成本，客户就可以与供应商一同开发利用成本潜能。基于每一生产步骤，可以产生相应的单独评估。根据零件类型、生产方式和数量，人们可以描绘并预测未来的合作项目。

· **不可抗力** 即凌驾于主观之上的力量。为了避免一些权责问题的争议或解释，许多合约会引入遇到极端不可预知情况时可免除责任的不可抗力条款。不可抗力既指像雷雨天气、地震、洪水、火山爆发这些无法避免的情况，也可以是火灾、交通事故、绑架人质、战争、动乱、内战、革命、恐怖袭击、蓄意破坏或罢工。“不可抗力”赋予人们在遇到更高力量时免除履行合约的义务。

· **担保** 指的是供应商或客户方履行某些特定协议的强制义务。如接收担保、运输担保或质量担保。

[1] Quellen：Wikipedia und Gablers Wirtschaftslexikon.

· **竞争条款** 指的是供应商与客户间的一种合约约定，即当另一竞争对手提供更优惠报价时，供应商仍获得合约——前提是双方条件相同。这在一定程度上即相当于预购权。

· **收市叫价** 供应商可以在所有其他竞争者报价后给出最后报价。这在商品贸易中是一个尤其吸引人的定位螺栓。

· **送货成本** 也称“运输成本”，是物流成本的重要组成部分。

· **意向书** 也称“谅解备忘录”。意向书分为软性和硬性。所谓意向书，指的是承诺未来合作的书面记载。“软性”意向书不具备约束力，只是强调双方处于合同谈判之中。它展示了谈判状态及其严肃性——但在法律上没有约束力，也并不存在必须签订合同的义务。意向书可以包含专有条款及保密协议，这在约定时间内是必须履行的。如果意向书内容具体，且包含一些强制条款，则称为“硬性”意向书。但这些条款必须参考如购买商品及购买价格等重要合约组成部分。它们包括保护义务，尤其是注意义务（中断合约谈判或违背告知义务）。即使是“硬性”意向书也不能强迫潜在客户必须签署合约。

· **最低收货合同** 客户有义务购买供应商特定量的商品或服务。如果违约，则需支付违约金。

· **罚款** 也称“罚金”或“处罚”，在合同未能履行时生效。罚款原因如延期交货等。

· **首选供应商** 供应商享有优先地位。客户提供良好条件保障，有些供应商甚至成为独家资源，即独家代理商。

· **框架合约** 通过框架合约，人们约定某一产品或服务签收的数量与时间框架。采购商可以通过该条款以较为低廉的价格采购较大数量的货物，而供应商获得的好处则是规划的稳定性。单个委托的具体数量也将基于框架条约进行预定。

· **折扣** 想要某一打包报价在多个单独报价中脱颖而出，人们会给出商品或服务的价格折扣。不要给出任何无缘无故的折扣。众所周知的折扣方式有因为付款条件优异而获得的现金折扣等。

· **阶梯报价** 也称“分级报价”或“阶段价格”。阶梯报价可以由质量、大小、数量、用户群、销售地区、销售及生产时间段以及使用目的而决定。

· **照付不议** 也称必须支付合同，是生产商与客户间对于“支付保证”的合约约定，即无论产品是否生产或接收，采购方都有义务支付一定金额。发生未收付约定最低量的产品时，支付义务仍然有效。

· **合约生效时间及有效期** 这两项因素决定了合作的开始及时长。一般情况下，约定条件适用于合约的整个有效期。作为谈判者，您没有权力在此期间更改价格。

· **汇率选择** 汇率波动可能会出人意料地减少盈利，请在选择汇率时考虑到这一点。谈判者可以通过合同确保汇率波动到某一百分点时重新开启谈判。

· **付款条件** 付款条件有多种可能，如预付（遇到不熟悉或不安全的客户时）、一手交钱一手交货（一步紧挨一步）、货到后付款（例如现金交付）或约定某一支付目的（卖房信贷）。付款条件通常叠加出现，如“30天内支付不含折扣，10天内支付含2%现金折扣”。

如果需要，请您保持平衡。补偿作为一种谈判策略真的是收获满意度的秘密武器。身为谈判专家，您一定早就知道彼此满意的重要意义。当您成功借助定位螺栓保证一块大蛋糕时，却突然发现对方表现得仿佛受了奇耻大辱。没有比这更糟糕、更伤人的了。我说的不是您，而是对方。此时谈判陷入非理性的风险就很高了。这是使用补偿工具的好机会。所谓补偿，是指平衡对方感受或感知到的不满，可以在谈判中或谈判后进行。补偿的目的是保证对方能高昂着头，体面地离开对他来说结局惨淡的谈判。

NEGO小贴士

不要忘了NEGO策略的基本思想：竞合谈判。涉及规则时，实际是为了切分蛋糕，那么也请您确保自己的价值份额。保持公平，但不要把成果拱手让人。

4. 战术——灵活地在雾中穿行

马蒂亚斯·克劳迪乌斯发表于1779年的催眠曲《月亮升起来了》是一首家喻户晓的民歌。在我小时候，我的母亲总是唱着它伴我入睡。“森林漆黑寂静，草地上升起了美丽的白雾。”我还记得那时我非但不感到雾气美丽，反而觉得十分可怕。商业谈判从不缺乏雾中摸索的例子。也许不至于是麦克纳马拉的《战争迷雾》，但至少也迷了双眼。是美丽是可怕，这取决于您的感受。谈判者在雾中穿行是何模样？雾气浓密厚重，飘忽不定，模糊人们的视线，改变人们的感知。在雾中，我们比以往任何时候更需要定位帮助，如显示行驶轨迹的公路护栏、保障安全的雾灯或告诉我们何时转弯的导航仪。

在NEGO策略框架下，雾的比喻是为了提高谈判者四方面的敏感度。为了改变感知，身为谈判者的您首先必须明白如何在不确定中把握方向。其次，您需要一些策略帮助您驱散迷雾，避免在雾中横冲直撞。但有时您也可能因为不想立刻让一切真相大白而希望先保持雾团——这是第三个方面。第四，为了提高复杂性，您甚至想要启动烟雾机。

一旦谈判者改变感知，博弈也随之改变。也就是说，他们雾化了视线。改变感知是战术任务。所谓NEGO策略中的“战术”，是指谈判者有意识地影响其他博弈者感知的行为方式。

烟雾飘忽不定——在未知中把握方向

让我们继续停留在烟雾的画面，看看谈判者在视线受阻的情况下如何作为。首先您要明白，每一场谈判都有不确定因素，这是谈判的本性使然。没有任何谈判者可以宣称一开始就知道谈判进程和谈判结果。迷雾缭绕是正常状况。只要谈判者知道这一点，就不会太受这一现象的困扰。有一点“摸不着头脑”是正常的。当然，烟雾也有许多种不同形式和许多种不同的应对方法。您可以待在家里。在一个潮湿的十一月傍晚，手握一杯热茶，惬意地躺在沙发上，这样的场景的确令人向往，对您的谈判却毫无帮助。您必须走出去！可是该怎么做呢？首先您先看看雾有多浓，然后换上能抵挡风雨的衣物。也就是说，请您精心准备谈判，了解您的对手。在第二章中，您已了解了良好准备的相关信息。

驱散迷雾——缔造信誉的战术

一旦迷雾散开，视线就变得清明，甚至连阳光也照了进来。在谈判中，这意味着不确定性减少，您可以更好地评判您的谈判对手。这不但使人放松，也令局势明朗。因为可预见性，对方变得更加可信。“信誉是一件很简单的事：言行一致，言出必行。”以色列记者兼作家丹尼尔·达甘如是说。[1]人们愿意相信我，恰恰是我的信誉所在。我们的谈判对手是否相信我们，是由哪些因素决定的呢？请您坦诚相待。俗话说得好：“谎话说多了，说真话也没人信。”为此付出的代价是很大的。请您不要拿可靠诚实的谈判对手这一好名声来冒险。您知道，建立信任经年累月，毁掉信任却只在朝夕。作为谈判者，您手头有许多达成目的的有效工具，不值得为此说谎。当然，您也没必要立刻把一家一当和盘托出，但开诚布公总是明智之举。谈判者都希望尽可能准确地评价对方，这赋予他们可掌控感，这是脱轨的反义词。因此，请您坦诚沟通，保持真实，谨守原则。没有人是完美的。

您要注意言行一致。矛盾的信号会让谈判对手感到困扰，难以再信任您。不要承诺做不到的事，否则您很快会被归入“不可靠之人”的行列。请保持行为的连续性，不要朝三暮四。信誉是慢慢累积而成的。如果您感到信

[1] Vgl.http：//www.einfacher-organisiert.de/selbstmanagement/einzelansicht/article/die-5-bausteine-der-glaubwuerdigkeit/.

誉受损，应当公开面对，不要试图掩盖错误，而是主动谈及错误。这将大大提升您的可信度。

NEGO小贴士

如果您犯了错，应当勇于承认，表现出真挚的歉意。如果不确定是否能遵守，千万不要立刻再做承诺。

保持迷雾——有所保留的战术

为了顺畅沟通，建立信任，人们需要驱散迷雾。这是创造价值的先决条件。当谈判继续进行到分割价值的阶段时，留一点迷雾则无伤大雅。两位美国科学家发明了一种有趣的方法。芝加哥商学院的罗伯特·杰尔特纳和纽约大学法学院的杰弗里·米勒建议在博弈中引入中立的第三方。他们将这种方法称为“交易托管”[1]，即达成一致协议时的监管人。

方法如下：买方与卖方通过第三方达成协议。买卖双方分别单独告知中间人其心理价位。如果买方报价高于卖方报价，中间人计算一个中间价，交易以此价格成交拍板。如果买方报价低于卖方报价，中间人在不透露报价的前提下表示价格没有谈拢。任何一方都不知道对方的报价，双方得以不受影响地继续谈判。此时的迷雾保护了双方利益，交易托管人保证大家在雾纱笼罩下彼此谈判。

通常情况下，当您摊开底牌，提出要求，就自然云开雾散了。将要求交予托管人保管，有意识地保持了迷雾状态。您可以在不给出过多信息的情况下告诉中间人您真正的底线。如果双方都足够有安全感，提出的要求切合实际，那么很可能很快就能找到解决方案，达成一致。这时，缔结双方受益的交易的可能性就大大提高了。

[1] Gertner, Robert H./Miller, Geoffrey P.: *Settlement Escrows, in: Journal of Legal Studies*, Nr.24, 1995,S.87—122.

杰尔特纳和米勒最初是为了开庭前的和解谈判而创立了交易托管法。想象两位商业伙伴想在法庭外达成和解。一方愿意为此支付10万欧元，但不想对方知道——除非他想用这笔钱立刻解决争端。若非如此，那么这10万欧元的意图很可能成为对方最终选择诉诸法律的决定性因素，届时他甚至不用继续谈判就能谋取更多钱款。在有些情况下，保持迷雾有其重大意义。

制造迷雾——提高复杂性的战术

另一种对待迷雾的方式是制造新的迷雾。在谈判中，您可以以此获得模糊效果。

在谈判中，对于（非自愿）深受其扰的人来说，复杂性是一个危险的陷阱。为什么这么说？因为我们往往毫不自知地陷入其中。一开始我们还跟得上节拍，这是谈判对象，那是另一种可能，还有一个定位螺栓，但慢慢地，总揽全局就变得越来越难。紧接着，整个流程陷入混乱，决定一拖再拖。当谈判者置身复杂陷阱时，原本稳定的流程和规范也失去了效力。参与者丧失安全感，感到手足无措，被无节制地过高要求压垮。其反应各不相同。有些人干脆无视这一现象，另一些人则全力以赴，力争成为复杂性的主人，有时甚至因此把情况搞得愈发复杂。

如果身处敌人—朋友谈判或敌人—敌人谈判，您可以通过提升复杂性来为自己谋益。但是别忘了，这么做也存在失控的风险。复杂性是简单、清晰和节制的反义词。

是什么促进了复杂性？谈判中的四个因素扮演了重要角色：谈判对象的数量、博弈者的数量、全球化及法律要求。日程安排上的项目越多，出售的产品或服务越多，计划、计算和风险评估就越复杂。谈判涉及的派别越多，对方花费在调查各方利益以及考虑解决方案上的功夫就越深。如果您组团赴会，而对方则孤军奋战，那么对方就不得不高度集中精神，而您则拥有了观察和反省的优势。您的安排越复杂，对面这批独狼的挑战就越大。国际性的谈判者必须了解当地的特殊性质，包括在跨文化、全球报价、市场、销售以及服务方面的各种区别。如果使用非母语谈判，同时还要考虑英语翻译，无疑又是一种额外压力。招募翻译也同样如此。最后，在全球化的进程中，各地法律方针千差万别，必须在谈判中加以考虑。

NEGO-生活的分色工程

■ 尤塔保持迷雾——最后才轮到采购上场会怎样

采购："波特纳女士，我是化学联盟股份有限公司的艾玛·卡尔森。我们的一个部门想请您的公司组织一场针对120名员工的团队培训。现在我这儿有三个报价，您的可不便宜。我们得再谈谈价格。"

J. P.："是的，我们已经向法兰克福提交了报价。"

采购："温特尔博士的助理舒斯特小姐告诉我，温特尔先生想由您的机构提供培训。"

J. P.："不胜荣幸。"

采购："您只需要再降低一点您的日薪。"

J. P.："哦，舒斯特小姐和我说，她为了对比才不得不征询了三个报价。我们已经让利了10%，再多真的爱莫能助了。"

采购："是吗，这我可一无所知。难道一点也不能再便宜了吗？"

J. P.："是的，很遗憾不能。"

采购："那您看是否可以放弃一天的后续整理？"（停顿，我听到背景中翻动纸张的声音）"其他机构报价中也不包含后续这天。您知道，我们采购就得以节约为本。"

J. P.："也不是不可以。但这样整个后续整理就没有了，员工们也得不到讨论课记录了。"

采购："嗯，我不知道后续整理对他们到底有多重要。"（停顿）"这我得再问问舒斯特小姐。"（停顿）"我是新来的，刚刚接手这个工作。"

J. P.："好的，没问题。"

采购："我们现在不能达成一致吗？我真搞不明白，每次总是最后才轮到我们采购上场，诉求方都已经自行谈判并做出决定了。我们的工作倒好像只剩以约定的条件发出订单似的。"

J. P.："是的，我非常理解您。其他公司的许多采购也有类似情况。我也为采购商做过众多谈判培训。诉求方真的应该多一根筋，早点叫上采购。"

采购："听到其他人也这样，我多少舒坦些。"

J. P.："您参加过谈判培训吗？"

采购："没有，不过我很愿意参加。请您和我的老板谈谈。"

J. P.："如果您愿意，可以告诉我您的联系方式。我把我的书《哈佛双赢谈判准则与技巧》寄给您。"

采购："好的，您真好。我现在就向您发出订单。我很感谢这次谈判，哪怕我表现得并不成功。"

五分钟后，写有采购员联系方式以及周末祝福的邮件如约而至。

下面我们来分析一下这次谈判。

经典开场白："波特纳女士，我是化学联盟股份有限公司的艾玛·卡尔森。我们的一个部门想请您的公司组织一场针对120名员工的团队培训。现在我这儿有三个报价，您的可不便宜。我们得再谈谈价格。"

我保持了迷雾，并没有在一开始就透露额外信息："是的，我们已经向法兰克福提交了报价。"

错误1　采购员透露了更高级别的职员已经选择了我们。这使得我未来的谈判变得容易。

现在我知道谁主宰了博弈："温特尔博士的助理舒斯特小姐告诉我，温特尔先生想由您的机构提供培训。"因为3年前在同一领域已提供过一次培训，所以温特尔先生认识我们。在此期间，员工数量明显增长，新员工需要培训。

我继续云里雾里："不胜荣幸。"

中期诡计9：硬碰硬——勇气可嘉，可惜太迟了："您只需要再降低一点您的日薪。"

中期诡计1：既成事实—— 我顺着采购说："哦，舒斯特小姐和我说，她为了对比才不得不征询了三个报价。我们已经让利了10%，再多真的爱莫能助了。"

错误2　采购暴露了信息不足，部门间缺乏沟通的事实："是吗，这我可一无所知。难道一点也不能再便宜了吗？"

J. P.："是的，很遗憾不能。"

中期诡计8：腊肠策略。“那您看是否可以放弃一天的后续整理？”（停顿，我听到背景中翻动纸张的声音）“其他机构报价中也不包含后续这天。您知道，我们采购就得以节约为本。”

让步规则：不要无谓妥协，而是紧密结合条件：“也不是不可以。但这样整个后续整理就没有了，员工们也得不到讨论课记录了。”

错误3 采购告诉我她是新来的，还不了解采购惯例：“嗯，我不知道后续整理对他们到底有多重要。这我得再问问舒斯特小姐。我是新来的，刚刚接手这个工作。”

J. P.：“好的，没问题。”

错误4和错误5 采购员的犹豫暗示了我，她不想再和法兰克福通话，而且她还透露这种事时有发生及化学联合股份有限公司的游戏规则：“我们现在不能达成一致吗？我真搞不明白，每次总是最后才轮到我们采购上场，诉求方都已经自行谈判并做出决定了。我们的工作倒好像只剩以约定的条件发出订单似的。”

中期诡计10：拍马屁。我就她的处境表达了理解：“是的，我非常理解您。其他公司的许多采购也有类似情况。我也为采购商做过众多谈判培训。诉求方真的应该多一根筋，早点叫上采购。”

采购：“听到其他人也这样，我多少舒坦些。”

我感到了她的信任，因此试着做大蛋糕，进行补充：“您参加过谈判培训吗？”

现在我不但一只脚已经踏进大门，同时还为未来赢得了一位合作伙伴：“没有，不过我很愿意参加。请您和我的老板谈谈。”

互惠原则：预先效劳。“如果您愿意，可以告诉我您的联系方式。我把我的书《哈佛双赢谈判准则与技巧》寄给您。”

采购：“好的，您真好。我现在就向您发出订单。我很感谢这次谈判，哪怕我表现得并不成功。”

这么晚才加入谈判，真的给那位采购员增加了很大的难度。公司的诉求方必须要有从一开始就纳入采购的意识。同时，我不但成功捍卫了自己的蛋糕，还做大了蛋糕。这在过去是很难想象的。我很可能出于敬畏同意采购的要求，再次削减薪酬，同时也绝不会想到把这一处境为我所用。

5. 拥有全景视野

任何一个看似小型的谈判其实都根植于更大的语境中。谈判者们常常忘了这一点。他们倾向于单独对待各个谈判。这种想法是错误的。因为每一次博弈都和其他博弈息息相关，A地的谈判影响着B地的谈判。请您想象一幅活动装置的画面。您拉一边，其他部件自动活动起来。认识、利用并改变博弈间的关系和关联正是NEGO策略的杠杆。请您注意谈判的三个维度。

根据大卫·A.拉克斯和詹姆斯·K.塞贝纽斯的3D模型[1]，高效谈判有三个维度："战术""交易设计"及"筹谋"。

说到谈判，大多数人想到的是谈判桌边的实际谈判进程，也就是"战术"层面。此时，谈话、举止、肢体语言、言语和声音等战术至关重要，可谓是谈判的绝对核心。然而，它们却只代表了三个维度中的一个。有时，另两个维度对于谈判结果甚至更加重要。真正有经验的谈判者在所有三个维度都训练有素。

在本书的第二章中，我们详细分析了"准备"这一主题——也就是"交易设计"。想必您已获得许多宝贵建议。您了解了如何依据谈判进程进行规划以及如何使用"一页纸"准备。精良的准备赋予您满满的自信，得以在谈判中专注于流程，保持灵活的反应。

---

[1] Lax,David A./Sebenius, James K.: *3-D Negotiation*. Harvard Business School Press, Boston 2006.

NEGO小贴士

请随身携带“一页纸”。遵循您的准备，并书面补充新信息。

所谓“筹谋”，是指事先寻求支持，探测博弈空间。想要提高谈判的成功率，人们往往在真正的谈判开始前就积极优化框架条件，或拓宽谈判空间。这样一来，您建议的解决方案就有可能比对方的初始计划更诱人。如果说第一维度注重互动过程，第二维度注重内容，那么第三维度的重中之重是在合适的时间选择合适的人选参加谈判，商讨合适的主题，最终定义和建立合适的可能性。

Lese-futter

*请参阅大卫·A.拉克斯和詹姆斯·K.塞贝纽斯著《3D谈判》，波士顿哈佛商学院出版社2006年出版。

拉克斯和塞贝纽斯认为许多谈判者太过注重面对面谈判。所谓的“谈判桌战术”只是谈判的一个层面。第二维度是致力于精良准备的“交易设计”，第三维度则侧重大幅影响谈判进程的前期环节。

灵活多变的谈判专家将所有三个维度以及PACT的每个因素有机整合，从而驰骋博弈场，玩转各种可能性。下面的NEGO清单可以帮助谈判者迅速找准定位。

NEGO-技巧

■ PACT——谈判者清单

人 请绘制谈判参与者清单，确保人员名单的完整性。何时可能合作？何时会与参与者发生竞争？您想修改谈判者名单吗？有您想招入谈判的新人吗？如果您作为谈判者参与博弈，对谁有利？对谁有弊？

吸引力 何处可以创造更多价值？怎样做大谈判蛋糕？如何提高对方的忠诚度？对方在谈判中的多余价值是什么？限制其多余价值是否符合您的利益？

合同 哪些规则对您有利？哪些规则对您不利？有没有您希望制定的新规则？您想在合同中使用哪些定位螺栓？您有足以改变规则的谈判势力吗？对方有足以决定规则的谈判势力吗？规则是商业关系的粘合剂。它们定义了您与对方关联的紧密程度。有一些是强力胶，黏力持久，很难分开，可以保证几乎不可攻破的联盟。有些粘合剂则能轻松化开，只负责松散的关系。谈判者可能关系极为密切，甚至数年来只与彼此合作，也可能只是为了一次性的项目而聚在一起。

战术 您如何理解谈判？谈判迷雾有多浓？您希望透明的谈判？还是更倾向于云里雾里？对方如何理解谈判？这些理解方式对谈判进程有何影响？您想保留哪些感知？改变哪些感知？您想使用哪些战术来贯彻您个人的迷雾策略？

拥有全景视野 在实践中，分析全局杠杆很有帮助。全局观让人们可以组合原本松散的博弈，或是分离原本一体的博弈。目前的博弈场是什么？您想改变全盘吗？您想把目前的博弈和其他博弈结合起来吗？还是想把它和其他博弈分割开来？

您最近一次洗手的情形如何？“当然是用水和肥皂。不然还能怎样？紧接着我用毛巾把手擦干。”也许您会这么说。是的，而且您极有可能使用的是液体肥皂。您知道吗？肥皂也是近代才有的产物呢。我还能清晰地回想起洗脸盆边缘滴落的残渍，随着时间慢慢干裂，越来越面目可憎。液体肥皂的推出是一次小型的经济犯罪。请您读读下面的案例。

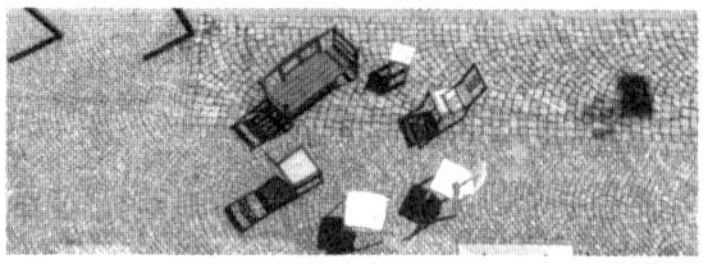

NEGO-生活的分色工程

从固体肥皂到液体肥皂——改变博弈场

企业家罗伯特·泰勒大举创新：他是第一个发明液体肥皂的人。这种“软肥皂”[1]的销量从一开始就凯歌高奏。在第一年，即1977年，泰勒就创造了3900万美元的销售额。据他估算，潜在规模可达到4亿美元。然而，一旦引领市场的生产商们也嗅到商机，推出自家的液体肥皂席卷市场，他又能保有多少市场份额呢？遗憾的是液体肥皂没有任何值得申请专利的地方。

然而，像宝洁、高露洁棕榄及利华兄弟等大亨最初却把市场留给了泰勒。液体肥皂的接受程度尚未得到证明，因此他们选择了观望。当他们真想进入市场时，却发现泰勒的地位已经坚不可摧。泰勒发现全美只有两家生产商能够生产小型塑料泵。这是液体肥皂得以使用的关键。他投入了自己的全部家当，毫不犹豫地订购了一亿个塑料泵，相当于这两家供应商一年的总生产量。通过这一手段，他赢得了两年时间，用于巩固其垄断者的地位，并创立发行了“软皂”品牌。两年后，宝洁公司多少有些迟疑地跟进市场，他们认为自己与液体肥皂竞争风险过大，难脱同类相食的下场。“软皂”以令人惊

[1] Vgl.https：//hbr.org/product/minnetonka-corp-from-softsoap-to-eternity/an/795163-PDF-ENG.

叹的36%的份额成为了市场引领者。高露洁完全错过了最初的机会，直到三年后以6100万美元收购“软皂”才重新迎头赶上。

软皂谈判分析 身为企业家，泰勒视野卓越。他将目光放之整个市场（大博弈场），深知自己的产品只是藏身大鱼群中的小鱼。 泰勒的挑战在于组织企业（人）复制自己的理念。当大亨们最初犹豫之际，他的机会到了。他当机立断买空了市场上所有的塑料泵（战术）。是什么促使巨头们先行观望呢？最开始，液体肥皂是否成功难以预测，因为它们不能做大肥皂市场，其成功完全建立在挤走硬肥皂份额的条件上（假定的吸引力缺失）。只有当泰勒的成功有目共睹后，巨头公司才决定与其把蛋糕让给这个行业菜鸟，不如与自己的液体肥皂同类相食是更好的选择。他们坚信凭借早已成型的销售网络、强大的品牌效应及精良的市场理念，随时都可以插足市场。等发现塑料泵的瓶颈时，为时已晚。这又浪费了更多时间（战术）。在终于排除这一障碍后，他们又面临新的问题。他们的液体肥皂应该挂上已经家喻户晓的品牌还是另起炉灶命名？当时，保洁公司的拳头产品是“象牙”牌肥皂。如果消费者不接受象牙牌液体肥皂，这一负面经验会损害象牙的品牌形象（大博弈场）。那时的消费者非常保守，始终排斥着液体肥皂（人）。宝洁最终以“飘柔”为名推出其液体肥皂，结果遭遇惨败。三年后，人们才决定使用已有“象牙”品牌销售自家的液体肥皂。

“软皂”的故事告诉我们，有时不确定性恰恰是弱小的博弈者可以为己所用的优势。泰勒看准巨头公司的迟钝，并利用补充者制造瓶颈。权势者更害怕失去，因此在迷雾中越发小心。这是小人物的战略优势。

想必您已发现，您不必原封不动地接受您所面对的博弈。这是振奋人心的认知，它使得谈判者得以跳出目前情势的局限性，放眼寻找改变博弈的机会，追逐更大的盈利。此时，灵活性与风险意识不可或缺。

北爱尔兰的和平进程是争端解决的知名模型。英国前首相托尼·布莱尔在2010年出版了回忆录《旅程》，德译版名为《我的道路》。其中很重要的一章就着重描绘了北爱尔兰和平协议。当时，工党赋予这一进程全新的政治优先权。托尼·布莱尔总结了他的经验，并建议将这一方法推广到世界各地解决其他争端。“既然欧洲历史上最漫长的争端之一都能得以解决，那么有理由相信即使是世界上最苦涩、看似最艰难的争议也有云开雾散的一天。我们在北爱尔兰的成就应当被人们视为解决各自矛盾的启示乃至指导思想。”托尼·布莱尔如是说。

北爱尔兰争端的参与一方是信仰新教的英国联合主义者，其目标是将北爱尔兰保留在联合王国的版图；而另一方是信仰天主教的爱尔兰共和党人——新芬党，其诉求是统一北爱尔兰与爱尔兰共和国。在几十年血腥争端背后的基本问题是：英国在爱尔兰的地位、北爱尔兰的宪法权力、联合主义与民族主义的紧张关系、全社会的平等诉求及为达政治目的的类军事化暴力使用等。筋疲力尽的人们简单地将这些矛盾称为“麻烦”。

在漫长的推进与瓶颈后，1998年，人们在贝尔法斯特签署了《贝尔法斯特协议》，协议各方同意停战，并对名为“北爱尔兰行政部”的政府权力进行了划分。在协议最终正式实行前，又继续了九年谨慎的谈判。作为这一劳心劳力的进程中的中间人，托尼·布莱尔总结了其10点经验精髓，可以在其他和平谈判中推而广之。

Berühmte Verhandelnde

■ 托尼·布莱尔关于外交官与谈判者的十项认识[1]

（1）就共同框架（合同）达成一致。矛盾核心问题是北爱尔兰应该留在联合王国，还是通过统一成为爱尔兰共和国的一部分。鉴于无法取得一致意见，人们决定首先就如何寻找可能的解决方案达成共识。布莱尔认为，首先

[1] Vgl.http：//www.pon.harvard.edu/daily/international-negotiation-daily/international-negotiations-and-conflict-tony-blairs-10-principles-fordispute-resolution-negotiations/.

确定程序的粗略方针有助于各党派找准定位，同时，遵循共同制定的指导原则有助于保持行为的连贯性。

（2）不屈不挠，坚定不移，始终耳听八方（战术——驱散迷雾，云开见日）。布莱尔认为贝尔法斯特协议能取得持久成功，原因在于谈判者坚持对矛盾的每一方面进行详细认真的研究。

（3）不仅要放眼大局，也要注重细节（大博弈场——纵览全局）。解决北爱尔兰问题谈判告诉我们，细节中也隐藏着巨大的潜在矛盾。谈判重点并不单纯是宪法框架，还包括公安机构、受害者照顾以及平权问题。这些矛盾牵涉许多人的深切情感，因此不容忽视。

（4）使用创意做大蛋糕（吸引力）。布莱尔写道，想要解决看似走投无路的争端，人们始终需要泉涌般的才思。北爱尔兰的挑战在于找到一个允许双方政治势力共同执政，同时不会伤害其基本原则及为人的政治框架。

（5）纳入第三方（人——改变博弈者）。参与者很少能够单独解决争端，布莱尔写道。外来者可以为博弈带来新的视野，使人们得以重拾全局观。托尼·布莱尔成为英国首相后，试图非常积极地处理北爱尔兰问题。他遇到了伯蒂·埃亨领导下的强硬而自信的爱尔兰政府及深受美籍爱尔兰社区强大政治影响，跃跃欲试想要插手干预的美国总统比尔·克林顿。三方都时刻准备着遵循一个共同的策略。

（6）将争端解决视为长期过程（战术——改变认知）。北爱尔兰谈判开始时，布莱尔发现，新芬党的谈判领导人马丁·麦吉尼斯在进行实质内容谈判前，需要许多时间来表达他对于所遭受的不平等待遇的愤怒与伤痛。因此，布莱尔建议将争端解决视为过程，而非一次性行为。

（7）做好倒退的准备（博弈场始终处于变化之中）。就在《贝尔法斯特协议》签署后没几个月，北爱尔兰的和平遭到有史以来最为严重的恐怖袭击的重创。一颗炸弹在奥马格市的市场广场爆炸，29人丧生。所有矛盾方都严厉谴责这次袭击，并声称绝不允许任何人破坏他们的谈判。当强硬分子尝试摧毁谈判时，聪明的谈判者会加倍努力。

（8）以谈判首领为核心（人）。民主统一党主席伊恩·佩斯利虽然多年来被视为强硬分子，却能在谈判中克服意识形态的沟壑。布莱尔将佩斯利的进步归结为两点：因为重病而生的对于自身有限性的感知及追求和平的公众的期望压力。如果强硬的领导人准备好撸起袖子共同合作，取得共识的机会就显著提升。

（9）利用周边环境的改变（战术）。周围环境的变化可以撬开深深扎根的矛盾，促使人们改变想法。这在爱尔兰取得了成功。爱尔兰共和国和北爱尔兰不同的经济发展成为和平进程中的重要催化剂。

（10）永远不要放弃（大博弈场）。“如果您现在无法解决问题，”布莱尔警示道，“那么就一直努力直到解决为止。”谈判总是有进有退，这不是消极的理由。看到那些曾恨不得杀了对方的人们有朝一日能肩并肩解决共同问题，布莱尔为此深深感动。任何陷入看似无望的争端之中的人们都可以将这一非常成就视为经典模型。

现在到了本书尾声，想必您已了解了灵活谈判的四种NEGO情况。您知道如何使用NEGO策略同时合作与竞争。同时，NEGO工具PACT能为您提供帮助。一旦您开始改变博弈，就要持之以恒。这是一个绵延不绝的过程。无论您在谈判中多么完美地把握了您的机会，总会有源源不断的机会出现。您的谈判对手也会改变博弈。有些变化对您有利，有些则不然。也许您会以进一步的变化来应对。生命的本质在于变。现在您已经做好准备开始谈判专家的生涯。我祝愿您未来的谈判都能大获成功。一切由您主张！

参考文献

- Axelrod, Robert: *Die Evolution der Kooperation*, 7. Aufl., Oldenbourg,München 2009.
- Brandenburger,Adam M./Nalebuff,Barry J.: *Coopetition. Kooperativ konkurrieren–Mit der Spieltheorie zum Geschätserfolg*,5. Aufl., Rieck, Eschborn 2013.
- Chugh,Dolly: *Societal and Managerial Implications of Implicit.Social Cognition: Why Milliseconds Matter, in: Social Justice Research*,Bd.17, Nr. 2, Juni 2004.
- Cialdini, Robert B.:*Die Psychologie des überzeugens*, Huber, Bern 2005.
- Cuddy, Amy: Presence. *Bringing Your Boldest Self to Your Biggest Challenges*, Little, Brown and Company, Boston 2015.
- Donaldson, Michael C./Donaldson, Mimi: *Negotiating for Dummies*,IDG Books Worldwide, Foster City/USA 1996.
- Fisher, Roger/Shapiro, Daniel: *Erfolgreicher verhandeln mit Gefühl und Verstand*, Campus Verlag, Frankfurt a.M.2007.
- Fisher, Roger/Shapiro, Daniel: *Beyond Reason. Using Emotions as You Negotiate*, Penguin USA, 2006.
- Fisher, Roger/Ury, William/Patton, Bruce: *Getting to Yes*, 2. Aufl.,Houghton Mifflin Harcourt, Boston 1992.
- Fisher, Roger/Ury, William/Patton, Bruce: *Das Harvard-Konzept.Die unschlagbare Methode für beste Verhandlungsergebnisse*,25., überarb. Aufl.,

Campus Verlag, Frankfurt a.M.2015.

- Frölich, Werner D.: *Wöterbuch Psychologie*, dtv,München 2010.
- Gigerenzer, Gerd: *Bauchentscheidungen*, C.Bertelsmann Verlag,München 2007.
- Häter, Gitte: *Erfolgreich verhandeln*, Haufe, Freiburg 2006.
- Hanan, Mack: *Sales Shock! The End of Selling Products–The Rise of CoManaging Customers*, AMACOM American Management Association,New York 1996.
- Hofstede, Geert: *Lokales Denken, globales Handeln.* 4.,durchges.Aufl., dtv, München 2009.
- Huthwaite International: *How well are you negotiating.* United Kingdom, Studie von 2014.
- Kahneman, Daniel / Lovallo, Dan: *Timid Choices and Bold Forecasts: A Cognitive Perspective on Risk Taking*, in: Management Science,1993, Bd. 39, S.17—31.
- Karrass, Chester L.: *Give and Take. The Complete Guide to Negotiating Strategies and Tactics*, Ty Crowell Co, New York 1974.
- Karrass, Chester L.: *The Negotiating Game*, HarperCollins Australia,Sydney 1994.
- Karrass,Chester L.:*In Business As In Life–You Don't Get What You Deserve, You Get What You Negotiate*, Stanford Street Press, Beverley Hills 1996.
- Kennedy, Gavin: *Everything is negotiable. How to get the Best Deal Everytime*, 4. Aufl., Random House UK, London 2008.
- Kennedy, Gavin: *Negotiation, Edinburgh Business School / Heriot-Watt University*, Edinburgh 2011.
- Kennedy, Gavin: *Essential Negotiation*, Profile Books Ltd., London 2004.
- Kissinger, Henry A.: *Weltordnung*, C. Bertelsmann, München 2014.
- Kunkel, Agnes/Brätigam,Peter/Hatzelmann, Elmar: *Verhandeln nach Drehbuch*, Redline, München 2006.
- Lax, David A./Sebenius,James K.: *3-D Negotiation.* Harvard Business School Press, Boston 2006.
- Leventhal, Gerald S.: *Es geht nicht nur um Fairness. Eine Theorie der*

Verteilungspräerenzen, in: Mikula, Gerold (Hg.): *Gerechtigkeit und soziale Interaktion*, Huber,Bern 1980, S.185—250.

- Levina, Robert: *Die große Verführung. Psychologie der Manipulation*,Piper, München 2005.
- Mandela, Nelson: *Der lange Weg zur Freiheit*, 20. Aufl., Fischer,Frankfurt a.M.1997.
- Malhotra, Deepak/Bazerman, Max H.: *Negotiation Genius*, Bantam,New York 2007.
- Mastenbroek, Willem: *Verhandeln. Strategie–Taktik–Technik,Dr. Th.* Gabler Verlag, Wiesbaden 1992.
- McNamara, Robert S., mit VanDeMark, Brian: *In Retrospect. The Tragedy and Lessons of Vietnam*, Vintage, New York 1996.
- McNamara, Robert S.: *Vietnam. Das Trauma einer Weltmacht*, Goldmann, München 1997.
- Molcho, Samy: *Köpersprache des Erfolgs*, Hugendubel, München 2005.
- Navarro, Joe: *Menschen lesen*, mvg, München 2010.
- Navarro, Joe: *Menschen verstehen und lenken*, mvg, München 2011.
- Portner, Dieter: *überzeugend diskutieren*, Beltz, Weinheim 2000.
- Portner, Jutta: *Besser verhandeln. Das Trainingsbuch*, 4. Aufl.,GABAL Verlag, Offenbach 2015.
- Portner, Jutta: *30 Minuten für den perfekten Small Talk*, 7. Aufl.,GABAL Verlag, Offenbach 2011.
- Portner, Jutta: *Ein Gefühl wie beim Zahnarzt–Warum Frauen anders verhandeln, in: Die Wirtschaftsmediation.* Fachmagazin für Unternehmen und die öfentliche Verwaltung, Ausgabe 1/2014,S.42ff.
- Rackham, Neil/Carlisle, John: *The Effective Negotiator, Teil 1: The Behaviour of Successful Negotiators, in: Journal of European Industrial Training*, 1978, Band 2, Nr.6.
- Ruede-Wissmann, Wolf: *Satanische Verhandlungskunst und wie man sich dagegen wehrt*, LangenMüller Herbig, München 1993.

- Schranner, Matthias: *Verhandeln im Grenzbereich. Strategie und Taktiken für schwierige Fälle*, Econ Verlag, München 2001.
- Schwartz, Barry: *Anleitung zur Unzufriedenheit: Warum weniger glücklicher macht*, Ullstein, München 2006.
- Storch, Maja/Krause, Frank: *Selbstmanagement–ressourcenorientiert.Theoretische rundlagen und Trainingsmanual für die Arbeit mit dem Züricher Ressourcen Modell (ZRM), 5., erw.und vollst.* überarb. Aufl., Huber Verlag, Bern 2014.
- Subramanian, Guhan: *Negotiauctions. So gewinnen Sie mit neuen Verhandlungsstrategien*, Campus Verlag, Frankfurt a.M.2012.
- Ury, William: *Getting Past No. Negotiating Your Way from Confrontation to Cooperation*, Bantam, New York 1993.
- Ury, William: *The Power of a Positive No*, Bantam, New York 2007.